聖徳太子の運命学

——日本国家創建の理念と魂のメッセージ——

北條路山

けいすい汎書

目次

聖徳太子の運命学

―日本国家創建の理念と魂のメッセージ―

序章　未来からのメッセンジャー聖徳太子

東洋には数千年の歴史を重ねてきた叡智がある。しかし、東洋人である現代の日本人はその価値を忘れかけている。

日本人の魂の在処を示してくれる道標が、聖徳太子の思想にはメッセージとして示されている。ここで描かれる聖徳太子は、今までの聖徳太子とはまったく異なる視点で描かれている。しかし、それが彼のメッセージを解き明かすことで、その内奥にある思想を浮き彫りにし、日本文化の深層へと誘ってくれる。

さて、現在、先進国に求められていることは、文化的価値の発見と精神文化の向上である。現在先進国の経済的基盤になっているものは、アメリカだと、映像文化やキリスト教、ヨーロッパだとファッションや食文化、キリスト教遺産などその伝統に裏打ちされた基準をもった文化性の開花が国の大きな資源となっている。

韓国でも金大中元大統領が「一本の映画が当れば、自動車会社の年間収益よりも大きな収益が入る」として、映像文化を国策として推進し、大きな成果を挙げている。

また、江原啓之氏の「人はなぜ生まれいかに生きるか」[1]にあるが、イギリスでは霊能者によるヒーラーが約一五〇〇の病院で受け入れられ、職業的ヒーラーも約九千人いるといわれる。この流れも、精神文化の先進国としては当然の流れであろう。

日本に求められていることは、他の国にはない独自の文化性を発揮することであり、文化のオリジナリティーを求められている。

このオリジナリティーもかなり、精神性の高い、しかも他を凌駕する内容を持ってないと太刀打ちできない。

しかし、実は日本こそ、このスピリチュアルな精神文化を牽引していく大きなエネルギーをマグマのように秘めている文化埋蔵国であると考えている。それは日本独自のものではないが、日本にしかないもの、日本でしか鋳造できなかったものであり、この日本の独自性は実は日本固有の伝統的信仰である神道に有るのではなく、日本の文化を総体として見る目を持たないとなかなか理解できないものである。

筆者は聖徳太子を単に仏教の伝道者とは見なしていない。また、実力のある政治家とも見なしていない。むしろ、聖徳太子は政治・仏教のエリアを越えた魂の領域において大きな働きをしたと考えている。そして、その魂の領域という根拠のない領域に、根拠を与えるものが、聖徳太子の伝承であり、その太子伝承を継承していった先人の思想とメッセージにこそ太子が本当に伝えたかった真実のメッセージが語られていると考えている。

聖徳太子は日本人なら誰もが知っている偉大な人物でありながら、日本人は聖徳太子について世界に語り、伝えていく手段をごく限られた範囲の情報でしか持っていない。

聖徳太子は、十七条憲法の第九条で次のように言っている。


「信あるときは、何事か成らざらん」

信じるということについて、次の詩を、読んでいただきたい。

「信じる気持ち

世の中、二つのタイプの人間しかいない。

ひとつは、信じる気持ちを持てる人間。

もうひとつは、信じる気持ちを持てない人間。

信じる気持ちを持てる人は、

周りを生かしながら生きている人。
信じる気持ちを持てない人は、
周りと争い、周りを殺しながら生きている人。
周りを生かしながら生きている人は、
努力を努力と感じない。
周りを殺しながら生きている人は、
いくら苦労して、努力しても、報われていないと感じる。
信じる気持ちは、人の心を正しく、導き、
信じる気持ちは、人の心を豊かにする。
豊かな心が、豊かな人生を切り開いていく。

北條路山」

この詩は、重い責任に耐えかねて、自責の念を持って生きている多くの人に送りたいと思って書いたものである。どんなに苦しい状況にあっても、信じる気持ちを忘れないで欲しい。自分を責めるよりも、自分を信じ、人を信じ、自分の魂を信じて生きていってもらいたい。そのような思いを込めて書いている。

つらいことがあって耐え切れないとき、弱い自分に打ちのめされて自分を責めてしまうとき、信じる気持ちを忘れないこと。

信じる気持ちは、生きる力を育て、生きる勇気をはぐくんでくれる。聖徳太子も「信じる気持ちを持てば、どんなこともできないことはない。」と言っているように、信じる気持ちがあれば、どんな困難な状態であっても、打開できるようになる。それは、信じる気持ちによって、人生に誇りが持てるようになるからである。例えば、周りの人みんなに自分を認めてもらいたいという気持ちを持っていると、人が信じられなくなる。しかし、自分の気持ちを素直に信じて、自分の人生に誇りを持って生きていくことが、困難な状況を打開していく。

周りに愛される人生よりも、周りを愛する人生の方が、価値がある。周りに認められる人生よりも、周りを認めてあげる人生の方が、価値がある。愛されることは有限だが、愛することはいつまでもできる。認めてもらえるのは一瞬だが、認めてあげることはいつまでもできる。

周りを認めることができたら、その駄目な自分を褒めてあげることができるようになる。駄目な自分を好きになれれば、どんな人生でも切り開いていける。身近にいる人を愛し、身近にいる人を認めてあげることが、不安を解消し、信じる気持ちを持つ秘訣である。

本著で、言いたいことは、「信じる気持ち」を育てて、豊かな人生を送るために、聖徳太子は渾身の力を込めて、十七条憲法という日本で始めての憲法を作られたということ。そして、聖徳太子のメッセージを理解することで、私たちはどんどん幸福な人生を送ることができるのだということである。

本著は、聖徳太子の国家理念の秘奥にあるメッセージを易学思想で読み解いていることが特徴である。この秘奥にあるメッセージを読み解くことで、どんどん幸福に人生を送ることができるようになっていくと確信している。

この本を通じて、日本の国家の根幹を形成した深遠な思想に触れていただき、このメッセージを実生活に活用して幸せの兆候をつかんでいただきたい。

聖徳太子のメッセージは、世界のどこにも類例のない思想でありながら、これからの人類に救いをもたらす、大きな真理を持っている。これは聖徳太子のみが持ちえた思想でありながら、この思想は日本人の意識に大きな影響を与え、これから起こる人類の問題を解決する糸口を与えている。

本著では聖徳太子の理念を東洋科学というメスによって、解読していくが、これは聖徳太子のメッセージを読み解く上で必要不可欠なことであり、実はそれこそ聖徳太子が伝えたかった理想の姿を描いている。このことによって日本の文化の中核がいかに形成され、この文化がどれほどの価値を持っているかを解く鍵になる。これは日本文化に新たな価値を発見する足がかりになり、価値の発見によって日本文化がさらに広がりを見せることを期待している。

現在は聖徳太子という文化的価値をもっと見直す、大きな分岐点にあり、その分岐点において見直されるべきものは、限定されたものの見方にあるのではなく、もっと根源的なエネルギーの流れを発掘し、そこから未来へのヒントを得ていくことであろう。

まず、第一章では聖徳太子の事跡からその業績を読み解いて見たいと思う。

第二章では、聖徳太子の秘奥のメッセージを解読するために、必要な知識である東洋科学について説明している。

第三章では、冠位十二階・十七条憲法は、陰陽五行の理論によって構成されており、全ての条文を五常によって解釈している。

第四章では、恋愛・人生・仕事・成功も思いのままにできる秘法を公開している。

第五章では「聖徳太子の未来予言」を語っているが、これは聖徳太子信仰の中核を担う精神であり、ここで語られていることは、太子信仰が歴史の中でどのようなベクトルを持って作用したかということであり、太子信仰の力学が論じられている。

第六章では、観相力に優れ、神通力を持つ聖徳太子は、東洋科学の達人であることや天文学・地理学によって、予言していることを述べている。例えば目を見ただけで、その人の運命を読み解いたことや、惑星により、反乱を予言し、天文占星学的に解読したこと、また平安京・首都遷都を予言し、地理風水を解読したことなどを論述した。さらに、日本の建国記念の日は、聖徳太子が、予言思想によって決定し、太子は、瞑想の奥儀も極めていたことなどを書いている。

本著の第二章から第五章までは、「東洋科学」の理念によって解読しており、その中には、日本文化の暗号から冠位十二階・憲法・天文学・地理学・東洋医学に至るまで、数多くのメッセージが存在している。その中核に位置する解読の鍵となるものは、陰陽五行の理論である。

本著では、「暗号」という言葉を使用しているが、これは「国語辞典[2]」によると「通信の秘密がもれないように、当事者だけが約束して用いる記号。」とある。さらに、本著では「暗号」は、聖徳太子が伝えた秘密のメッセージであると考えている。聖徳太子には秘密の伝承が数多くあるが、秘密のメッセージとして隠されたり、隠匿されていることにこそ、実は真実のメッセージを伝えている可能性がある。

第七章では、現代に息づく日本人の常識に与えた聖徳太子の思想が、どのようなものであったかを論じている。

このような角度から聖徳太子を論じた本は、部分的には存在していても、それを総括として論じたものは管見の及ぶ限り類例がないと思われる。

何よりも、本著のテーマは「聖徳太子の運命学」であり、それを解読する手段として主に「東洋科学」を採用しているところに、本著の特徴があるといえる。

また、「日本」がどうして日本という国号になったのか、あるいは「天皇陛下」がどうして天皇で、どうして陛下なのか、といった基本的でありながら、一般的には知られていないことも第七章で論じている。

ほとんどの歴史学者が無視し、大部分の歴史学者が気づきもしない、聖徳太子の隠された言葉の中には、日本の歴史を貫き、日本の文化を内包する大きなメッセージが秘められている。その歴史の暗号を無視して、歴史の闇に葬り去ることでは、日本の文化の本当の価値は、見失われてしまう。

日本は独自の文化を持っていない、日本はものまねの文化だという思い込みが、大きな文化的価値をも、埋没させてしまうことになりかねないのである。

聖徳太子には、大きな暗号を秘めた物語がいくつもあり、これは世界の歴史にも関係する大きな暗号まで内包している。これは日本の歴史を貫く、聖徳太子の魂のメッセージであり、日本の魂を埋没させることなど、有ってはならない。

「歴史を軽んずるものは歴史に罰せられる」という言葉がある。

歴史を現在の社会に、どのように生かすかが、歴史を研究する本来の意味であることを教えている、

ではどのようにして、日本独自の文化を研究し、それを実際に反映させるのかが問題になるが、これは歴史学という学問の中に、歴史を閉じ込めてしまった考え方によって起こる疑問である。歴史とは、自らの理想を実現するために過去に学ぶものであり、例えそれが今の学者の意見とは異なる認識だったとしても、隠されたメッセージの中に、真実が潜んでいる可能性は捨てきれない。また、未来へのビジョンは、出会いの体験によって生まれてくる。

すなわち、歴史は歴史学者の占有物ではなく、歴史を学ぶものの中に生き続けるものである。

注

（1）「人はなぜ生まれいかに生きるか」江原啓之著、ハート出版、平成一八年一月五日三九刷、六八頁
（2）「国語辞典」旺文社、一九八五年重版

第一章　聖徳太子入門

一、皇太子・摂政の始まり

「日本書紀」巻二十一用明天皇元年春正月(1)（五八六年）に聖徳太子の名前について次のようにある。

「厩戸皇子《うまやどのみこ》といふ。〔更名《またのな》は豊耳聡《とよみみと》、聖徳《しょうとく》。或は豊聡耳《とよとみみ》、法大王《のりのおおきみ》と名づく。或は法主《のりのぬし》王《のみこ》と云う。〕是の皇子《みこ》初め上宮《かみつみや》に居《ま》しましき。後に斑鳩《いかるが》に移りたまう。」

聖徳太子は、後につけられた諡号《おくりな》で、もとは厩戸皇子と呼ばれ、また豊耳聡《とよみみと》や豊聡耳《とよとみみ》・法大王《のりのおおきみ》・法主王《のりのぬしのみこ》とも呼ばれた。このように多くの名前を持ち、多くの徳が称えられている。この中で「豊耳聡」は、耳が豊かで聡明なものということで、一度に多くの人の話を聞くことができたという逸話を物語った名前であろう。

また、「上宮聖徳法王帝説」では厩戸豊聡八耳命《うまやどとよとやみみのみこと》と言い、「法隆寺薬師像光背銘」では聖王《ひじりのおおきみ》と呼ばれている。

古代日本の社会では、徳を称える意味で偉大な業績を残した者に多くの名前を与えていた。多くの名前があるのは、多くの業績と才能を持っていたからで、多くの名前を持っているから、聖徳太子は実在しないというのは当たらない。すなわち、それだけ多くの業績をなしたということを物語っている。

ここでは、一般的に用いられている聖徳太子ないし太子という通称で統一して、これを用いる。

聖徳太子について、三省堂「日本史」(2)の歴史教科書には次のようにある。

「五九三年、推古天皇は甥の聖徳太子（厩戸皇子）を摂政とし、蘇我とともに政治にあたらせた。彼らは朝鮮半島での勢力回復をめざすとともに、内政では、六〇三年に冠位十二階の制をさだめて、個人の功績や才能におうじて位を与えるようにし、有力氏族が政治をとり行う氏姓制度の弊害をなくそうとした。また、六〇四年に聖徳太子がさだめたとされる憲法十七条には仏教や儒教の考えがとり入れられ、天皇のもとに支配を秩序付けることや、官僚として勤務する心がまえなどが説かれた。」

聖徳太子は五七四年から六二二年まで、四九歳の生涯を怒涛のごとく駆け抜けた皇子であった。ここに、「推古天皇は甥の聖徳太子（厩戸皇子）を摂政とし」とあるが、推古天皇が即位された五九三年と言えば太子はまだ二〇歳の時である。

「日本書紀」巻二十二推古天皇元年の条[3]（五九三年）に次のようにある。

「厩戸豊聡耳皇子《うまやどのとよとみみのみこ》を立てて皇太子《ひつぎのみこ》と為したまう。仍《よ》りて録摂政《まつりごととりふさねかは》らしむ。万機《よろづのまつりごと》を以《もっ》て悉《ことごと》に委《ゆだ》ねたまう」

ここに「まつりごととりふさねかはらしむ」とある。この「まつりごと」は、政治と祭祀の二つの意味を持つ言葉で、ここでは主に政治を意味していると考えられ、政治を執り行うことを意味する。「ふさね」とは「総ね」で束ね、まとめて総括することを意味しているので、政治の執行を総括して代行したことを言っている。また、万機をもって悉く委ねたとあるので、天皇の皇太子として万機を委任された「政治執行総括」の代行を受けた代行者になったことを述べている。

これを書き下して読むと「摂政《せっしょう》を録《と》らしむ」と読める。これが摂政の始まりであり、このことから、摂政とは天皇の代わりに政治を執り行う委任制度であるということが理解できる。また、これが皇太子制度の始まりと見られる。この当時まで天皇の委任で、天皇の意志によって摂政や皇太子を決めるということは前例のないことであった。そのために、ここで摂政になったというよりは、この時代から摂政という天皇の変わりに政治を総括し、代行する委任者が現れ、これを行うようになったと考えられるからである。

これは天皇の制度を考える上で、重要な区分を意味している。それは諸豪族の統一化の中で、徐々に大王家である天皇家へと権力の統治権が集中していく時代であることを意味し、また天皇家が他の豪族に対して、その統治権を誇示するために太子を立て、それまでにない制度を採用したといえる。そのため、摂政は推古天皇の御世から始まったと区分することができる。

また、皇太子も、天皇の跡継ぎとして、天皇自らの意志でこれを表明するようになったことを物語っている。

二、冠位十二階

六〇三年には「冠位十二階」、六〇四年には「十七条憲法」を完成させている。この冠位十二階という制度は、日本で始めて能力主義を採用した制度で、それまでの氏族制度という制度は有力豪族による政治だったが、優秀な人材が埋もれて功績や才能を評価するシステムがなかった。

そこで聖徳太子は、功績や才能があれば例え有力豪族でなくても、昇格するシステムを作り、十二の階級に分けた。「日本書紀」推古天皇十一年（六〇三年）十二月五日[4]に記載されている。

「始めて冠位を行う。大徳・小徳・大仁・小仁・大礼・小礼・大信・小信・大義・小義・大智・小智、并せて十二階、並びに当色の絁《きぬ》を以て縫えり。頂《いただき》は撮摠《とりす》べて嚢《ふくろ》の如くにて、縁《もとほり》を著《つ》けたり。唯元日《ただむつきついたちのひ》には髻華《うず》を著く。」

このように大徳・小徳・大仁・小仁・大礼・小礼・大信・小信・大義・小義・大智・小

智という冠位を定めている。この冠というのは中国の幞頭のようであり、絹または羅を持って頭巾様のものを作り、紐で額から巻いて結び、後ろで縛り寄せたもので、後周より始まった。(5)

三、十七条憲法

推古天皇十二年(6)（六〇四年）四月三日には、聖徳太子は、みずからはじめて十七条憲法を作られたと「日本書紀」にある。

十七条憲法は、王権の発展によって、族長法から国造法へと国家体制が移行したことを示す、日本で始めての成文法である。

この憲法に関しては、津田左右吉氏などが後世の造作《ぞうさ》だろうという説（「日本古典の研究」下）(7)を立てている。

十七条憲法の第十二条に「国　司《くにのみこともち》・国　造《くにのみやつこ》、百姓に斂《おさ》めとることなかれ。」という条文があり、これは「政府の地方官も世襲の地方官も、民衆から天皇の許可なく、税を取ったり、労力を使ったりしてはならない」という意味である。

この「国　司《くにのみこともち》」という文字が、大化の改新以前には使用例がないことが、造作説の主な根拠になっている。

しかし、すでに大化の改新前年である「日本書紀」孝徳天皇元年八月五日には「汝等《いましたち》国司《みこともち》」との記載があり、さらに「古事記」清寧天皇の御世にも、「針間国《はりまのくに》の宰《みこともち》」との記載がある。

この国司《くにのみこともち》も、国造《くにのみやつこ》も、すでに大化の改新以前にも存在している。

さらに、「国造《くにのみやつこ》」も、「古事記」景行天皇の御世に「悉《ことごと》の国々の国造《くにのみやつこ》」とある。

このことからも、この第十二条は、天皇の権威が、まだ地方にまで及んでいなかった推古朝の時代の実状を伝えており、「国司《くにのみこともち》」も「国造《くにのみやつこ》」も、ともに推古朝には地方において地方官として活躍している。

さらに、「日本書紀」舒明天皇八年（六三六年）秋七月に「卯《う》の始に朝《まい》りて、巳《み》の後《のち》に退《まか》でむ。」と刻限が記載されているが、十七条憲法の第八条には「早く朝《まい》りて晏《おそ》く退《まか》でよ」とあり、これは律令制が完成する以前の習俗で、憲法には推古朝当時の習俗が描かれている。

また、坂本太郎氏は「聖徳太子」(13)の中で造作説を批判し、論述している。

「むしろ後世の造作ならば、必ずや造作当時の現行法である律令制的な用語が出て来そうなものであるが、それは一切ない。すべて観念的に国家の統一を説き、君主の尊厳を述べているだけである。これは天皇中心の理想政治を目ざす推古朝時代の文章としてこそふさわしい」

ここで坂本太郎氏は造作が行われた痕跡はなく、十七条憲法の用語は当時すでに用いられていたということを述べている。

中国でも晋《しん》の泰始四年（二六八年）に五条詔書《しょうしょ》が発行され、西魏の時代も大統十年（五四四年）に、六条詔書など法制の整備が進展していった時代であった。

さらに、日本にとっては百済・高句麗・新羅などの僧侶や使者が続々と奈良に流れ込み、新しい情報が流入してきた時代でもあった。この情報が流入してくる時代、新しい文化・情報が続々と押し寄せてくる時代、だからこそ受ける衝撃があったろう。

その上、百済《くだら》・高句麗《こうくり》・新羅《しらぎ》などが次々と中国に習い、発展を遂げて覇権を争っていた。日本もこの大きな渦に巻き込まれる可能性があることを太子は知り、また日本が他の国に比較して後進国であることをいち早く悟ったのであろう。

東アジア諸国に有って中国が圧倒的に先進的な国家体制を整備して、その当時の世界としては、最高の文化的発展を遂げていたことをすでに太子は知っていた。

それまでの日本は国内だけで、分立し、対立して力を誇示してきたが、隋の圧倒的巨大さと文化の先進性についての情報を三国の使者から聞いて衝撃を受けていたに違いない。

このように中国が高度に整備され、先進化していった時代だったからこそ、日本もいち早く、隋に追いつき、隋を追い越したいと思うことは当然である。このことを聖徳太子は鑑みて十七条憲法を思い立ち、これを作成したと考える方が自然である。

この憲法は、聖徳太子が新しい国家制度の実現のために、現実の問題にどのように即して対応すべきかの基本を述べたものであり、抽象的に作り上げた所産ではない。これは、日本が新しい社会秩序を形成し、公共性の高い社会への移行を実現する上で、秩序形成をどのように実行すべきかの組織規範を説いたものであり、人倫規定の根本を説いたものである。

そこには表面的意味での近代法的人権の保障はないが、公民としての身分の確立を聖徳太子は第五条で「明らかに訴訟を弁《さだ》めよ」と謳っている。すなわち、十七条憲法には、古代国家の王権確立と同時に、公民権の確立も内容的には含まれていることを見失ってはならない。

注

(1)「神典」大倉精神文化研究所編集、大倉精神文化研究所、昭和六二年一月三一日一二版、六〇七頁

（2）三省堂日本史B（二〇〇三年検定済み、二〇〇六年三月三〇日）一二五頁
（3）「神典」大倉精神文化研究所編集、大倉精神文化研究所、昭和六二年一月三一日一二版、六二一頁
（4）「神典」大倉精神文化研究所編集、大倉精神文化研究所、昭和六二年一月三一日一二版、六二六頁
（5）「聖徳太子」坂本太郎著、吉川弘文館、二〇〇一年五月一日第十刷、七八頁
（6）「神典」大倉精神文化研究所編集、大倉精神文化研究所、昭和六二年一月三一日一二版、六二六～六三〇頁
（7）「津田左右吉全集」第二巻「日本古典の研究」下巻、津田左右吉著、昭和二十年、岩波書店
（8）「神典」大倉精神文化研究所編集、大倉精神文化研究所、昭和六二年一月三一日一二版、六九三頁
（9）「神典」大倉精神文化研究所編集、大倉精神文化研究所、昭和六二年一月三一日一二版、一五四頁
（10）「神典」大倉精神文化研究所編集、大倉精神文化研究所、昭和六二年一月三一日一二版、九五頁
（11）「神典」大倉精神文化研究所編集、大倉精神文化研究所、昭和六二年一月三一日一二版、六六二頁の舒明天皇八年秋七月に「卯の始に朝りて、巳の後に退でむ。」と刻限を大派王（おおまたのみこ）が進言している。
これは現在の時刻で、午前五時から十一時までと考えられる。
（12）「神典」大倉精神文化研究所編集、大倉精神文化研究所、昭和六二年一月三一日一二版、六二八頁
（13）「聖徳太子」坂本太郎著、吉川弘文館、二〇〇一年五月一日一〇刷、九二頁

第二章　東洋科学の概要

一、東洋科学の定義

▼東洋科学とは何か、日本文化解読の鍵に迫る▲

神道《しんとう》とは、日本古来よりある神祇崇拝《じんぎすうはい》で、天神地祇《てんじんちぎ》を神社《じんじゃ》で祭り、天つ神、国つ神をお祭りする日本固有の信仰である。私は大学でそう習った。また、実際神道は、八百万《やおよろず》の神々《かみがみ》を神社で祭り、山の神、海の神を太古の昔と変わらぬ方式でお祭りしており、その祭りは日本固有で、二千年の歴史を持つ信仰それが、神道だと信じていた。「日本書紀」の用明天《ようめいてん》皇《のう》の初めに「天皇は仏法《ぶっぽう》を信じ、神道を尊ぶ(1)」と記載されている。これは普通、日本古来の伝統的信仰である神道を尊ばれ、新しい先進文化の宗教である仏教を信じられたと理解される。

しかし、ここにも隠された意味があり、神道は道教を意味しており、すでに「易経」に記載があり、当時の中枢にいる人びとは道教が神道であることを知っていたと推察される。紀元前四世紀頃成立の「易経《えききょう》」(2)の観卦《かんけ》に神道が出てくる。

「天の神道《しんとう》を観《み》るに四時忒《たが》わず。聖人《せいじん》神道をもって教えを設《もう》け、しかして天下服《ふく》す。」

ここに天の霊妙《れいみょう》な神道を見ると、四時《しじ》の運行は狂《くる》いがなく、聖人はこの霊妙な神道に従って、教えを立て、天下を服せよとある。

この観卦《かんけ》という卦は、坤卦《こんけ》の上に巽卦《そんけ》が乗っている形で、地上に吹く風の意となる。これは凝視すること、奥底まで見抜くことであり、正中をもって天下を見ることである。これは祭祀するものが手を清めて、神の前で、純一な気持ちになって、心を打つ状態である。そのため、心が澄んでいるので、精神的にスピリチュアルな世界に惹かれ、崇高で清らかな心を表し、奥深いものを好み、洞察力、観察力に優れている卦が観卦である。

この神道という言葉は、中国では道教の道術または真理として使用される。

そして、道教の思想こそ、東洋科学の中でも大きなウエイトを占めている思想である。日本に中国の古代科学が入ってきたのはとても古い。この中国の古代科学は、大きく二つに分類できる中国の古代科学を言っている。中国の古代科学は、大きく二つあり、第一に挙げられるのが、「易学思想《えきがくしそう》」であり、第二に「道教《どうきょう》思想《しそう》」がある。

この「易学思想」には、易経《えききょう》・天文占星学《てんもんせんせいがく》・暦法《れきほう》・風水《ふうすい》地理学《ちりがく》・人相などがある。

この「易学思想」は、大きく分けると①卜占《ぼくせん》・②相術《そうじゅつ》・③命理《めいり》に分類できる。

①卜占は、亀卜・周易などのように、偶然性の占いである。

②相術は風水地理学・人相のように、ものの形や様相を見て判断するものである。

③命理は天文学や暦法などで、これは共に国家の命運を知る上で、重要な意味を持っている。

また、「道教思想」(3)は大きく三つに分類ができ、①成立道教《せいりつどうきょう》・②民衆道教《みんしゅうどうきょう》・③神仙道教《しんせんどうきょう》である。

①成立道教は道家の思想で、老子・荘子の解く、思想哲学を言っており、これに易経を加えて三玄とも呼ばれる。

②民衆道教は、中国民俗の中に深く根付く、中国の民間信仰を言っており、この中から教団道教も成立している。

③神仙道教は、道教の理想である不老長寿のために開発された技術で、医療《いりょう》と養生《ようじょう》がある。

この中には、東洋医学・漢方薬学・鍼灸指圧や薬膳・養生など現在でも未病医学として注目される古代医学などがある。

このように、東洋科学は古代中国の神話的世界を起源として、人類の福祉に役立つものを総合的に扱っており、思想科学と自然科学は共に発展してきた。

およそ人類の文明科学は宗教の世界に起源があり、古代中国において思想科学と自然科学は一体化して進展していった。

また、道教は総合的な身体観や自然観・宇宙観を持ち、その「気」の概念は現代でも活用される普遍の原理である。(図を参照)

図にあるように中国の古代科学には大きく二つあり、易学思想と道教思想がある。この易学思想には三つあり、卜占・相術・命理であり、道教思想にも三つあり、成立道教と民衆道教と神仙道教である。

この中国の古代科学を本論では、「東洋科学」と明記して簡略化した用語としてこれを用いる。従って単に東洋科学と本論で言う場合は、中国の古代科学を意味しており、その内容は易学思想と道教思想の二つの領域を意味する用語であることを、ここに述べておく。

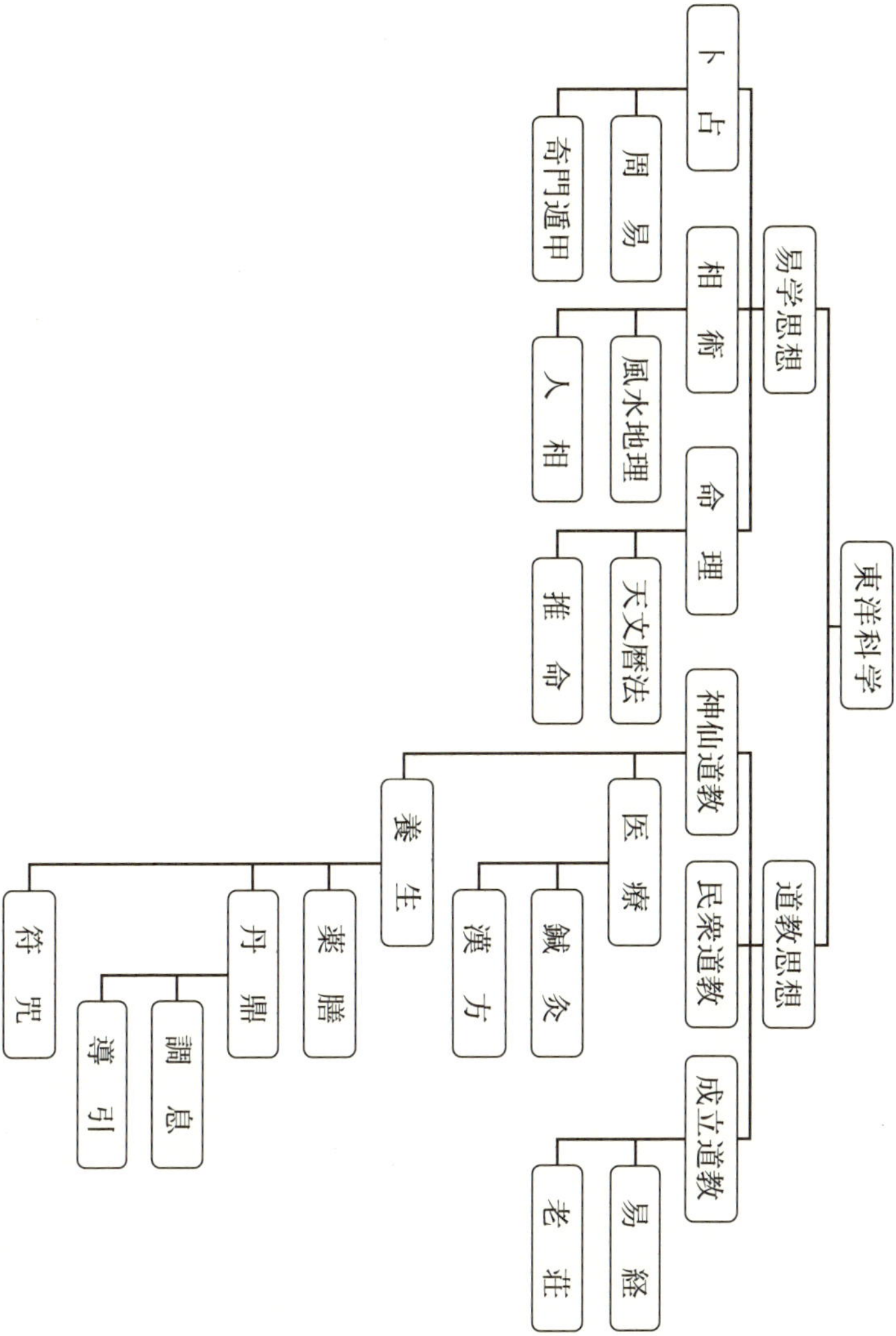
東洋科学
易学思想
卜占
周易
奇門遁甲
相術
風水地理
人相
命理
天文暦法
推命
道教思想
神仙道教
医療
鍼灸
漢方
養生
薬膳
丹鼎
調息
導引
符咒
民衆道教
成立道教
易経
老荘

また、東洋科学は、東洋の運命学を含み持つ内容であることも理解できる。それは、易学思想が天文占星学・風水地理学など多くの東洋占術を意味する内容となっているからである。

そのため、本著では卜占・相術・命理の易学思想を、東洋の運命学と位置づけて、易学思想と同義の意味で運命学という用語を使用している。

このように、古代中国において、思想科学と自然科学は一体化して進展し、古代の中国科学として結実している。

東洋科学は古代においては最先端の科学であり、その当時としては最も大系だった思想哲学であった。そのような古い科学は、現代人から見ると迷信の一種と見られ、現代に生きる我々とは何の関係もないように思える。しかし、これについて、高エネルギー理論物理学者のフリッチョフ・カプラはその著書「タオ自然学[4]」の中でこう述べている。

「神話、象徴、詩的イメージあるいはパラドキシカルな言いまわしであろうと、知識を言葉によって表現しようとした東洋の神秘思想家は、言葉や『直線的』な思考法に限界のあることを十分に自覚していた。現代物理学者も今では、言葉によるモデルや理論に対し神秘思想家と変わらぬと態度をとるようになっている。モデルや理論も近似的でつねに不正確であることをまぬがれない。それらは、東洋での神話や象徴や詩的イメージに相和し、両者が類似していると言うのもそのためにほかならない。」

彼は理論物理学の分野で研究活動に従事して、量子論の不可解さに想起される東洋の神秘思想の不可解さに、極めて深遠な類似性があると思い始めた。この深い精神レベルで得られたものを、科学者としての仕事に還元していくこと、この発見が「タオ自然学」へと結実している。

道教という古くさい思想は、現代社会とは何の関係もないものと思いがちだが、意外にその枠は大きく、また科学的である。東洋人である我々は自分たちの文化や価値について、説明できるくらいの知識は持つ必要がある。

コラム　**東洋科学総説**

①**「卜占《ぼくせん》」**は、易筮《えきぜい》に代表される偶然性の占術で、占卜《せんぼく》・選吉《せんきち》・測局《そくきょく》の三種類がある。占《せん》

卜《ぼく》は、断易《だんえき》や六壬神課《りくじんしんか》があり、選吉《せんきち》は奇門遁甲《きもんとんこう》があり、測局《そくきょく》には太乙神数《たいおつしんすう》がある。一般的に占いというと、この占卜のイメージが強いであろう。日本では周易の影響が強いので、易者といえば周易の占い師と思われるくらいである。

②**「相術《そうじゅつ》」**は、人相・手相・風水などその様相からコードを読み解いて意味を探る技術で、東洋医学にも応用されている。これは種類も多いが、主なものには、風水・人相・手相・姓名判断がある。風水も陽宅《ようたく》と陰宅《いんたく》があり、陽宅は家相のことで、陰宅は墓相《ぼそう》のことを言っている。しかし、日本の家相は、九星気学《きゅうせいきがく》の影響が強いので、中国の風水とは見方が異なる。この風水は、風水地理学と言って、地理学と言えば古代は風水を意味していた。

③**「命理《めいり》」**は、四柱推命《しちゅうすいめい》・算命学《さんめいがく》など国家の運命を解読する学問で、命理学《めいりがく》と呼ばれている。その他にも、星平会海《せいへいかいかい》や紫微斗数《しびとすう》などがある。これは天文暦術《てんもんれきじゅつ》と言って、天文学と暦学は共に国家の命運を知る上で、重要な意味を持っていた。古代では天文学といえば天文占星学を意味しており、天文は主に天変を調べて王に密奏《みっそう》する役割があった。また、暦《こよみ》も「日本書紀《にほんしょき》」や「古事記《こじき》」の紀年《きねん》に干支が使用されていることからも分かるように、暦といえば主に干支《かんし》を意味していた。さらに、天文暦術《てんもんれきじゅつ》の中から緯緯《しんい》といった未来の予言などが誕生しており、これが神武天《じんむてん》皇紀元節《のうきげんせつ》となっている。

ところで、中国の古代科学にはもう一つ重要な分野があり、それは「道教思想」である。

「道教思想」は大きく三つに分類ができ、①**成立道教**・②**民衆道教**・③**神仙道教**である。

①**成立道教**は、道家の思想で、老子・荘子の解く思想哲学を言っており、これに易経を加えて三玄とも呼ばれる。道教思想の聖典である。

しかし、老荘思想と道教は全く異なる思想を持っている。それは老荘思想の無為自然という思想は、人為的なものを全く排除する思想だからである。それに対し、道教は自然を観察し、分析した上で、それを社会の中で利益に生かし、生産的に役立てようとする姿勢がみられるからである。例えば養生にしても、これは生命の利益に資する思想である。しかし、道家はそれをも否定して、「無知」、「無欲」ということを説いている。

しかしながら、葛洪《かっこう》の頃から、この二つの思想が合流し、そのうちに老子は道教の神さまの一人である太上老君として崇拝されるようになっていった。

この背景には、老荘思想の持つ奥深さが、道教の深遠な教えの神秘さとあいまって一つになっていったと考えられる。道教から見ると「老子道徳経」は道教の聖典であり、老子は至高の神仙となり、老子の「道」の思想は宇宙の根源を教えていることから、「道」の開祖となっている。

②民衆道教は、道教の民間信仰で、道教の教理的に階層化されている神様を信じる信仰の大系であり、「道蔵」という経典が基本聖典とされる。この中には教団道教もあり、教団道教の成立については、太平道《たいへいどう》と五斗米道《ごとべいどう》の二つがある。

太平道は二世紀前半に成立した教団道教で、干吉《かんきち》という人物が神人から授かったという「太平清領書《たいへいせいりょうしょ》」という経典を持っている。この干吉は、五行をよく使い、病気をよく直していたという。そのうち、張角《ちょうかく》が指導者となって教団をとりまとめた。彼は黄帝《こうてい》と老子の教えをよく守り、黄老道を教えたという。張角について「日本陰陽道史総説」[5]の中で、村山修一《むらやましゅういち》氏は「布教方法は九節の杖をもって病気の治療をすることで、符と霊水を飲ませ、呪文を唱えれば平癒するという。」と記している。このように、病気治療によって、布教をし、神様が人の行いを監視していると教えていた。

五斗米道《ごとべいどう》（天師道《てんしどう》）は張道陵《ちょうどうりょう》によって始まっている。「神仙伝」張道陵の条[6]によると「もと太学の学生にして、博く五経に通ず」とあり、儒教や学問はよくできたようである。

彼はそれに満足せず、「長生の道を学び、黄帝九鼎《こうていきゅうてい》の丹法《たんほう》を得」とある。ここに黄帝九鼎とあるが、これは丹鼎のことで、瞑想法と呼吸法と食餌法によって金丹を作る方術を言っている。「道書二十四篇を著作し、精思錬志《せいしれんし》す。忽《たちま》ちにして天人《てんにん》の下《くだ》るあり。」これは老子など多くの神々が下って、術を授けたという。これによって病気を治し、よく信者が集まり、神様が人の行いを監視しているので反省するように教えていた。

民衆道教は主に、儀礼や伝説を背景にして方術や符咒などで災厄を除いて福を招来する方法で、中国人の深層信仰の中に、深く根ざしている。

この道教はその後、日本において神道・華道・茶道・剣道・柔道など「道」の思想に大きな影響を与えた。

③**神仙道教**は、道教の理想である不老長寿のために開発された技術で、A・医療《いりょう》とB・養生《ようじょう》がある。

A・医療は東洋医学・漢方薬学・鍼灸指圧など現在でも未病医学として注目される「氣」の身体論であり、「黄帝内経《こうていだいきょう》」などを基本文献としている。

医療もa・漢方とb・鍼灸がある。

a・漢方は方剤と処方があり、生薬を使用して病気を治療する方法である。

漢方にも二つあり、一つ目は薬物の薬効を中心として、病状に応じて配合するものを処方と言う。

二つ目には、基本薬方の方意を基本構成として、これを中心に配合するものを方剤と言う。つまり、方剤《ほうざい》は処方《しょほう》と本来区別して使用されている。

また、生薬《しょうやく》といっても本草学的意味《ほんぞうがくてきいみ》においてであり、これを乾燥したり、細かく刻んだり、粉砕したりして用いる。

ｂ・鍼灸《しんきゅう》は陰陽虚実《いんようきょじつ》の診断から始まり、これを基本として、臓腑経絡《ぞうふけいらく》を診断する方法が発展し、五邪《ごじゃ》の病因を判断するようになった。これは五行理論の応用的展開であり、陰陽の思想を演繹したもので、特徴として病理思想は、病気の診断と治療が一体になっていることがあげられる。

さらに、気・血・水の三様態《さんようたい》の変調《へんちょう》を見て、気滞《きたい》・血滞《けったい》・水滞《すいたい》と三毒《さんどく》を診断する。

その方法には、望診《ぼうしん》と聞診《ぶんしん》と問診《もんしん》と切診《せっしん》の四診がある。さらに、腹診《ふくしん》・背診《はいしん》も合わせて診ることもある。ちなみに韓国では、家の外から脈診《みゃくしん》だけで診断するために、その手を出すところが特別に用意されている家もあった。

Ｂ・養生《ようじょう》には、ａ・薬膳《やくぜん》とｂ・丹鼎《たんてい》とｃ・符咒《ふじゅ》とがある。

a・薬膳《やくぜん》は、季節にあった食材を選び、五穀・五果・五菜などを体質に合わせて摂取することで、バランスを回復する。中医学では医食同源と言い、病気になってから対応するのではなく、未病を診て体質を判断し、その分析を行って適した薬膳を考案する。例えば、五臓と五味の関係を見るなら、肝には酸味、心には苦味《にがみ》、肺には辛味《からみ》、腎《じん》には鹹味《かんみ》、脾《ひ》には甘味《あまみ》と薬効にあわせて、症状を改善する食材を選別する。そうすることで、生活習慣の乱れから起こる、気力の減退や代謝の不調などの症状を緩和し、自然治癒力を高めて、体調を改善する。その主なものには、食餌法などがある。

b・丹鼎《たんてい》は主に一・調息法と二・導引法がある。

一・調息とは、呼吸法であり、人体に気を巡らすためのイメージ訓練や神と通信する瞑想法も進んで行われている。これを胎息法といい、これには服気法や行気法・練気法などがある。

調息法には、呼吸法と同時に気の体感法があり、大自然の気の循環によって、気の感覚を磨くために開発されたもので、精・気・神の鍛錬によって金丹を養うことである。

さらに、守一といって、宇宙の中枢にいる太一神を守る瞑想法があり、これを存思法と言う。

二・導引法は、健康を増進し、不老長寿のために開発されたメソッドで、気の流れをよくし、滞った体の不調を取り除く、気の循環法であり、その中には整体法や運動法など経絡や呼吸法と合わせて行われることが多い。代表的なものに八段錦などがある。

c・符呪《ふじゅ》は、敬天崇地思想を起源として、天地自然・宇宙万物の精気を、太上老君（老子）や黄帝などの道祖が文字や図にしたもので、神様の力がそこに宿るとされている。つまり、もともとは神仙が、天地自然の天象や数理を形象化したもので、これはそれぞれの神に力を頂く暗証コードであると考えられた。このように神様と通じる手段として、符呪があり、これには「五岳真形図《ごがくしんぎょうず》」や「北斗七星霊符《ほくとしちせいれいふ》」などがある。この符呪《ふじゅ》を用いる際にも、決まりごとがあり、神呪《しんじゅ》（唱える言葉）や観想法（イメージ法）などが合わせて行われている。

二、東洋科学の基礎知識

▼日本の歴史を解く鍵、陰陽五行の理論と六十花甲子▲

前節において、東洋科学は中国の古代科学で、「易学思想」と「道教思想」があり、思想科学と自然科学は一体化して進展してきたことは、すでに述べた。また、「易学思想」には観相学・地理学・天文学・暦法などがあり、「道教思想」には、東洋医学・漢方薬学・鍼灸指圧や薬膳・養生など、現在でも未病医学として注目される古代医学などがあることも述べた。

ここでは、本著でメッセージを解読するための基本概念となる古代科学の原理について述べていく。

中国の古代科学には、陰陽五行《いんようごぎょう》という根本原理が働いている。これは一言で陰陽五行説と呼ばれるが、陰陽と五行の成立時期は異なっている。この陰陽と五行の学説が、一つの統一した理論として展開され、これを古代科学の根本原理としたのは、戦国時代末期に活躍した斉の鄒衍《すうえん》（前三〇五頃〜前二四〇年）である。

中国の古代科学には、「陰陽」という原理があり、陰陽は夜と昼のように、自然界の事象を二つに分類する理論である。女性と男性・内と外・マイナスとプラスなど、受動的なものを陰として、能動的なものを陽とする分類法である。

中国の古代科学では、陰陽は絶対的な分類ではなく、相対的に考えられており、連続的な動きの中に陰と陽の要素を、それぞれの働きにおいて捉えて見ているところに特徴がある。この相対とは、大自然の生態系のように、役割を分担して、調整を取りながら循環が正常に行われている状態であり、調節機能が作用して平衡状態が保たれているような相関する関係である。

五行《ごぎょう》とは、木《もく》・火《か》・土《ど》・金《ごん》・水《すい》のことで、これは自然界を構成する五つのエレメントであり、宇宙の構成要素として大きく五つに分類している。

この五行には、相生関係《そうしょうかんけい》と相剋関係《そうこくかんけい》があり、相生関係は循環する関係であり、相剋関係はやっつけるような関係である。

相生関係というのは、木は燃えると火になり、燃えた灰は土に帰る。土の中から鉱物は発掘され、山の岩間（金）から水が湧き、水は樹木を育てるというように、自然の循環していく様子を譬えている。

このように、木《き》は火《ひ》を生《しょう》じ、火《ひ》は土《つち》を生《しょう》ずる、土《つち》は金《きん》を生《しょう》じ、金《きん》は水《みず》を生《しょう》ずる、そして水《みず》は木《き》を生《しょう》ずるというように、五行の関係が生じたり、生じられたりする関係を相生関係という。

また、五行にはやっつける関係もあり、樹木は土の養分を吸い取り、土は水を制限し、水は火を消し、火は金属を溶かし、刃物は樹木を伐採する。

このように、木は土を剋《こく》し、土は水を剋す、水は火を剋し、火は金を剋す、さらに金は木を剋すというように、やっつける関係のことを相剋関係という。

この五行相生説・五行相剋説は、大自然の循環と大自然の淘汰を言っており、相生だから吉、相剋だから凶という単純なものではない。

この五行相生説・五行相剋説は、天地の循環と淘汰を意味し、天の意思の働きを意味しているることから王朝の交替原理として広く中国に広まっていった。

この五行相剋説ついて、「史記」の「孟子荀卿列伝」に出てくる斉の鄒衍《すうえん》（前三〇五頃〜前二四〇年）による「五行相勝説」(7)があり、彼によって五行相剋は王朝交替の原理とされている。

この王朝交替の革命理論は、五行に徳を与えており、王朝はそれぞれ与えられた五行の徳を担うが、その徳が衰退すると次の徳を持つ王朝に交替するという理論である。

この相勝説では、黄帝を最も偉大な帝王と考え、これを中央の土徳として歴代王朝に五行を配当していった。また、次の王朝は前の王朝をやっつけるので、木は金にやられ、金は火にやられ、火は水にやられ、水は土にやられるとする相剋関係の中でも、やられる関係、相剋される関係によって王朝は交替すると考えられた。

そのため、相勝説では、「黄帝・土徳」→「夏王朝・木徳」→「殷王朝・金徳」→「周王朝・火徳」→「秦王朝・水徳」→「漢王朝・土徳」で、水徳を倒した漢は土徳とされた。

この説が発生する理由として、「秦王朝最終説」が挙げられ、これは、秦王朝を五行の最後に位置する水徳に配当することで、秦王朝を五行の最後に配置し、長期間混乱した時代を経て成立した王朝を、長期安定させるために発案されたと考えられる。

それから約二百年後の前漢末期の成帝の頃には、劉向《りゅうきょう》（前七七〜前六年）・劉歆《りゅうきん》（?〜二三年）の親子が、五行相生説による王朝交替を唱え、王朝交替の原理を相剋説から相生説へと変換した。（帝王五徳説）

劉向《りゅうきょう》・劉歆《りゅうきん》は、王朝交替を相生関係と考え、「夏王朝・金徳」→「殷王朝・水徳」→「周王朝・木徳」→「漢王朝・火徳」として、木徳によって生じた漢は火徳としている。これは、金は水を生じ、水は木を生じ、木は火を生じるとする相生関係によっている。

ここで、秦王朝は期間が短いため閏（うるう）に当たると見ており、木徳を持った正統な周の王朝から漢の王朝は生じたので、木は火を生じ、漢王朝は火徳を持つと考えられた。

この理由として、正統な王朝の徳を継承することが重要視されていったことが挙げられる。つまり、王朝交替の循環を述べることによって、五徳の継承が説かれるようになったからで、王朝は徳を継承し、母と子のように徳を受け継ぐものと考えられるに至ったからである。（『漢書』郊祀志）

このように、五行説を王朝交替の理論へと応用し、中国歴代王朝の交替を説明する原理として五行の循環を採用している。

また、十干があり、甲（きのえ）乙（きのと）丙（ひのえ）丁（ひのと）戊（つちのえ）己（つちのと）庚（かねのえ）辛（かねのと）壬（みずのえ）癸（みずのと）である。

これは五行の木・火・土・金・水を、兄（え）と弟（と）に分けたもので、陰陽と五行を組み合わせている。

このように「え」と「と」があるから、干支のことを、「えと」と呼ぶ。

また、十二支があり、子丑寅卯辰巳午未申酉戌亥《ねうしとらうたつみうまひつじさるとりいぬい》の十二支である。

この十干と十二支を組み合わせたものが、六十干支《ろくじっかんし》で、六十花甲子《ろくじっかこうし》とも呼ぶ。これは十と十二の最小公倍数であり、干《かん》が上で支《し》が下になり、組み合わせると次のようになる。

この六十花甲子が暦日に採用されたものが、干支暦であり、これは年月日に回座《かいざ》するところから、たとえ閏年《うるうどし》になっても、六十花甲子の順番を順次配当するので、修正する可能性がないことから、万年暦とも呼ばれている。

六十花甲子表

1 甲子	11 甲戌	21 甲申	31 甲午	41 甲辰	51 甲寅
2 乙丑	12 乙亥	22 乙酉	32 乙未	42 乙巳	52 乙卯
3 丙寅	13 丙子	23 丙戌	33 丙申	43 丙午	53 丙辰
4 丁卯	14 丁丑	24 丁亥	34 丁酉	44 丁未	54 丁巳
5 戊辰	15 戊寅	25 戊子	35 戊戌	45 戊申	55 戊午
6 己巳	16 己卯	26 己丑	36 己亥	46 己酉	56 己未
7 庚午	17 庚辰	27 庚寅	37 庚子	47 庚戌	57 庚申
8 辛未	18 辛巳	28 辛卯	38 辛丑	48 辛亥	58 辛酉
9 壬申	19 壬午	29 壬辰	39 壬寅	49 壬子	59 壬戌
10 癸酉	20 癸未	30 癸巳	40 癸卯	50 癸丑	60 癸亥

暦法の基本原理は、この六十花甲子であり、この干支は中国の古代天文学や暦法・干支紀年法・讖緯《しんい》説などに応用されている。

三、東洋科学の性質論と方向論

▼五常には方向があり、それぞれ相生・相剋関係がある▲

また、五行については人間にも配当されており、「五行大義」の中で五常について語られている。五常についてであるが、これは「五行大義」より、引用させていただいた。

「五行大義」巻第五[8]にある、人の五常配論に人間を五常に配した時の性質が語られている。さらに、「五行大義」巻第三[9]の五行配論の中で五常の意義について論究している。ここでは便宜上分かりやすく、人間の五つの徳である五常について二つの論説を一つにまとめて記していく。

「人間は天地を生成する中心であり、五行を成立させる端緒《たんしょ》である。だから天地や五行の精気を受けて生まれて、万物の中心となり、天地（陰陽）と並んで天地人三才の三番目に位置する。しかし、気を受けるのにそれぞれ多少がある。

木気を多く受けた人は、その性質は強く正しく、

・ひかりかがやいて、みやびやかである

木に配当される、五常の仁なる心を持って生まれる。

仁は惻隠（あわれみいたむこと）を本体とし、博施（ひろくほどこすこと）をその働きとしている。

・仁は木性で、覆い茂るという性質がある。

火気を多く受けた者は、その性質は激しく、

・自分を最高のものとし、はげしい性質であり、

火に配当される、礼を尚ぶ心を持って生まれる。

礼は分別（けじめをつけること）を本体とし、践法（正しい道を実践すること）をその働きとしている。

・礼は火性で、暗さを滅して明るく照らすという性質がある。

土気を多く受けた者は、その性質は寛大でなごやかであって、
・言葉も行いも誠実であり、まっすぐな性質である。
土に配当される信（まこと）なる心を持って生まれる。

信はあざむかないことを本体とし、附実（誠実であろうとすること）をその働きとしている
・信は土性であり、たもちのせ物を生じ、含み入れるという性質がある

金気を多く受けた者は、その性質は強くていさぎよく、
・強いので自分一人で物事を処理し
金に配当される義を持って生まれる。

義は合義（道理に合うこと）を本体とし、裁断（是非善悪をとりさばくこと）をその働きとしている
・義は金性で、堅く、剛く、やいばのように鋭利であるという性質がある

水気を多く受けて生まれる者は、その性質は落ち着いていて控え目であって、
・物事をよく理解し、智恵があり

水に配当される智を多くもって生まれる。
智は了知（さとり知ること）を本体とし、明叡（道理に明らかで聡明なこと）をその働きとしている
・智は水性で、潤いを含んで流通するという性質がある」

このように仁礼信義智《じんれいしんぎち》という人間の持つ五つの徳を五常と言い、五常の意義は各々の性質に則って本体を理解し、その本体をよく活用して働かせることにあることが見てとれる。

算命学という学問には、五方向の理論というものがある。五方向とは東西南北と中央の五方向である。この五方向における五常の正位置を次の図に示す。

この五方向には、それぞれの方位に意味があり、北方は目上の座で安定する位置を意味し、南方は目下の座で表現し、伝達する位置を意味する。西方は家庭・補佐役の座で組織のために働く位置を意味し、東方は社会・後継者の座で保守し、未来のある位置を意味する。また、中心は自分の座で権力・財力が集まる位置を表している。(10)

さらに、仁徳は慈悲心《じひしん》、礼徳は尊敬心《そんけいしん》、信徳は真心《まごころ》、義徳は忠誠心《ちゅうせいしん》、智徳は求道心《きゅうどうしん》を表す言葉である。

この五方向の位置に五常の意味を加えると次のように言える。社会は人に対して仁徳を持つことが大切で、人は社会に対して義徳を持つことが大切である。

家庭は人に対して義徳を持つことが大切であり、人は家庭に対して仁徳を持つことが大切である。

目上は目下に対して智徳を持つことが大切であり、目下は、目上に対して礼徳を持つことが大切である。

また、目上の者は目下を信用し、目下も目上を信用することが大切である。さらに、社会も家庭を信用し、家庭も社会を信用することが大切である。人は、社会・目上・家庭・目下の者と天地和合することが大切である。

すなわち、徳は五つの方向を持ち、相互に陰陽の作用があり、仁礼は陽の作用、智義は陰の作用であり、信には陰陽がある。

また、五常はそれぞれ循環して相生しており、信徳は義徳を生み、義徳は智徳を生む。智徳は仁徳を生み、仁徳は礼徳を生む。礼徳は信徳を生み、信徳はまた義徳を生む。この循環はどこか一箇所でも欠けると滞ってしまう。これを相生関係と言う。

また、信徳が強いと智徳がやられ、智徳が強いと礼徳がやられる。礼徳が強いと義徳がやられ、義徳が強いと仁徳がやられる。さらに、仁徳が強いと信徳がやられる。これを相剋関係と言う。

このように相互に上下や社会また家庭のバランスが取れていないと、五常はうまく作用しない。

四、東洋科学の伝来

▼聖徳太子は、東洋科学の最初の科学者であり、道教も極めた。仏教伝来の五三八年よりも古い、五一三年に東洋科学は伝来し、聖徳太子は博士に書生をつけて、医学・地理学・天文暦術を、学ばせている。日本への影響は計り知れない▲

そもそも、東洋科学が我が国に伝来したのは、五一三年であるとされる。「日本書紀」継体天皇七年夏六月(11)の記述によると次のようにある。

「百済《くだら》、姐弥文貴《さみもんき》将軍、洲利即爾《すりそに》将軍を遣《つかわ》し、穂積臣押山《ほづみおみおしやま》に副《そ》へて、五経博士《ごきょうはかせ》段楊爾《だんように》を貢《たてまつ》る」

これは百済《くだら》の王様が日本へ、五経博士《ごきょうはかせ》の段楊爾《だんように》を送ったもので、百済の聖明王は五三八年には、仏教も日本へ伝えている。

この五経とは、易経《えききょう》・書経《しょきょう》・詩経《しきょう》・礼記《らいき》・春秋《しゅんじゅう》のことであり、書経には五行が説かれている。

「書経」の洪範《こうはん》(12)にある箕子《きし》の教え「洪範五行」の中で、「水・火・木・金・土」の五行とその性質を語っている。この性質は、「水は潤下《じゅんか》、火は炎上《えんじょう》、木は曲直《きょくちょく》、金は従革《じゅうかく》、土は稼穡《かしょく》」である。

これは「水はものを潤して下る性質があり、火は燃え上がって、明るく照らす性質があり、木は曲がりくねりながら、生長する性質があり、金は熱によって溶けて、形を変える性質があり、土は穀物の種を植えて、取り入れる性質がある。」ことを言っている。

ここに、五行の性質が語られているということは、五行の原初的解釈が、この当時始まっていたことを示している。

さらに、易経は五経の筆頭に上がっていることからも、五行・易学思想が、この時期に百済の王によって伝来したことが伺える。

また、「日本書紀」継体天皇十年夏五月(13)（五一六年）には百済は「漢高安茂《あやのこうあんも》」を、日本へ送り、五経博士《ごきょうはかせ》「段楊爾《だんように》」と交代させている。

続いて「日本書紀」欽明十四年（五五三年）六月(14)には、「医博士《いはかせ》・易博士《えきはかせ》・暦博士《こよみはかせ》等を宜《よろ》しく番に依《よ》り」交代させている。

ここで百済は、「卜書《ぼくしょ》、暦本《れきぼん》、種々《しゅじゅ》の薬物《やくぶつ》を付送《ふそう》して」送っている。ここに易博士《えきはかせ》・暦《こよみ》博士《はかせ》が来て、卜書《ぼくしょ》、暦本《れきぼん》を贈っており、暦術や占術の本が博士によって、伝来していることから、これが暦術書・占術書の公伝の年である。

欽明天皇十五年（五五四年）二月(15)には、「五経博士王柳貴《おうゆうき》を固徳馬丁安《ことくまていあん》に」交替して、王《おう》柳貴《ゆうき》が派遣されている。

また、同条で「易博士施徳王道良《えきはかせしとくおうどうりょう》・暦博士固徳王保孫《こよみはかせことくおうほうそん》」らが、交代している。

さらに、「日本書紀」推古天皇十年十月(16)（六〇二年）に、「百済の僧、観勒来《かんろくまいく》、仍《よ》りて暦本《れきぼん》及び天文地理書《てんもんちりしょ》並《なら》び遁甲方術《とんこうほうじゅつ》の書」を贈っている。

このとき聖徳太子は、書生を観勒《かんろく》に付けて、天文《てんもん》・遁甲《とんこう》や暦術《れきじゅつ》や方術《ほうじゅつ》を学習させている。陽胡史《やごのふひと》の祖《そ》・玉陳《たまふる》が暦法《れきほう》を習い、大友村主高聡《おおとものすぐりたかふさ》が天文《てんもん》・遁甲《とんこう》を学び、山背臣《やましろのおみ》日立《ひたて》が方術《ほうじゅつ》を学び、皆《みな》よく学業《がくぎょう》を終《お》えたことが記されている。この観勒によって正統なレベルの天文学・暦法・地理学・遁甲術・方術が教授されていると考えられるので、この観勒が陰陽道公伝の祖であると言える。

観勒はその後、蘇我氏の立てた法興寺《ほうこうじ》に住している。この百済《くだら》からの博士の派遣には、蘇我氏が中取りをして、依頼していたと思われる。

また、聖徳太子は、この時に天文学を学び、さらに極めていったようである。

聖徳太子の事跡を語る基本文献に「上宮聖徳法王帝説《じょうぐうしょうとくほうおうていせつ》」[17]という書物がある。これは部分的には「日本書紀」より古い記事を残しており、法隆寺の僧侶によって八世紀末には大部分が成立したと推定される。この書物の中で聖徳太子は、次のように語られている。

「王《おおきみ》の命《みこと》は能《よ》く涅槃常住《ねはんじょうじゅう》・五種佛性《ごしゅぶっしょう》の理《ことわり》を悟り、明《あき》らかに法花三車《ほっけさんしゃ》・權實二智《ごんじつにち》の趣《おもむき》を開き、維摩不思議解脱《ゆいまふしぎげだつ》の宗《むね》を通《とお》り達《さと》り。且經部《またきょうぶ》と薩婆多《さちはた》との両家《りょうけ》の辨《わきまえ》を知り、また三玄五經《さんげんごきょう》の旨《むね》を知りて、並びに天文地理《てんもんちり》の道を照《て》らす。」

ここに、聖徳太子の涅槃《ねはん》の境地《きょうち》は、よく常住不変《じょうじゅうふへん》になられ、一切の命あるあらゆるものに佛性《ぶっしょう》の理《ことわり》があることを悟られて、「法華経」にある火宅三車《かたくさんしゃ》の例えのように解脱《げだつ》の道があることを悟り、教理《きょうり》と真理《しんり》の二智《にち》による救済の趣旨《しゅし》を明らかに開き、「維摩経《ゆいまきょう》」に説く不思議《ふしぎ》解脱《げだつ》の真理を通暁《つうぎょう》し、悟りに達しましたとある。

この「五種仏性《ごしゅぶっしょう》」とは、仏性《ぶっしょう》には五段階あることを言っており、声聞《しょうもん》・縁覚《えんがく》・如来《にょらい》・不《ふ》定《じょう》・無仏性《むぶっしょう》の五段階に区別される。

また、「三車《さんしゃ》」とは、「法華経」の「譬喩品《ひゆぼん》」における救いを説いた方便で、鹿の車と羊の車と牛の車の三車に例えられる。これは、火災の家の中で遊ぶ子供を火の中から救うために、好みの車を与えて救い出したことから、仏の真理に導く救いの比喩として「三車」の乗り物に例えて語られている。

さらに「権実二智《ごんじつにち》」とは、権智《ごんち》と実智《じっち》の二つの智を言っており、権智《ごんち》は方便《ほうべん》や例えによって教えを説く智慧《ちえ》であり、実智《じっち》は真理を悟る智慧である。また、「維摩不思議解脱《ゆいまふしぎげだつ》の宗《むね》」とは、維摩居士《ゆいまこじ》の説いた「維摩経《ゆいまきょう》」で説かれる「空」の不思議な悟りを言っている。これに続いて、なおかつ經部《きょうぶ》と薩婆多《さちはた》という経量部《きょうりょうぶ》や説一切有部《せついっさいうぶ》という二つの教えを知ったとある。

さらに続いて、中国道教《ちゅうごくどうきょう》の経典《きょうてん》である老子《ろうし》・荘子《ろうし》・周易《しゅうえき》という三玄《さんげん》や易経《えききょう》・詩経《しきょう》・書《しょ》経《きょう》・礼記《らいき》・春秋《しゅんじゅう》という五経《ごきょう》の旨《むね》を知り、並びに天文や地理の道を照らされました。

このようにあるが、ここで三玄・五経・天文・地理という中国の古代科学に通じ、その「旨を知り」「道を照らす」と記載されていることは注目すべきである。

なぜなら聖徳太子は、中国の正書である五経《ごきょう》の筆頭《ひっとう》に当たる易経《えききょう》を初め、天文暦術《てんもんれきじゅつ》・風《ふう》水地理学《すいちりがく》へと知識の幅《はば》が広がりを持っていたことを傍証する文言だからである。

そもそも三玄《さんげん》とは、周易《しゅうえき》を真玄《しんげん》・老子《ろうし》を虚玄《きょげん》・荘子《そうし》を談玄《だんげん》と言うことから一つにまとめて三玄と言う。

ここに出てくる三玄・五経《ごきょう》・天文地理《てんもんちり》こそが、東洋科学の重要な原典であり、東洋科学の広範な学問領域を意味している。

また、太子は外典《がいてん》に通じていたと「日本書紀」にも記述があり、「日本書紀」巻二十二推古天皇元年（五九三年）十二月十日(18)に次のようにある。

「内教を高麗の僧恵慈《えじ》に習い、外典《がいてん》を博士覚哿《はかせかくか》に学び。兼《か》ねて悉《ことごと》に達《さと》りたまいぬ。」

ここで、内教《ないきょう》を高麗《こうらい》の恵慈《えじ》という僧侶に習い、外典《がいてん》を覚哿《かくか》という博士に学んで、すべての学びを達成されたとあり、ここでいう外典は三玄や四書五経《ししょごきょう》・天文地理《てんもんちり》に当てはまると考察できる。

このように、聖徳太子は東洋科学に非常に通暁し、これをよく理解して用いた。

五、常識の形成

▼聖徳太子が、日本の常識を決めて広めた▲

聖徳太子は、十七条憲法の第一条で、「和を以《も》って貴《とうと》しと為し」と教えている。この和の精神は、日本人の人間関係においても重要と考えられ、この精神は日本の精神として、広く世間に知れ渡っている。

人として生きていく道の大切さを「和」の精神が教えており、また、「道」の心も和の精神によって理解できる。

この道の思想に大きな影響を与えたものが、東洋科学であった。

東洋科学の根本を知るためには、「易経」に学ぶことが基本となる。

「易経」(19)の繋辞下伝《けいじかでん》に、「天地の道は貞にして観す者なり。日月の道は貞にして明らかなる者なり。天下の動は貞にしてかの一なるものなり。」とある。

これは、「天地の道が変わることなき循環によって人に真理の不変性を示し、また日月の道がかわることなき運行によって人に真理の明晰性を示すように、人間社会の動きも、究極においては変わることなき道理に帰着する」ということである。

「道」の思想の根本は、循環性と不変性であり、陰の性質と陽の性質の相対的な世界を統合する原理だと言える。

この「和」というのは、実は陰陽和合の原理を説明している。それは「和」の精神も、五行の相関関係のことを言っており、五常の循環を言っているからである。十七条憲法の第一条に「和を以って貴しと為し、さからうことなきを宗とせよ」とあるが、「さからうことなき」とあるように、道に逆らうなということを言っており、道は五常の循環を言っている。

実は日本の国家の根幹を形成しているものも、東洋科学の易学思想と言える。

天皇陛下がなぜ、天皇であり、陛下なのか、また律令国家の根源である十七条憲法や冠位十二階、平城京・平安京の基礎設計などそのすべてが東洋科学なしでは語ることはできない。

東洋科学には、仁礼信義智という五常の思想哲学がある。

仁には等しいという意味もあるが、慈しむこと思いやるという意味がある。義は忠義という意味もあるが、敬う・尊ぶという意味もある。すなわち、親や上を敬う思想は陰の作用であり、子や下を慈しむ思想は陽の作用である。この陰と陽の作用はどちらか一方だけでは片手落ちであり、バランスを欠いてしまうので、五行の作用はそれぞればらばらに存在させてはならないという、五方向の理論の考え方から生まれた思想である。この五常を識ることが、道の徳を学ぶことであり、五常を識り、道の理法を学ぶことが和の徳を形成する。

このようにして常識というものが形成されていったが、この思想に大きな影響を受けた人物が日本仏教宣教の祖とされる聖徳太子である。聖徳太子はこの易学の思想によって、日本に初めての憲法である十七条憲法や冠位十二階を成立させ、易学の思想を理論的根拠としてメッセージを残している。

日本人に常識を始めて広めたのは「聖徳太子」だと考えている。

これは聖徳太子の日本思想界に与えた影響力の大きさから、日本人に常識を語り、この常識を決めたのは聖徳太子だと言えるだろう。日本人が常識だと考えているほとんどのことは、聖徳太子が語っていることによるところが大きいと言える。

しかし、その聖徳太子が本当に伝えたかったメッセージについては、実は未だにまだ解読されていないことの方が大きいことに気づく人は少ない。

このメッセージを解読する鍵は易学の思想にある。本著ではこれを検証する。

注

(1)「神典」大倉精神文化研究所編集、大倉精神文化研究所、昭和六二年一月三一日一二版、六〇六頁
(2) 中国思想⑦「易経」丸山松幸訳、徳間書店、昭和四三年三月二〇日五刷、一〇二頁
(3)「五術占い全書」張耀文・佐藤六龍著、文研出版、一九七三年七月一日一刷参照
(4)「タオ自然学」フリッチョフ・カプラ著、吉福伸逸・田中三彦・島田裕巳・中山直子訳、工作舎、一九八三年三月一日九刷、五〇頁
(5)「日本陰陽道史総説」村山修一著、塙書店、一九九四年六月二〇日六刷、一四頁
(6) 中国古典新書「神仙伝」福井康順著、明徳出版社、昭和六二年八月三〇日再版、一六五～一六六頁
(7)「陰陽五行説」根本光人監修、根本幸夫・根井養智著、薬業時報社、平成五年九月五日三刷、八一～八八・二一六頁参照
(8)「五行大義」(下) 中村璋八・古藤友子著、明治書院、平成一〇年五月五日、一九二～一九三頁
(9)「五行大義」(上) 中村璋八・古藤友子著、明治書院、平成一〇年一月三〇日、三二七～三三〇頁
(10)「強運を呼びこむ」中村嘉男著、講談社、二〇〇三年一二月一八日一刷、七四頁参照
(11)「神典」大倉精神文化研究所編集、大倉精神文化研究所、昭和六二年一月三一日一二版、五一六頁
(12) 新釈漢文大系「書経」(上) 明治書院、昭和五八年九月三〇日初版、一五一頁
(13)「神典」大倉精神文化研究所編集、大倉精神文化研究所、昭和六二年一月三一日一二版、五一九頁
(14)「神典」大倉精神文化研究所編集、大倉精神文化研究所、昭和六二年一月三一日一二版、五七〇頁
(15)「神典」大倉精神文化研究所編集、大倉精神文化研究所、昭和六二年一月三一日一二版、五七四頁

(16)「神典」大倉精神文化研究所編集、大倉精神文化研究所、昭和六二年一月三一日一一版、六二四頁
(17)日本思想大系「聖徳太子集」家永三郎・藤枝晃・早島鏡正・築島裕校注、岩波書店、一九七五年四月四日一刷、三五九～三六一頁。解釈には脚注部文参照
(18)「神典」大倉精神文化研究所編集、大倉精神文化研究所、昭和六二年一月三一日一一版、六二一頁
(19)中国思想⑦「易経」丸山松幸訳、徳間書店、昭和四三年三月二〇日五刷、二五八・二五九頁

第三章　日本国家創建の東洋科学

冠位十二階・十七条憲法は、陰陽五行の理論によって構成されている。この精神こそ、聖徳太子の精神であり、和の精神である。

一、冠位十二階の紫の暗号

▼中国には正五色があり、青・赤・黄・白・黒である。なぜ、聖徳太子は冠位十二階の最高位に紫をもってきたのか。紫は北極紫微宮のシンボルであり、古代天文学によって決定された▲

聖徳太子が制定した冠位十二階には色が配当されており、紫・青・赤・黄・白・黒の順である。この最高位にある色は紫色である。これがなぜ「紫」なのかに、秘密が隠されている。

そもそも中国では万物組成《ばんぶつそせい》のエレメントとして木火土金水《もくかどごんすい》の五つのエレメントがあると考えられている。このエレメントは徳と色を備《そな》えており、木は仁《じん》と青、火は礼と赤、土は信と黄、金は義と白、水は智と黒を表している。

正五色《せいごしょく》とは、この五つの色を表していて、この五色の上にこれらを統括する最高の色として紫を置き、これを尊《とうと》んで高貴な色とされている。

この紫を尊《とうと》ぶ思想は道教の思想であって、儒教の思想ではない。これについて「論語《ろんご》」(1)の「陽貨篇《ようかへん》」に孔子の言葉として「紫の朱《しゅ》を奪《うば》ふを悪《にく》む」とある。この紫は中間色《ちゅうかんしょく》で、朱は正色《せいしょく》であるが、中間色である紫に、朱は価値を奪《うば》われるものだから、正が邪に邪魔をされることを、憎むと言っている。

紫については正五色と同時に間色《かんしき》というグループもあり、緑・紅《くれない》・縹《はなだ》・紫・驪黄《りくおう》となる。これについては「五行大義《ごぎょうたいぎ》」巻第三の「五色配論」(2)に、次のようにある。

「黄《き》を以《もっ》て青《あお》に入《はい》る、故《ゆえ》に東方の間色《かんしき》は緑《みどり》なり—中略—白を以《もっ》て赤に入る、故《ゆえ》に南方の間色《かんしき》は紅《くれない》なり—中略—青を以《もっ》て白に入る、故《ゆえ》に西方の間色《かんしき》は縹《はなだ》なり—中略—赤を以《もっ》て黒に入る、故《ゆえ》に北方の間色は紫なり—中略—黒を以て黄に入る、故に中央の間色は驪黄《りくわう》なり」

このようにあるが、驪黄《りくおう》という色は、黄色と黒の中間と考えられるので、中央と北方の中間となる。それよりは、南方の赤と北方の黒の中間である紫を、道教では特別な色と考えている。実は紫は、陽の極《きわ》みである赤と陰《いん》の極《きわ》みである黒の中間色《ちゅうかんしょく》を表す色とも考えていた。それで紫は陰と陽を統合する「太極《たいきょく》」を象徴していたのである。

この背景には、天帝信仰《てんていしんこう》と北辰信仰《ほくしんしんこう》の融合思想《ゆうごうしそう》が背景《はいけい》としてある。この北方を最貴の方位とする天帝信仰と、紫を最貴の色として尊ぶ北辰信仰の融合思想は、道教によって成立している。

天皇が即位されるとき、即位礼《そくいれい》の本儀《ほんぎ》である「紫宸殿《ししんでん》の儀」を行うが、この即位礼の御殿を紫宸殿と称しているのも、北極星の座する場所である紫微宮《しびきゅう》を指しているからである。

これについて、金指正三《かねさししょうぞう》氏は「星占い星祭り」(3)の中で、次のように言っている。

「皇帝はすなわち受命《じゅめい》の天子であると考えられた。この天命思想《てんめいしそう》から天道思想《てんどうしそう》が生まれた。天子は天命を受けたものであるから、天の徳すなわち生成化育《せいせいかいく》することを己《おのれ》に体《てい》して、人民を化育しなければならない。その徳を備えたものが、すなわち帝王であり、皇帝であるとするのである。

天道《てんとう》は、天に象《かたど》り、天に則《そく》して行うべき帝王の道である。故《ゆえ》に受命の天子である皇帝は、天帝の常居《じょうきょ》である北極星の位置に帝宅《ていたく》を営《いとな》み、南面して万機《ばんき》の政《まつりごと》を攬攬《そうらん》しなければならない。天子の常殿《じょうでん》を紫宸殿《ししんでん》といい、皇帝近侍《きんじ》の官司《かんじ》を紫微省《しびしょう》といい、王宮《おうきゅう》を紫禁城《しきんじょう》というのは、いずれも皇帝を地上の天帝として、その居宅《きょたく》を天の紫微星《しびせい》すなわち太一《たいいつ》になぞらえたものである。そして、玉座《ぎょくざ》を南面させるのは、北極星が群生《ぐんせい》をひきいる形に象《かたど》ったものである。」


ここで注目されるのは、天子の常殿を紫宸殿《ししんでん》といい、皇帝近侍《きんじ》の官司《かんじ》を紫微省《しびしょう》といい、王宮を紫禁城《しきんじょう》というのは、天の紫微星《しびせい》である太一に地上の皇帝は、なぞらえていることである。この紫宸殿《ししんでん》・紫微省《しびしょう》・紫禁城《しきんじょう》は、何《いづ》れも「紫」である。これは天命思想から生まれた天道思想であるとされている。

この紫という色は道教において最も尊ばれていた色なので、聖徳太子が、徳と紫を最高位に持ってきたのには、東洋科学の思想が背景にあったからである。

聖徳太子はこの冠位十二階によって、官位制度の従来のあり方を問い直した。それまでの家柄などによって決められていた世襲的な姓制《かばねせい》だけで官位《かんい》を決めるのではなく、有能な人材を登用《とうよう》させるために新《あら》たに作った制度である。
この「紫」はまた、五行に配当される仁礼信義智の五徳を備えながら、道を学び至徳に生きることが最高の教えであることを言っている。

二、冠位十二階の構成

▼紫は徳に配分される。五常よりも徳を優位に持ってきたのは、徳が相生関係を言っているからである▲

観勒《かんろく》が百済《くだら》より来日して易学《えきがく》を教授した翌年、推古《すいこ》天皇十一年（六〇三年）には、「冠位十二階」が制定されている。これは易学思想の陰陽五行の知識によって完成した制度で、五行学説の思想が色濃く反映されている。

聖徳太子がいかに五行説を熱心に研究されたかを伺うことが出来る。それと同時に当時の最先端の国家観や皇帝思想とその根幹を形成している東洋科学の思想に触れたときの聖徳太子の感動も伝わるようである。しかし、五行の配当は中国にあっても、これを冠位制度として採用したのは、聖徳太子のオリジナルである。冠位十二階は、日本独自のものであり、聖徳太子の独創によって創案された。

	木	火	土	金	水
紫冠	青冠	赤冠	黄冠	白冠	黒冠
大徳濃	大仁濃	大礼濃	大信濃	大義濃	大智濃
小徳薄	小仁薄	小礼薄	小信薄	小義薄	小智薄

このように五行の相生関係《そうしょうかんけい》によって順に木より水に至るまで配列して、見事に五行の順序と対応している。また、服飾も木に配した仁に青、火の礼に赤、土の信に黄、金の義に白、水の智に黒と、五行説に一致している。

さらに、階級によって色は濃淡《のうたん》があり、この色の深浅《しんせん》の区別は、養老令《ようろうりょう》からである。濃い色は「陽」を意味し、薄い色は「陰」を意味している。これは五行の陰陽を言っており、五行を陰陽に配分して五行の陰と陽を説いたものが「十干」である。

岡田正之《おかだまさゆき》氏の「憲法十七条に就て」(4)という論文によると、これは「北史」の冠位制度に見える「徳仁義礼智信」のような儒教の五常の順序には、従っていない。むしろ、「菅子《かんし》」「呂氏春秋《りょししゅんじゅう》」「淮南子《えなんじ》」等に時候《じこう》が書いてあり、そこに「木火土金水」の順序で五行の相生関係に従って並んでおり、これは「菅子」の説に従ったものだとしている。

同時にこれは聖徳太子の理想を表現しているとも考えられる。仁の次に礼を重んじたことは「十七条憲法」に表現されていて、「群卿百寮《ぐんけいひゃくりょう》礼をもって本とせよ」とあるように礼を重要視している。また「信は義の本」とも憲法に言われて、信を次に重んじている。このように、儒教の仁義礼智信の順序ではなく、信を上に持ってくるのには、太子の思いが込められていることが分かる。

十七条憲法は、第四条で礼を説き、第九条で信と義が説かれており、これは礼・信・義の順序に従って並んでいる。この順序がそのまま、冠位十二階においても礼・信・義の順で並んでおり、憲法と冠位は共通して五行の相生関係の順序に従っている。

このことからも、太子が冠位制度と同時に憲法も同時並行的に作成されたことが理解できる。また、この順序には太子思想の特徴が見て取れる。

そもそも信は五行の性質では「土」になる。土は五行の中央に位置して四方向を結びつけて結合する作用を持っている。だから、「信（まこと）は義（人の道）の根本である」と教えている。

さらに、五行相生関係からいくと、上から下に気の流れが流れている。冠位十二階では水である智が最後に来ている。このように下のものに気の流れが流れているということは、エネルギーが下に流れているということなので、上のものが下のものに仁徳の心を持つべきだと考えていたことが分かる。

それは、五行の中で筆頭に上がる「仁」には慈しむという意味も含まれていることからも理解できる。さらに知恵である水が最後に来ている。これも知恵・智り、学ぶことが道を学ぶ基礎であるという思いを太子が持っていたからである。

すなわち、上は「仁」の慈しむ気持ちを持ちなさい、下は良く学び、よく智り、上には「礼」を尽くしなさいということを言っている。また、「信」は社会の中心にあり、すべての者がこれを守り、義は人の道で忠義をつくすことである。人は社会に忠義をつくし、忠義をつくすものには、社会も信用しなさいということを語っている。

このように冠位十二階は、五行の理論的展開と思想の意味を理解することでよりメッセージが深く理解できるようになる。

しかし、冠位十階ではなく、冠位十二階になっているので、徳と紫に対応するものがなく余ってしまう。これについて「聖徳太子傳暦《でんりゃく》」[5]の中でこのように語っている。

「徳は五行を摂《せっ》する徳なり。故《ゆえ》に頭首《とうしゅ》に置く」

これは、徳というのは五行を統括しているので、頂点に置くという意味である。これは仁礼信義智の五常を、徳が統括しているということである。この徳は、五常の徳目を統括している意味があることから、漢代以降《かんだいいこう》、帝王の色として尊ばれた「紫」を充《あ》てたと推察できる。

この仁礼信義智は、相生関係《そうしょうかんけい》にあり、五行の循環と五常の循環は対応しているので、この五常をことごとく備えるものが、徳であり、道を習得するものは、徳を持って五常を生かすことを言っている。逆に言えば、徳がなければ、五常を例えどんなに正確に守ったとしても、それが生きてこない。

すなわち、徳は相剋関係《そうこくかんけい》でなく、相生関係を言っており、五常がよく生きるようになるには、徳を積むことである。

この五常は道を習得することであり、道は徳を備えることによってよく生かせる。もっと言えば、五常をよく養い、五常を循環させるものを聖徳太子は「徳」と表現している。

「易経《えききょう》」の繋辞下伝《けいじかでん》(6)に「天地《てんち》の大徳《だいとく》を生《せい》といい」とあり、これは万物を生成化育するのが、天地の大徳であるという意味である。全てのものを産み育てることであり、万物が循環して、助け合う関係のことを言っている。

また、徳にも、陰徳と陽徳があり、徳は陰徳を大事とし、「積善の家には必ず余慶《よけい》あり」という。陰徳による徳積みは、やがて余るほどの喜びになるということである。この徳積みは、良いことをしたから、徳積みになるのではなく、悪いことをしなかったから、徳積みになるのでもない。易学では、徳が積まれるのは、それを「秘《ひそ》かに蓄積する」から慶《よろこ》びが生まれると考える。すなわち、徳は他の五常の徳目とは異なり、それを蓄積することが可能な特異な性格を所有している。ここに徳を重んじる意味がある。

「和」の精神も、五行の相関関係のことを言っており、五常の循環を言っている。十七条憲法の第一条に「和を以《もっ》て貴《とうと》しと為《な》し、さからうことなきを宗《むね》とせよ」とあるが、「さからうことなき」とあるように、道に逆らうなということを言っており、道は五常の循環を言っている。聖徳太子の言っている「和」の精神とは、道に逆らうことなく、道を生じる五常の循環を言っており、これは徳と同じ性質を持っている。

また、第一条には「事理《じり》自《おの》ずからに通《つう》ず、何事《なにごと》かならざらん」とも、言っている。これは「道理にかない、何事も成就しないことはない」ということであり、この道理をわきまえることが、五常であり、その五常を生かすことによって、何事も出来ないことはないと聖徳太子は言っている。

これは憲法と冠位が決して別々にできたものではなく、そこには一貫して五常の循環が語られており、同時並行的に作業が進行したことを物語っている。

また、冠位十二階で最高に位置する「徳」には特別な性格があり、それは他の五常の徳目とは異なっている。さらに、「和」の精神はそれを補完し、その性格を助ける性質を持っている。

このことを考えても、聖徳太子の目指しているものは、五常が循環して、五常がそれぞれ生かしあっていく中に、「和」の心があり、それを積み上げることが「徳」であると理解できる。

そして、徳がなければ、結局この五常が生きてこないし、和がなければうまく循環しない。この五常を生かすためには、これをうまく循環させる「和」の心が大事であるし、これを蓄積して自分のものとして生かすためには「徳」が重要であることが理解できる。

すなわち、「徳」と「和」は、五常の徳目を循環させ、相生関係に発展させるためには、不可欠な要素だということである。また、このことを示して、道に「逆らうな」といい、道理が生じれば何事もできないことはないと言っている。

このように「和」の心と「徳」の性質は、別々に語ると意味を失ってしまうが、これを関係の中で位置づけていくと、聖徳太子のメッセージが明確に伝わってくるようになる。そもそも、十七条憲法の第一条にある「和」の精神は、五常全体を生かす性質をもっているから、一条に上がっており、また、冠位十二階の「徳」は五常全体に通じ、これを蓄積する性質を持っているから、最高位に来ていると分かる。

三、十七条憲法の原理

▼十七という条数は、天地和合数であり、憲法は陰陽原理が働いている▲

さらに、日本国最古にして最初の憲法である「十七条憲法」は、十七条で出来ている。この十七という数字について、岡田正之氏は、「憲法十七条に就て」(7)という論文の中で、この条数について、次のような見解を述べておられる。

「此《こ》の陽数《ようすう》の極《きょく》を九とし、陰数《いんすう》の極《きょく》を八となせしは、即《すなわ》ち、菅子《かんし》の天道《てんとう》は九を以《もっ》て制《せい》し、地理は八を以《もっ》て制《せい》するとある説に対して説明を与えたるものなり。九を陽数の極みとせるは、易緯《えきい》の六を老陰《ろういん》とせるとは異《こと》なれり。然れども菅子《かんし》・楚辞《そじ》・淮南子《えなんじ》に地が八の数の関係を有する説に吻合《ふんごう》する所あれば、八を陰数の極とせる一種の説の行われたるなるべし。而《しこう》して憲法を十七箇条とせられしは此の陰数陽数《いんすうようすう》の合数《ごうすう》に象《かたど》られたるものにあらざるか。」

このように十七条は、陽の極数《きょくすう》の九と陰の極数《きょくすう》の八を合算《がっさん》すると十七になり、この合計数を憲法の条数としている。

ここで十七の条数は、中国の文献「管子《かんし》」の五行篇《ごぎょうへん》に「天道《てんとう》以九制、地理以八制」とあることによっている。また、「春秋緯書《しゅんじゅういしょ》」の春秋《しゅんじゅう》元命苞に「陽数極于《う》九」「陰極于《う》八」とある。ここに陽数は九ここに極まり、陰は八ここに極まるとする陰陽説があることを言っている。

これは陽の極数と陰の極数であり、九と八の両数を合算することにより、天地の道に協力し、統合する道となる。

「憲法」に「天覆地載《てんぷくちさい》」とあるが、これについて「緯書《いしょ》」(8)には次のようにある。

「天覆《おお》い地載《の》す、これを天子という。上斗極《じょうときょく》に法《のっ》とる」

天子は北極星に従って、天は覆い地はこれを載せるものであり、陰と陽の働きのように、自然の法則に従うことである。すなわち、天子たるもの陰陽の働きのように、自然の法則に従って順行し、しかも太極としてこの道を統合する役割がある。それで陰の極数と陽の極数を合算することにより、天地の道に協力し、統合する天地和合数を選んだものと考えられる。

また、「十七条憲法」の「和を以って貴しと為し」も、その根源に陰陽和合の易学原理を説明しているものと考えられる。

これ以降、十七はきまりを制定する基本単位になっていき、建武式目《けんむしきもく》は十七条、貞永式目《じょうえいしきもく》は十七を三倍した、五十一条からなっている。

この背景には、道教の儀礼や天文学が存在し、この大系には、陰陽説と五行説が原理原則として存在している。聖徳太子はこの事実をコード化して、冠位十二階や十七条憲法の隠された論理としたと思われる。

これについて、大阪女子大学名誉教授の村山修一氏は「日本陰陽道史総説(9)」の中で、次のように述べている。

「とくに当時の国際国内の政治情勢から判断して、当時の日本は緊急を要する事態にさし迫っていたと思われ、冠位十二階の制度と政治的思想的に密接不離な憲法十七条制定は大筋において何等疑うべき余地はない。従って、前者にみられた法家思想は、憲法十七条においても顕著なものがあると同時に、これと結びついた陰陽五行の思想も頗る注目すべきものがあったのである。」

このように、聖徳太子の冠位十二階と十七条憲法は密接な関係を持ち、陰陽五行によって結びついていたことは、疑いようのない事実である。

このメッセージを解く鍵は、徳の持つ意味と紫の色のシンボルに求められると思われる。紫の意味は、天に象《かたど》り、天に則《そく》して行うべき帝王の道であり、宇宙万有運行の理を知り、その運行に逆らうことなく、社会が徳を備えて循環しなければ社会は崩壊し、国は滅亡へと向かってしまう。だから、宇宙の法則をわが法則とし、この法則に従って天の「徳」を国の根幹《こんかん》に置き、これを礎《いしずえ》とするように暗号化して教えている。

この宇宙の法則と徳の作用についての詳細は、十七条憲法の実際の条文を見ていただき、五常によって条文を解説しながら述べていく。

四、十七条憲法を読む

▼十七条憲法は、法律・思想・宗教・道教・儒教・仏教の「いいとこどり」の憲法である。さらに、憲法の書き下し文を掲載している▲

ここで、十七条憲法の実際の条文を掲載する前に、この憲法の読後感想を述べておく。この十七条憲法は一見して難解であり、条文には中国古典の語句が多く登場する。しかし、繰り返し読んでみると、そこには興味深い理念が貫いていることが理解でき、文意が分かりやすく伝わってくるようになる。

例えば、第五条には「財あるものの訟《うったえ》は、石をもて水に投ぐるがごとし、乏《とも》しき者の訟《うったえ》は、水をもて石に投ぐるに似たり。」とある。これは「経済力のあるものの訴えは、石を水に投げるようであり、貧しいものの訴えは、水を石に投げるのに似ている。」という意味である。このように民衆の訴えは、水を石に投げるように何の効果もないことを言っている。それに対して、お金持ちの訴えは、石を水に投げるように効果があることを例えて言っている。

これは役人に民衆がいくら訴えても、その訴えを受け入れてくれない社会の実情を訴えている。

これは、人を裁く者の心が、欲得に目がくらみ、不純であれば、民衆は頼るところがなく、役人の道は崩壊することを言っている。この条文などは慄然とするものがあり、人を裁くことは私心を捨てなければ出来ないことを感じさせられる。

この十七条憲法の典拠とされる文献は数多くあり、その思想は仏教《ぶっきょう》・儒教《じゅきょう》・道教《どうきょう》・法家《ほうか》など古代中国思想全般に渡っている。この条文にある語句の典拠を全て示すことは困難である。この典拠の主なものだけでも、論語《ろんご》・荘子《そうし》・韓非子《かんぴし》・孝経《こうきょう》・左伝《さでん》・礼記《らいき》などがあり、その範囲は広範囲に及び、語句の典拠は中国古典全般に及んでいる。聖徳太子は、中国古典に広く優れた見識を持っており、広い教養を身に付けていたことが伺われる。

このように、高度でしかも、その当時最先端をいく法律や思想科学を身に付けた人間が飛鳥時代に存在したとは、信じ難いという意見もある。そのため、聖徳太子の十七条憲法は後世の造作だという説もあるが、現在ほど情報の発達した社会であっても、このような条文を書ける人間が、どれくらいいるだろうか。

これほど人間に対する深い洞察と日本の役人に対する鋭い非難は、他国の人間には不可能であろう。また、後世どのような偉人が出たとしても、十七条憲法ほど古代の人間の心情を読むことは無理である。しかも、中国古典の博識ぶりは驚嘆に値するものがあり、この憲法の持つ深く広い宗教的精神は聖徳太子のみが示せた精神である。

また、聖徳太子は十七条憲法によって、仏教・儒教・道教・法家などの思想は一見すると矛盾するように見えるが、それを構造的に理解し、機能分割して細分化することで、一致していくことを見事に実現したと言える。それはこの憲法には、君主への忠誠心と民衆への慈悲心、王の権利と民衆の訴えといった相対立する概念をこの憲法に並立させていることからも伺える。このような性格から十七条憲法は、宗教・哲学・思想・法律の「いいとこどり」の憲法ということもできる。

この憲法によって、日本人は思想を機能によって分担する考え方を身に着けていき、この憲法は日本人の重層信仰という特有の性格に影響を与えている。

ここで掲載する十七条憲法は坂本太郎氏の「聖徳太子」[10]掲載の憲法を参考にしながら、私が読みやすく改めたものである。

十七条憲法

一に曰《い》わく、和を以《も》って貴《とうと》しとなし、忤《さから》うこと無きを宗《むね》とせよ。人みな党《たむら》あり、また達《さと》れる者少なし。ここをもって、あるいは君父に順《したが》わず、また隣里《りんり》に違《たが》う。しかれども、上《かみ》和《やわら》ぎ下睦《しもむつ》びて、事を論《あげつら》うに諧《かな》うときは、すなわち事理《じり》おのずから通ず。何事か成らざらん。

二に曰わく、篤《あつ》く三宝《さんぼう》を敬え。三宝とは仏法僧なり。すなわち四生《ししょう》の終帰《よりどころ》、万国の極宗《きわめのむね》なり。いずれの世、いずれの人かこの法を貴ばざらん。人はなはだ悪《あ》しきもの鮮《すくな》し、能《よ》く教うるをもて従う。それ三宝に帰《よりまつらず》ば、何をもってか枉《まが》れるを直《ただ》さん。

三に曰わく、詔を承《みことのりうけたまわ》りては必ず謹《つつし》め。君すなわち天なり。臣《しん》すなわち地なり。天は覆《おお》い、地は載《の》す。四時順行し、万気通《ばんきかよ》うことを得《う》。地、天を覆わんと欲するときは、則ち壊《やぶ》るることを致さむのみ。ここをもって君言《のたま》うときは臣承《うけたまわ》る。上《かみ》行なうときは下靡《しもなび》く。ゆえに、詔《みことのり》を承りては必ず慎《つつし》め。謹まずば自《おのず》から敗れん。

四に曰わく、群卿百寮《ぐんけいひゃくりょう》、礼をもって本とせよ。それ民《おおみたから》を治むるの本は、要《かなら》ず礼にあり。上《かみ》礼なきときは、下斉《しもととの》わず。下礼なきときは必ず罪あり。ここをもって、群臣礼あるときは位次《いじ》乱れず、百姓礼あるときは国家自《おのずか》ら治《おさ》まる。

五に曰わく、餐《あじのむさぼり》を絶ち、財《たから》の欲《ほしみ》を棄《す》て、明らかに訴訟を弁《さだ》めよ。それ百姓の訟《うったえ》は、一日に千事あり。一日すらなおしかるを、況《いわん》んや歳《とし》を累《かさ》ねてをや。この頃、訟《うったえ》を治むる者、利を得るを常とし、賄《まいない》を見て讞《ことわりもうす》を聴く。すなわち、財あるものの訟は、石をもて水に投ぐるがごとし、乏《とも》しき者の訴は、水をもて石に投ぐるに似たり。ここをもって、貧しき民は則ち由《よ》る所を知らず。臣の道またここに闕《か》く。

六に曰わく、悪を懲《こら》し善を勧《すす》めるは、古《いにしえ》の良典なり。ここをもって人の善を匿《かく》さず、悪を見ては必ず匡《ただ》せ。それ諂《へつら》い詐《あざむ》く者は、則ち国家を覆《くつがえ》す利器なり。人民を絶つ鋒剣《ほうけん》なり。また佞《かたま》しく媚《こ》ぶる者は、上に対しては好みて下の過《あやまち》を説き、下に逢《あ》いては則ち上の失《あやまち》を誹《そ》謗《し》る。それかくの如《ごと》き人は、みな君に忠なく、民に仁なし。これ大乱の本なり。

七に曰わく、人おのおの任有り。掌《つかさど》ること宜《よろ》しく濫《みだ》れざるべし。それ賢哲、官に任ずるときは、頌音《ほむるこえ》すなわち起こり、奸者《かだましきもの》、官を有《たも》つときは、禍乱《からん》すなわち繁《しげ》し。世に生れながら知るひと少なし。剋《よ》く念《おも》いて聖《ひじり》と作《な》る。事《こと》大少となく、人を得て必ず治まる。時に急緩となく、賢に遇《あ》いておのずから寛《ゆたか》なり。これによりて、国家永久にして、社稷《しゃしょく》危《あや》うきことなし。故《ゆえ》に古《いにしえ》の聖王は、官のために人を求め、人のために官を求めず。

八に曰わく、群卿百寮、早く朝《まい》り、晏《おそ》く退《まか》でよ。公事いとまなし。終日にも尽しがたし。ここをもって、遅く朝るときは急《すみやか》なるに逮《およ》ばず。早く退《まか》るときは必ず事《こと》尽さず。

九に曰わく、信はこれ義の本なり。事ごとに信あるべし。それ善悪成敗要《かなら》ず信にあり。群臣ともに信あるときは、何事か成らざらん。群臣信なきときは、万事ことごとく敗れん。

十に曰わく、心の忿《いかり》を絶ち、瞋《おもてのいかり》を棄《す》て、人の違《たが》うを怒らざれ。人みな心あり、心おのおの執《と》るところあり。彼れ是《ぜ》とするときは、われは非とす。われ是とするときは、彼れは非とす。われ必ずしも聖《ひじり》にあらず。彼れ必ずしも愚にあらず。共にこれ凡夫《ぼんぷ》のみ。是非の理《ことわり》詎《たれ》がよく定むべき。相共に賢愚なること、鐶《みみがね》の端《はし》なきがごとし。ここをもって、彼の人は瞋《いか》ると雖《いえど》も、還《かえ》ってわが失《あやまち》を恐れよ。われ独《ひと》り得たりと雖も、衆に従って同じく挙《おこな》え。

十一に曰わく、功過《こうか》を明らかに察《み》て、賞罰を必ず当てよ。この頃、賞は功においてせず。罰は罪においてせず。事《こと》を執《と》る群卿、よろしく賞罰を明らかにすべし。

十二に曰わく、国 司《くにのみこともち》・国 造《くにのみやつこ》、百姓に斂《おさ》めとることなかれ。国に二君なし。民に両主なし。率土《そつど》の兆民《ちょうみん》は、王をもって主《あるじ》となす。任ずるところの官司《かんじ》はみなこれ王臣なり。何ぞ敢えて公《おおやけ》とともに百姓に賦斂《おさめと》らん。

十三に曰わく、もろもろの官に任ずる者、同じく職掌を知れ。あるいは病《やまい》し、あるいは使《つかい》して、事を闕《おこた》ることあらん。しかれども知ること得《う》る日には、和《あまなう》こと曽《むかし》より識れるが如くせよ。それあずかり聞くことなしというをもって、公務を防げることなかれ。

十四に曰わく、群臣百寮、嫉妬あることなかれ。われすでに人を嫉《ねた》めば、人またわれを嫉む。嫉妬の患《わずらい》その極《きわまり》を知らず。ゆえに、智《ち》おのれに勝《まさ》るときは則ち悦《よろこ》ばず。才、おのれに優《まさ》るときは則ち嫉妬《ねた》む。ここをもって、五百《いおとせ》にしていまし賢に遇うとも、千載《せんざい》にしてひとりの聖《ひじり》を待つこと難《かた》し。それ賢聖を得ざるときは、何をもってか国を治めん。

十五に曰わく、私に背《そむ》きて公《おおやけ》に向うは、これ臣の道なり。およそ人、私あるときは、必ず恨《うらみ》あり、憾《うらみ》あれば必ず同《ととのお》らず。同はざるときは、則ち私をもって公を妨ぐ。憾《うらみ》起こるときは則ち制に違《たが》い法を害《やぶ》る。故に、初章に云《い》う、上下和《あまな》い諧《ととの》えよと。それまたこの情《こころ》なるか。

十六に曰わく、民を使うに時をもってするは、古《いにしえ》の良典なり。故に、冬月には間《いとま》あり、もって民を使うべし。春より秋に至るまでは、農桑《のうそう》の節なり。民を使うべからず。それ農《たつく》らざれば、何をか食《くら》わん。桑《くわ》とらざれば、何をか服《き》ん。

十七に曰わく、それ事《こと》は独《ひと》り断《さだ》むべからず。必ず衆《もろもろ》とともによろしく論《あげつらう》うべし。少事はこれ軽《かろ》し。必ずしも衆《もろもろ》とすべからず。ただ大事を論《あげつら》うに逮《およ》びては、もしは失《あやまち》あらんことを疑う。ゆえに、衆とともに相弁《あいわきま》うるときは、辞《こと》すなわち理《ことわり》を得ん。

五、十七条憲法の秩序構造

▼十七条憲法には隠れた論理が存在し、五常は隠れた論理として憲法の秩序構造を支えている▲

では、十七条憲法を五常の理論から解説してみたいと思う。一般に十七条憲法には、統一した論理性はなく、構造的に矛盾していると思われがちである。また、その順序も、一貫しておらず、思想もいくつかの思想が交錯しているように思われる。
ところが、梅原猛《うめはらたけし》氏は「聖徳太子（上）[11]」の中で、十七条憲法は隠れた論理性を持っており、次のような構造をしていると言う。

「十七条憲法は、冠位十二階の徳の順序に配列され、それぞれの徳と対応すると同時に、主としてその官にある者にたいする道徳的命法であった。第一―三条が仁、第四―八条が礼、第九―十一条が信、第十二―十四条が義、第十五―十七条が智にあたった。つまり、仁―三条、礼―五条、信―三条、義―三条、智―三条という割合である。礼の項が他の条より多いのは『礼をもって本とせよ』というように、礼の徳が律令社会の組織の中心原理を示しているからであろう。十七条憲法は三、五、三、三、三という五重の層を形づくっているのである。」

梅原氏は、十七条憲法は五常の理論と対応しており、五重の秩序的構造を持っているという。このように、十七条憲法には隠れた論理が存在し、五常は隠れた論理として憲法の秩序構造を支えている。

しかし、梅原氏の説における五常の解釈に関して、再考する必要性を感じる。

梅原氏は「第一―三条が仁、第四―八条が礼、第九―十一条が信、第十二―十四条が義、第十五―十七条が智にあたった。」と述べている。ここで、礼だけは五条あり、他の条は三条となっているが、他の条より多い理由について、「礼の徳が律令社会の組織の中心原理を示しているからであろう。」と述べている。

礼が古代社会で重要視されることは理解できるが、東洋科学的見地から見ると疑問を感じてしまう。それは干支の原理は土用を四つ設けており、他の五行よりも多く設定されているからである。すなわち、干支では、丑、辰、未、戌の四つは、土用に当たるとして、土は他の五行よりも多い配当となっている。

また、冠位十二階には五行のほかに、紫として徳に当たる冠位を設定しているが、十七条憲法にも、その紫に当たる徳の条文があってしかるべきであろう。

この二つのことを踏まえると十七条憲法の五行の配当は、次のようになると推定できるので、表にして示す。

次表のように、仁は第一条から第三条の三条、礼は第四条から第六条の三条、信は第七条から第十条の四条、義は第十一条から第十三条の三条、智は第十四条から第十六条の三条、さらに第十七条は徳であり、相生関係を言っている。

	理念	方法	実践
仁徳	一	二	三
礼徳	四	五	六
信徳	九	七・十	八
義徳	十一	十二	十三
智徳	十四	十五	十六
相生	十七		

また、十七条憲法において五常はそれぞれ三つに区分される内容を持っており、①理念の解説、②方法の解説、③実践的解説の三つに区分される。

例えば第四条から第六条までの礼徳を見てみよう。礼徳とは尊敬心であり、分別をつけて道を実践することである。

礼徳の理念の解説である第四条は「礼をもって本とせよ」と礼徳の本来の意味を述べている。また、礼徳の方法の解説である第五条は、「明らかに訴訟を定めよ」として、礼徳のあり方を述べている。さらに、礼徳の実践的解説をしている第六条では、「人の善を匿《かく》さず、悪を見ては必ず匡《ただ》せ。」と礼徳の実行を訴えている。その他の五常についても同じことが言える。

ここには「信」だけが四条あるが、これは「信はこれ義の本なり」という第九条の条文からも理解できるように、信は国家の根本であり、中心原理であると聖徳太子が考えていたからである。また、信の理念の解説を第九条に持ってくるのには理由があり、第九条は十七条憲法の中心の条数であり、中心の条に信の理念の解説を持ってくることにより、この憲法の全体の構造が維持されていると考察できる。

すなわち、梅原氏が礼に配分している第七条、八条は信に配当され、第九条の中心を囲う構造になっている。

また、第十七条は、五行に配当されない、相生関係をいっており、そのため第一条と対応させたものである。その証拠に第十七条は「辞《こと》すなわち理《ことわり》を得ん。」で文章を終えているが、これは第一条の「事理《じり》おのずから通ず」へと繋《つな》がり、共に話し合いで解決することを述べている。つまり、冠位十二階の「徳」に配当される性質を第十七条に持ってきている。この第十七条は五常を繋ぎ、五行を循環させる相生関係を言っている。第十七条の話し合いはすべての五常に繋がり、五常の徳性を繋ぐ、相生する意味が与えられている。

さらに、第十五条の「初章に云《い》う、上下和《あまな》い諧《ととの》えよと。それまたこの情《こころ》なるか。」は第一条の「和」を意味しており、恨みを無くすことが、道理に聡明な智恵であり、智恵が「和」

の精神である仁徳を発生することを教えている。このことからも、第十五条は智徳であり、第一条の「和」は仁徳であると理解できる。

すなわち、第一条の「和」は、社会から人に対する仁徳の慈しむ心を言っており、責任ある者は労働者を慈しみ、主人は妻を慈しむように教えている。第一条の「上和《かみやわ》らぎ、下《しも》睦《むつ》びて」とは、上のものが慈悲心を持てば、下のものは忠誠心を持つことを言っている。

六、五常による憲法条文解説

▼憲法の全ての条文を五常によって解釈した、東洋科学による解釈文▲

それでは、実際の条文を五常によって解読していく。

十七条憲法第一条は仁徳の理念を解説しており、仁徳の理念とは、人を慈しむこと、和合して受け入れることである。仁徳は慈悲心で、哀れみ悼んで、博く施すことである。この理念を解説しており、その内容とは和合して慈しみ、広い心で受け入れることである。

同条に「事を論《あげつら》うに諧《かな》うときは、すなわち事理《じり》おのずから通ず。何事か成らざらん。」とある。

互いに譲り合う気持ちを持って話し合えば、自然に道理が通り、どんなことも成就できないことはないと言える。また、互いに話し合う関係を構築したなら、道理は自然にかない、何事も成功しないことはない。

さらに、同条に「上和《かみやわら》ぎ下睦《しもむつ》びて」とあり、これは上のものが和の精神を持てば、下のものも協調するようになるということで、上のものが慈悲心を持てば、下のものは忠誠心を持つようになると理解できる。つまり、和の精神には、上のものの慈悲心と、下のものの忠誠心が必要だと分かる。

すなわち、和とは、和合して受け入れることであり、心を広くもって、相手と話し合い理解することである。また、仁徳は、慈悲心を持って和合して、慈しみの心で受け入れることである。

そのため、「和を以《も》って貴《とうと》しと為し」が、仁徳の理念として語られている。それは、「和」とは、仁徳である慈悲心によって、繋がりが広がるからである。

また、第一条は、十七条憲法全体に関わる理念も語られており、天地和合を言っている。この「十七」は和合の数であり、第十七条に出てくる話し合いと通じており、すべての五常に繋がり、五常の徳性を繋ぐ、相生する意味も第一条に与えられている。

第二条は仁徳の方法を解説しており、仁徳の方法とは、人を憐《あわ》れみ、悼《いた》むこと、広く施《ほどこ》すことである。仁徳は慈悲心で、人を慈しむこと、和合して受け入れることである。この方法を解説しており、その内容は仏教を信じ、仏法を尊び、僧侶を敬うことである。

同条に「三宝とは仏法僧なり。すなわち四生《ししょう》の終帰《よりどころ》、万国の極宗《きわめのむね》なり。いずれの世、いずれの人かこの法を貴ばざらん。」とある。

これは仏教を信じ、仏法を尊び、僧侶を敬いなさいということを言っている。ここに四生とあるが、四生とは卵生《らんせい》・胎生《たいせい》・湿生《しっせい》・化生のことで、生きとし生けるすべてのものという意味である。その生きとし生けるすべてのものの最後の拠りどころが仏教であるという。

さらに、同条に「人はなはだ悪《あ》しきもの鮮《すく》なし、能《よ》く教うるをもて従う。」とあり、これは人にあって極悪という程の者は少ない、良く教えるならば従うものだという意味である。どんな人でも、教え方を間違えなければ、成長し、よく働くようになる。

仁徳とは、人を憐《あわ》れみ、悼《いた》むこと、広く施す慈悲心である。その方法として聖徳太子は、仏教をあげている。

仏教は究極の規範を教えており、仁徳とは、人を生かし、人を助け、人を導き、慈しむ心である。どんな人でも、教え方を間違えなければ成長する。その教え方は、仏教の法であり、その精神は仁徳である慈悲心を重んじている。

第三条は仁徳の実践的解説をしており、仁徳の実践とは、人を憐れみ、悼むこと、広く施すことである。仁徳は慈悲心で、人を慈しむこと、和合して受け入れることである。この実践を解説しており、その内容は万物の順行を言っている。

同条に「上《かみ》行なうときは下《しも》靡《なび》く。」とある。

これは、上が慈悲心を持てば、下は忠誠心をもつことを言っており、上が行うから、下は習えるのである。だから、上に立つものは広く人に施す仁徳を実践するように言っている。

また、同条に「詔《みことのり》を承《うけたまわ》りては必ず謹《つつし》め。君すなわち天なり。臣《しん》すなわち地なり。天は覆《おお》い、地は載《の》す。四時順行し、万気通《ばんきかよ》うことを得《う》。地、天を覆わんと欲するときは、則ち壊《やぶ》るることを致さむのみ。」とある。

これは、天覆地載《てんぷくちさい》であり、天は覆《おお》って地は載《の》せる。この天覆地載は、天子のことを言っている。天子は北極星のことであり、北極星は天の北方にあって、中心の役割があり、その秩序が破壊されないように訴えている。春夏秋冬の四時が順調に流れるように、万物の生気が通い順行する。この陰陽の秩序は宇宙万有運行の理に従って、天子はその中心としての役割を果たす必要がある。これは広く施す仁徳の働きであり、自然の流れである。

つまり、日本は天皇の仁徳と国民の秩序によって保たれている。

第四条は礼徳の理念を解説しており、礼徳の理念とは、すべての人を敬い、調和を形成することである。礼徳は尊敬心で、分別をつけて、道を実践することである。この理念を解説しており、その内容は、調和が罪を犯す危険性を除くことである。

同条に「上《かみ》礼なきときは、下《しも》斉《ととの》わず。下礼なきときは必ず罪あり。」とある。

このように、上のものに礼がなければ、調和は崩れる。また下に礼がなければ、罪を犯す。それで上に立つものは礼を持って、下に接し、下にあるものも礼で答える。礼は、調和を形成し、調和が罪を犯す危険性を除くことを言っている。

第五条は礼徳の方法を解説しており、礼徳の方法とは、分別をつけて、道を実践することである。礼徳は尊敬心で、すべての人を敬い、調和を形成することである。この方法を解説しており、その内容は、人を裁くことは私心を捨てなければ出来ないということである。

同条に「財あるものの訟《うったえ》は、石をもて水に投ぐるがごとし、乏《とも》しき者の訴は、水をもて石に投ぐるに似《に》たり。」とある。

裁決はおよそ欲に惑《まど》わされやすく、経済力のあるものは、貧しいものよりも、良い裁決《さいけつ》が下される。お金に惑《まど》わされたり、詭弁《きべん》に翻弄《ほんろう》されると、誠実な分別を誤る。上に立つものには公正な分別が求められ、分別を誤ると、人の道を乱し、礼徳は失われていく。裁決は、私心を棄てて厳正にし、裁決するものは礼徳を持って欲を棄てる覚悟がいる。


第六条は礼徳の実践的解説をしており、礼徳の実践とは、分別をつけて、道を実践することである。礼徳は尊敬心で、すべての人を敬い、調和を形成することである。この方法を解説しており、その内容は、分別を持って、道を実践することである。

同条に「人の善を匿《かく》さず、悪を見ては必ず匡《ただ》せ。」とある。

これは四条の「民を治《おさ》むるの本は、要《かなら》ず礼にあり。」を実践させている。ここでは勧善懲悪であり、人の善行は勧め、人の悪行を見たら必ず正す。ここでもし、上に対しては下の間違いを言いつけ、下に対しては上の失敗ばかりを語る。このようであっては君主に対して忠誠心なく、民衆に対する慈悲心もない。国を混乱させる原因になる。だから、礼徳を持って、分別を正し、道を実践するように語っている。

第七条は、信徳の方法を解説しており、信徳の方法とは、欺《あざむ》かないで、誠実であろうとすることである。信徳は真心で、信用しあえる関係を形成することである。この方法を解説しており、その内容は、適任者を任務に当てることである。

同条に「官のために人を求め、人のために官を求めず。」とある。

官職には適任者を任務に当て、人のために官職を与えるものではない。それぞれの任務を誠実に果たし、権利を乱用してはならない。適任でないものを置けば、権利の乱用が起こり、混乱が生じて、災いが起こる。任務には適任者を当て、寛大で実直に任務を果たす、信徳を持っているものを適用する。

第八条は、信徳の実践的解説をしており、信徳の実践とは、欺かないで、誠実であろうとすることである。信徳は真心で、信用しあえる関係を形成することである。この実践を解説しており、その内容は、信頼を裏切らないことである。

同条に「早く朝《まい》り、晏く退《おそ》かでよ《まか》。公事いとまなし。終日《しゅうじつ》にも尽くしがたし。」とある。

本来は公務に暇などなく、一日かけても、すべてを終えることはできない。だから、それぞれの公務において、誠実で堅実に責任を果たし、信頼を裏切らないようにすることを言っている。

国民を管理するのではなく、国民の公益に勤めることである。

第九条は、信徳の理念を解説しており、信徳の理念とは、信用しあえる関係を形成することである。信徳は真心で、欺かないで、誠実であろうとする。この理念の解説をしており、その内容は、信頼関係が失敗を避けることである。

同条に「善悪成敗要《ぜんあくせいばいかなら》ず信にあり。」とある。

これは真心を言っており、信徳は正義の根本であり、五常の基本である。信は欺かないで、誠実に、堅実に仕事を行うところに生まれる。成功と失敗の分岐点は信徳が有るか、無いかである。それぞれが信用できる間柄ならば、成功も近く、この根本を持つことが、失敗を避ける。互いに信用しあえる関係を形成することが、国家なり、社会なりの発展の鍵を握っているということである。

第十条は、信徳の方法を解説しており、信徳の方法とは、欺《あざむ》かないで、誠実であろうとすることである。信徳は真心で、信用しあえる関係を形成することである。この方法を解説しており、その内容は、それぞれの意見を尊重し、それぞれの特性を生かすことである。

同条に「人みな心あり、心おのおの執《と》るところあり。」とある。

信は真心であり、欺かないで誠実である。人の違いを認め合い、人との違いを尊重することである。人にはそれぞれ欠点があり、完全な人格者はいない。それぞれの意見を尊重し、それぞれの特性を生かして、サポートする。そうすると人は必ず成長する。意見が違うからといって、怒ってはならない。「怒り」は成長を阻害するので、断つように言っている。

第十一条は、義徳の理念の解説をしており、義徳の理念とは、功過と賞罰の判断を正すことである。義徳は忠誠心で、道理に合わせて、是非善悪の判断をすることである。この理念を解説しており、その内容は、賞罰を適正に実践することである。

同条に「功過《こうか》を明らかに察《み》て、賞罰《しょうばつ》を必ず当てよ。」とある。

功績のあるものに罰を与え、過失のあるものに褒章を与えては道理に合わない。功績と過失に対して明確に賞罰を与えるべきであり、賞罰は適正に実践することが求められ、功過と賞罰は判断力がなければできない。このように義徳を持って、よく観察し、正しい判断によって、褒めるべきものを褒めることを言っている。

第十二条は、義徳の方法を解説しており、義徳の方法とは、道理に合わせて、是非善悪の判断をすることである。義徳は忠誠心で、功過と賞罰の判断を正すことである。この方法を解説しており、その内容は、自分勝手に許可なく不当な取立てをすることを戒めている。

同条に「何ぞ敢《あ》えて公《おおやけ》とともに百姓に賦斂《おさめと》らん。」とある。

ここで、どうして公的な租税の上に、不当な租税まで徴収するのかと言っている。

これは、忠誠心を言っており、国に二君なく、民に両主なし、みな臣下である。自分勝手に許可なく租税の不当な取立てをすることを戒めている。

そもそも国は秩序が乱れれば、争いが起こり、生活が崩壊し、国民が辛酸をなめる。そのようなことが有ってはならない。

租税の徴収は、是非善悪の判断を正し、忠誠心のある義徳を必要とする。

第十三条は、義徳の実践的解説をしており、義徳の実践とは、道理に合わせて、是非善悪の判断をすることである。義徳は忠誠心で、功過と賞罰の判断を正すことである。この方法を解説しており、その内容は、道理に合わせて職務を果たすことである。

同条に「もろもろの官に任ずる者、同じく職掌を知れ。」とある。

官職に任じられたものは、担当の職務を知り、その役割をよく把握していなくてはならない。

例え前任者から聞いていなくても、忠実に対応し、道理に合わせて職務を果たせ。周りと話し合って仕事を掌握し、公務を停滞させてはならない。国民を管理するために、勤めがあるのではない。国民のために勤めはあるのだから、そのニーズに応えられないようでは国民から見放されてしまう。このように、是非善悪の判断を正し、義徳をもって、職務に当たる。

第十四条は、智徳の理念を解説しており、智徳の理念とは、人の心を知り、人の心を道理に近づけることである。智徳は求道心で、知り悟ることであり、道理に聡明なことである。この理念の解説をしており、その内容は、人を生かし、人を救う智慧である。

同条に「ゆえに、智《ち》おのれに勝《まさ》るときは則ち悦《よろこ》ばず。才、おのれに優《まさ》るときは則ち嫉妬《ねた》む。」とある。

智慧のある人がいれば、妬み、才能のある人がいれば嫉妬する。それでは優れた人材の登用はできないし、智徳を持った人物は現れない。人を生かし、人を救う智慧がなければ、国は立ち行かない。だから、智徳をもって人の心を知り、人の心を道理に近づける必要がある。

求道心とは傾聴し、理解することで、道理に聡明なことである。それで智徳は知り、悟り、教えることで、知識を生かすのも殺すのも、人を救う気持ちがあるか、ないかである。ここで智徳とは人の心を知り、人の心を道理に近づけることを言っている。

第十五条は、智徳の方法を解説しており、智徳の方法とは、知り悟ることで、道理に聡《そう》明《めい》なことである。智徳は求道心で、人の心を知り、人の心を道理に近づけることである。この方法の解説をしており、その内容は、私心を捨て人格のバランスを形成して、公益に尽くすことである。

同条に「同《ととの》はざるときは、則《すなわ》ち私《わたくし》をもって公《おおやけ》を妨《さまた》ぐ。」とある。

人格のバランスが崩壊すると、私心によって、公益を妨害する。これは求道心を言っており、智徳は知り悟ることであり、道理をわきまえ、人格を形成することを言っている。私心を捨てて公務のために働くことが公人の道である。

だから公人は公益のために働くべきであり、公益を優先させなくてはならない。私情を挟むと恨みが起こり、恨みは公益を害して制度・法律も犯す。私心を捨て人格のバランスを形成して、智徳を持って、公益に尽くすことである。

第十六条は、智徳の実践的解説をしており、智徳の実践とは、知り悟ることで、道理に聡明なことである。智徳は求道心で、人の心を知り、人の心を道理に近づけることである。この実践の解説をしており、その内容は、生産活動のすべてにおける知恵の必要性である。

同条に「民を使うに時をもってする」とある。

これは暦の知恵を言っており、人を使うだけではなく、生産活動のすべてにおいて、知恵の必要性を言っている。農耕民族にあって移ろいゆく四季の中で季節を読むことは重要であり、時期を読むことは生命活動の最低条件であった。農民の生活は国の生産活動の基本であり、農業生産なくして国は成り立たないことを言っている。

すなわち、国民を救い、助ける智徳がなければ、国は滅びる。

第十七条は相生関係の和合の徳であり、和の心で道理をわきまえ、過ちのないように話し合って判断することを言っている。

同条に「衆とともに相弁《あいわきま》うるときは、辞《こと》すなわち理《ことわり》を得ん。」とある。

これは民主的運営による合議制のことであり、独裁的に独断で判断して運営をすることの危険性を言っている。そもそも十七条憲法の基本は民主的合議制であり、みんな一緒に論議をして検討し、これを基本に物事を裁決した上で、道理のある結論を出すように言っている。これは冠位十二階の紫に当たる徳のことで、相生関係を言っている。

これは、十七条憲法全体に関わる理念であり、天地和合を言っている。憲法の十七という数字は天の極数九と地の極数八を合計した十七で天地和合数を表現している。そのために、五常の循環を保つのも、この和合の徳があるからと言える。和合の徳は道理をわきまえ、人格のバランスを形成していくことを働きとしている。だから、物事に捕らわれ、仲違いを起こしては、バランスが崩壊する。互いに譲り合う気持ちを持って話し合えば、道理が自然に通る。すなわち、五行の相生関係を言っており、この関係が維持されている限り、何事も成就できないことはないと言える。

これは和合の数でもあり、第一条の話し合いと通じており、すべての五常に繋がり、五常の徳性を繋ぐ、相生する意味が第十七条に語られている。

七、五方向理論による憲法分析

▼十七条憲法を五方向の理論によって分析する▲

十七条憲法の全体にあるものは、第十七条の和徳であり、中心にあるものは第九条の信徳である。さらに、第七条・八条・十条も、信徳を言っている。

目上に対しては、第十四・十五・十六条で智徳を説き、目下に対しては第四・五・六条で礼徳を説き、東方の社会的責任のある者にあっては第一・二・三条の仁徳を説いている。

さらに詳しく分析すると次のようなことが言える。

聖徳太子は、第六条で「君《きみ》に忠《ちゅう》なく、民《たみ》に仁《じん》なし」としている。社会的に責任ある者が人に仁徳を失えば、集団は乱れると考えている。責任ある者は君に対しては、忠誠心が必要であり、民衆に対しては仁徳が必要である。それゆえ、仁徳とは民衆を成長させる上で重要だといえる。これは、上に立つものは下に対して、仁徳を持てということで、社会的責任ある者は人に対して仁徳を持てという五方向理論によるメッセージである。

また、第四条は、礼徳を言っており、上に礼がなければ調和が崩れ、下に礼がなければ社会が混乱する。礼は人に分別を与え、調和を生み出す。上に立つものも、下に立つものも、上下関係においては特に礼を重んじなさいということで、下は、上に対して礼徳を持てという、これも五方向理論によるメッセージである。

さらに、第九条において全ての徳の中では信徳が基本で、義徳を生み、信徳は全ての五常の根本だと太子は考えている。これは五方向で考えると分かり易い。信は土の性質を持っており、中央で全ての方向とつながっている。そのため、どの方向のものとも、協調できるという性質を持っている。すなわち、どの方向にあっても、信徳は必要だという、これもまた五方向理論によるメッセージである。

さらに、第十七条の和徳である話し合いは、それらすべてを包み込む相生関係の内容をもっている。これは五行循環の理論によるメッセージである。

このように十七条憲法は、一方的なとらえ方ではなく、多方向の方向性を持たせたとらえ方をすることで、より深いメッセージが解読でき、より詳細に分析できる。中国算命学の基本的な分析の方法である方向論は、あらゆる場面で応用できる実に有用な理論であるが、聖徳太子はこれをよく理解していた。また、十七条憲法に暗号化されたメッセージとして、その思いを込めていることを忘れてはならない。

注

（1）新釈漢文大系「論語」明治書院、昭和六一年七月二〇日二二版、三九二頁
（2）「五行大義」上、中村璋八・古藤友子著、明治書院、平成一〇年一月三〇日、二四九・二五〇頁
（3）「星占い星祭り」金指正三著、青蛙房、平成一二年四月一〇日四版、一四二〜一四四頁
（4）「聖徳太子全集」第一巻・十七条憲法、聖徳太子奉讃会監修、臨川書店、昭和六十三年五月十日復刻、四七六・四七七頁

（5）「聖徳太子全集」第二巻・太子伝上、聖徳太子奉讃会監修、臨川書店、昭和六三年五月一〇日復刻、九一頁
（6）中国思想⑦「易経」丸山松幸訳、徳間書店、昭和四三年三月二〇日五刷、二六四頁
（7）「聖徳太子全集」第一巻・十七条憲法、聖徳太子奉讃会監修、臨川書店、昭和六十三年五月十日復刻、四七九頁
（8）中国古典新書「緯書」安居香山著、明徳出版社、平成二年一一月三〇日、七七頁
（9）「日本陰陽道史総説」村山修一著、塙書房、一九九四年六月二〇日六刷、三〇頁
（10）「聖徳太子」坂本太郎著、吉川弘文館、二〇〇一年五月一日一〇刷、憲法参照（八六～九一頁）
（11）「聖徳太子（上）」梅原猛著、小学館、一九八九年一一月二〇日一刷、七五五頁

第四章　聖徳太子から魂のメッセージ

▼恋愛・人生・仕事・成功も思いのままにできる秘法を公開▲

ここでは聖徳太子の十七条憲法を、より具体的に分かり易く、メッセージとして語る。これは、現代社会を生きる者みんなにこのメッセージを送り、生きる力を届けたいと考えている。

しかし、これは憲法の条文の順番には従っていない。むしろ、内容的に一致するものを順番に並べていった。

まず、第一に人生へのメッセージから初めて、運命・成功・仕事・教育・組織・時期・会話の順番で、メッセージを語っている。

ところで、聖徳太子の十七条憲法の特徴として、「なる」論で記述されていることが挙げられる。通常、憲法というのは「べき」論で記述されており、記述方式の違いがある。

「べき」論というのは、どうすべきか、どうあるべきかを論じたもので、そこには集団のルールと社会的規範としての「らしさ」が求められる。つまり、憲法というのは国家の社会的規範であり、国というのはどのようにあるべきかを記述している。

しかし、聖徳太子の十七条憲法は「べき」論ではなく、「なる」論で記述している。これは、国のあるべき姿を論じたのではなく、国がどのようにすれば、どうなるのかを記述している。

つまり、この「なる」論というのは、未来型の可能思考であり、社会・国家の運命と可能性を広げる方向性を示唆しているということが、十七条憲法の特徴である。

例えば、憲法第七条に「賢《けん》に遇《あ》いておのずから寛《ゆたか》なり。」とあるが、これは賢人に会っておのずから豊かであるということで、賢い人が世に出れば、世の中は自然と豊かに、余裕をもって、ゆとりが生まれるということである。

「なる」論とは、この「おのずから」という自然の作用に則して、その働きや作用がどのような影響を及ぼすのかを探求する方法であり、その兆候から結果を読み取る思考法である。

この「なる」論は、プラス思考とは異なり、すべてをプラスに考えるのではなく、可能性を広げるために兆候を解読し、その結果を分析して現在の思考を整理するという運命学的作業が必要になる。

この運命学的作業というのは、「おのずから」という自然の法則を活用する未来型の可能思考であり、「なる」論とはこの運命の可能性を広げるために「何ができるのか」を考える運命学的分析論である。

つまり、運命を上げるためには、考え方をきれいに整理する必要があり、その手段として「おのずから」という自然の法則を活用する必要があり、それを活用するためには、兆候を解読して、その結果を分析する必要が出てきて、この分析に欠かせないのが、「なる」論であり、未来型の可能思考である。

もっと具体的に言うと、例えば十年後の自分のために、今「何ができるのか」を、堅実な結果を出すために、頭の中をきれいに整理して、自然に無理なく考えて、その兆候から見える法則を活用していく、この「法則の活用」のことを言っている。

その活用と言っても様々なパターンがあり、その法則と言っても色々な事例がある。この法則の活用の仕方を色々なパターンや事例から、事細かに物語の中で分かり易く語っていくのが本章であり、聖徳太子の十七条憲法に語られているメッセージから、この法則の活用を語っているところが、本著の特徴である。

それで具体的に、しかも分かり易く、この「法則の活用」を一つ一つの事例から語っていき、聖徳太子の十七条憲法の「なる」論がどのようなものなのかを、理解していってもらいたい。

この「なる」論は未来型の可能思考であり、これを理解することで、どんどん幸福に人生を送ることができるようになっていくと確信している。

一、男の人生へのメッセージ

――職種ではなく、生き方に誇りを持つ、いい男の条件――

憲法第七条**「人おのおの任《にん》有り。掌《つかさど》ること宜《よろ》しく濫《みだ》れざるべし。」**

これは、人にはおのおの任務があり、職務を誠実に果たして、権限を乱用してはならないと言っている。

これは人にはそれぞれ勤めがあり、権限を乱用したり、職務を乱すようなことをしてはいけない。自分の仕事や職務に誇りを持って、誠実に果たすことを言っている。

あるタクシー・ドライバーが興味深い話をしてくれた。それは「いい配車を受ける運転手は、気遣いが違う」ということだ。現在ＧＰＳによって、配車は自動配車で、基本的には一律に配車地点から近いタクシーが配車を受けるのだが、ちょっとした気遣いが、遠距離の配車を受けるコツだという。

例えば、雨の日には傘をさしてお客様をお出迎えしたり、荷物が多いときには荷物を持ってあげるなど、心遣いをする。そうすると、後からお礼の電話が配車室に入ってくる。それで、配車室の人から信用してもらう運転手になれば、遠距離の配車もあの人に頼めば大丈夫だと言ってもらえるようになると言う。

この話を聞いて、彼はタクシー・ドライバーという仕事に、本当の意味で誇りを持っているのだなと感じた。だから、したくもない気配りをすることが当たり前になり、下げたくもない頭を下げることを当然としている。

頭を下げたり気配りをすることが、当たり前になるのは、その頭を下げている本人の方に余裕があるとき、あるいは、本人の方に本当の意味で誇りを持っているとき、それは当たり前の行為として写る。無理して自分を低く見せたり、何とかして親切を行おうとすると、どうしても続かない。

頭を下げたり気配りすることを誇りに思えるのは、自分の仕事にやりがいと人よりも抜きん出たものを持っているときである。正直、タクシー・ドライバーがそれ程誇りを持てる仕事だとは思っていなかったが、その仕事に誇りを持って打ち込んでいる姿は、他のどんな仕事をしている人にもまして、誇り高く見えた。

すなわち、仕事の誇りやプライドとは、自分の気持ち次第で、生まれてくるものである。例え他人にどう思われようと、自分が誇りをもって打ち込んでいる仕事が、最も誇り高い仕事である。

その誇りが生まれるのは、どのような形であれ、人よりも努力をし、人なみ以上に打ち込んでいるんだという気持ちを持つことが誇りを作る基本である。例え上司がどう思おうと部下がどう思おうと自分が誇りをもって打ち込んでいれば、それは周りにも伝わるものである。このタクシー・ドライバーの場合は、それは「気配り」だったのだが、いくらでも自分なりの誇りの持ち方はあると思う。

どのような仕事であっても、誇りが持てないと自信がないように見えてしまう。自分の仕事に誇りをもつためには、仕事に余裕を持たせて、優位に気持ちをもっていくことである。それは頭を下げることであったり、気配りをすることかも知れない。しかし、それ以上に重要なのは、失敗しても言い訳をしないで受け入れる余裕だと思う。そのくらいの余裕が仕事には欲しい。

これは難しいことだが、自分の目標がはっきりしている場合は、その目標に近付くこと自体に意味を見出せるようになる。そうすると短期的ではなく、長期的展望に立ってものが見渡せるようになる。近視眼的にものを見ていると腹が立つことでも、長い目で見ると何でもないことに気が付く。

仕事の誇りとは、自分の仕事に誇りを持つことではなく、自分の生き方に誇りをもつこと、自分のやり方に誇りを持つことである。この生き方に誇りをもって、長期的展望にたって仕事に打ち込んでいれば、必ず自信が湧いてきて、周りからも、お客様からも、仕事が良くできるといってもらえるようになる。

仕事に誇りが持てないとき、自分に自信が持てないとき、自分を一度点検して整理する必要もある。本当に今までのやり方で、自分の適性に合っていたのか、今までのやり方はごまかしではなかったのか、見つめなおすとまた、やる気が起こる。

仕事への誇りとは、このタクシー・ドライバーのように、生き方に誇りをもっていると き、最も崇高なプライドに見える。それは今どんな仕事をしているかではなく、今から何を作っていくかという自分なりのやり方にその道があることを示唆している。

「おのおの任務があり、職務を誠実に果たして」とは、自分の仕事や職務に誇りを持って、自信を持って仕事に打ち込むことであり、それには自分の生き方ややり方に誇りが持てるように、工夫をすることが大事である。

二、人生を楽しむメッセージ――わだかまりを捨てる――

憲法第十五条**「私あるときは、必ず恨《うらみ》あり、憾《うらみ》あれば必ず同《ととのお》らず。」**

これは、私心を挟むと恨みが起こり、憾みは公益を害して制度・法律も犯すことを言っている。

この「恨《うら》み」と「憾《うら》み」は違いがあり、「恨み」とは不平不満に思うことで、不公平な状態に気持ちが満たされず、恨み、憎む状態である。それに対し、「憾み」は、過去の出来事を心残りに思い、残念がっている状態である。

「私」とはエゴのことで、エゴがあるときは、不平不満が募って気持ちが満たされない、そうすると自分の過去を悔やみ、心残りが起こり、自分の精神的バランスを見失って、社会に害をなしてしまう。

これはエゴと不満が密接な関係にあることを言っている。

恨みは許すことによって、不満から開放されるが、許すためには自分のエゴとの葛藤が起こる。エゴと葛藤するとき、許しは負けを意味する言葉となり、間違ってもいないのに負けることは許せないとなる。

そうすると自分が負けることは、自分の死を意味し、自分が無価値な人間だという気持ちが増幅されて、不平不満の塊になる。

これは、自分の価値を、エゴの勝ち負けに置くために起こる感情である。自分の価値を高めることは、自分のエゴを失望から希望に変えていくことによって可能となる。

エゴは親子関係にしろ、恋愛関係にしろ、夫婦の関係にしろ、職場の関係にしろ、依存関係の中で強くなる。

親のエゴは子供を私物化するし、社長のエゴは社員を私物化するので、上に立つものはエゴで判断していないか注意が必要である。自分では愛情を込めてしたことでも、その元を正すと自分のエゴによってしている場合もある。

エゴを完全に無くすことは出来ないが、エゴの支配から抜け出ることは出来る。それは依存関係ではなく、自立した関係に持ち込むことで抜け出せる。

それには自分の価値を高めて、自己イメージを健全化する必要がある。しかし、人生は失敗や失望、騙しあいや潰しあいが起こるために、自分の価値を下げることの連続である。ましてや、社会で地位を得て名誉を得ようとする場合、足の引っ張り合い、中傷誹謗の中で批判に耐えながらそれを受け流すのが精一杯である。

そんな中で、不当に扱われたり、思ったよりも評価されていなかったりすると大変なことが起きた気持ちになる。それによって、エゴとの葛藤が起こり、不平不満になって、「恨む」気持ちにもなる。

しかし、こんなときこそ、人生に貸しを作る時期だと考えて、いつか「真心」は伝わるという信念を持つべきである。失敗や挫折を悔いて、他人の誹謗を真に受けて、自分を卑下することがあってはならない。許すことは、他人の行動を是認することではないし、自分の失敗を正当化することでもない。

また、無意味な人間のために、自分の価値を下げて無駄に時間を費やしてはならない。間違いは進んで正し、すぐに自己イメージを立て直すようにする。英語では忘れることをフォーゲット（Ｆｏｒｇｅｔ）というが、これは新しい自分を得ることである。

自己イメージを健全化するとは、自分を評価する基準を変えて、自分の価値を高めることである。そうすると、許しが負けではなく、自分を高めることであると理解できる。

つまり、自分の価値を高めるとは、自分を希望によって満たすことであり、他人を許し、自分を許すことから始まる。

およそ、他人の許せないところは、自分の嫌なところ、自分の欠点、自分の弱点と映し鏡である。他人の評価を下げるのは、自分の評価を下げることであり、他人の評価を上げると自分の評価も高めることができる。自分を許すことによって、他人も許せるようになるし、自分の嫌なところも好きになれる。

自分を好きになれると、自分が掛け替えのない存在であると理解できる。そうすると嫌なタイプの人間でも、好きになれるし、気持ちよく付き合うこともできるようになる。不幸な自分から抜け出して、新しい自分をイメージしていくことが、自己イメージを健全化するコツである。

許しは、自信の裏返しであり、自分は必ず成功するという信念を持てば、限りない可能性を開くことができる。そうすると、周囲もその気持ちに反応して、一体感が生まれてくる。自分に許しを与えることは、自分の可能性を信じることである。

恨みは、不平不満によって精神のバランスを崩壊し、人生に心残りや悔いを残す。しかし、許しは新しい自分を創り、希望を与え、信念が生まれて、人生の価値を高める。

人生は自分の気持ちを変れば、変っていくものである。

「私あるときは、必ず恨《うらみ》あり」とは、エゴがあるときは恨みの気持ちが起こることであり、「憾《うらみ》あれば必ず同《ととのお》らず。」とは、他人を許せない気持ちが、人格のバランスの形成を妨げていることを言っている。

また、同条で、「私に背《そむ》きて公《おおやけ》に向うは、これ臣の道なり。」とある。これは、エゴを捨てて公務のために働くことが公人の道であることを言っている。つまり、恨みの気持ちから抜けて、許しの気持ちになるためには、エゴを捨て道理をわきまえ、求道心を持って、人格のバランスを形成することが大切であるということである。

人間関係のわだかまりは、恨みの思いによって増幅するが、労わりあい、許しあう気持ちは、心の通い合った楽しい人生へと自分の人生を生まれ変わらせてくれる。

人間関係は自分との関係であり、自己イメージが健全化されると自分の壁が崩壊して新しい自分を形成し、人格のバランスを形成してくれる。自分自身の許す気持ち、労わる気持ちが、心の通った人間関係を形成していく。

三、運命の仕組みとメッセージ
――運命の三つの法則を結婚・家庭に生かす――

憲法第十条**「心の忿《いかり》を絶ち、瞋《おもてのいかり》を棄て、人の違《たが》うを怒らざれ。」**

これは、心の憤《いきどお》りを絶ち切り、怒《いか》りの表情を棄《す》てて、他の人が違《ちが》った意見を持っていても、怒《おこ》ってはならないという意味である。

この「忿《ふん》」という字は、恨《うら》みも意味しており、心の中にひそむ怒《いか》りを言っている。つまり、「忿《ふん》」は潜在的な怒りであり、「瞋《しん》」は眼に表れる顕在的《けんざいてき》な怒《いか》りである。この「忿《ふん》」と「瞋《しん》」は共に「怒《いか》り」を意味しているが、これは意識的《いしきてき》領域《りょういき》である顕在意識《けんざいいしき》と無意識《むいしき》の領域である潜在意識《せんざいいしき》の両方において「怒《いか》り」や「恨《うら》み」の感情を無くすように言っている。

ここで、無意識の怒りや恨みも持たないように言っている。人間は無意識のうちに、敵《てき》意《い》を抱くことがある。敵意《てきい》を持ってない相手にも、嫉妬《しっと》や意見の相違《そうい》から、敵意を無意識に抱いて、それが人間関係に影響することもある。このように、無意識のうちに感じる怒りや憎しみさえも、持ってはならないと言う。

意識には顕在意識と潜在意識があり、顕在意識は意識できる領域であり、潜在意識は無意識の領域にあたる。無意識のうちに人間は怒りを覚えることもあり、心の中にひそむ怒りもすべて断つように言っている。

「怒り」の感情は、運命の法則によって運命をマイナスへと下降させる作用を持っている。さらに、「怒り」は潜在意識に入ると自分の運命を下降させるのみではなく、その影響は周《まわ》りにも及《およ》ぶことがある。それは、無意識のうちに人間は運命に支配されている場合があるからである。およそ、運命には三つの法則がある。

運命の三法則

① 因果律《いんがりつ》の法則（顕在意識《けんざいいしき》の法則）

② 共時性《きょうじせい》の法則（潜在意識《せんざいいしき》の法則）

③ 波長《はちょう》の法則（霊性《れいせい》レベルの法則）

以上の三つである。

①因果律の法則は原因があって、結果が見えるものであり、顕在意識のレベルの法則である。例えば物を盗んで捕まり、刑務所に入ったというのは、悪いことをしたから、悪い結果を招いたと判断される。また、怒りの感情が爆発して、血圧が上がったというのも、原因と結果がはっきりと分かるものである。

それに対して②共時性の法則というのは、原因と結果がはっきりと分からないが、そこに偶然の一致がみられる潜在意識のレベルの法則である。

例えば、自分の親が許せないという怒りの思いが、子供に巡って子供が虐められるケースもある。それは親自身が自分の親を受け入れていない場合、子供に出てくるからである。

これは、親自身が自分の親から批判された思いを忘れずに、潜在的に抱えていたり、自分の親に許せない欠点があったりして、それを根に持っていたりする。また、自分が話をしても、聞いてもらえなかったり、親にごまかされたりして、自分の親に対して無関心となり、受け入れていないケースである。

このように、親自身が親の愛情を受けていないという感情により、親に対して無関心となり、親を受け入れていない場合、親子の関係が疎遠になったり、怒りや憎しみを無意識に持つようになり、その気持ちが潜在意識化して、共時的に子供の問題として顕在化してくる。

この潜在意識の法則には、連鎖反応《れんさはんのう》があり、正の連鎖と負の連鎖がある。これは無意識が作用して、陽転反応《ようてんはんのう》を見せたり、陰転反応《いんてんはんのう》を見せるもので、必要性《ひつようせい》の原理《げんり》が働いている。

この原理は、「人間には、必要なものだけが与えられる」という原理で、父親の愛情や配偶者の思い、また兄弟の気持ちなど、身近な人の気づくべき気持ちや事柄に気づいていないときに起こる、お知らせ現象である。

両親が愛情を持って語った言葉でも、本人にとって、それは拒絶に映る場合もある。あるいは、親自身が愛情のかけ方を理解していないケースもある。

潜在的に抱えている思いが、子供へと連鎖していくので、その思いを正の連鎖に変える必要がある。

親や兄弟、配偶者への無関心は、潜在意識が重症の状態であり、無関心は潜在意識を不健全にする。怒りや、憎しみなどその気持ちから起こる負の連鎖は、無関心を形成するからである。怒りは感情を制御不能にし、嫉妬は理性を失わせる。絶対に許せない感情が、潜在意識化すると自分に跳ね返るのではなく、子供や周りの人間に返ってくる場合が多い。

怒りや嫉妬の気持ちを潜在意識に持ちながら子供を育てると、キレやすい、話し合いの出来ない、コミュニケーション能力の欠落した子供へと成長する。

このように、潜在意識に埋め込まれた記憶は、子供へと影響し、子供は両親の潜在的感情が反映されていく。この連鎖反応を共時性の法則と言い、そこには必要性の原理が働いて、両親への気づきを与えている。また、解決すべき課題があるにも関わらず、それに気づいていない場合は、何度も何度も同じような警告が発せられる。そういったシグナルに、鈍感でいる限り、マイナスの連鎖は終わらない。

「子は親の鏡」と言う、これは親の気持ちが、子供に反映されるからである。子供は、親の潜在意識のあり方と深く関わりながら、成長していく。

ところで、ドロシー・ロー・ノルト博士は、「子供が育つ魔法の言葉[1]」の中で「子は親の鏡」という次のような詩を載せている。

「けなされて育つと、子どもは、人をけなすようになる

とげとげした家庭で育つと、子どもは、乱暴になる
不安な気持ちで育てると、子どももみじめな気持ちになる
『かわいそうな子だ』と言って育てると、子どもはみじめな気持ちになる
子どもを馬鹿にすると、引っ込みじあんな子になる
親が他人を羨んでばかりいると、子どもも人を羨むようになる
叱りつけてばかりいると、子どもは『自分は悪い子なんだ』と思ってしまう
励ましてあげれば、子どもは、自信を持つようになる
広い心で接すれば、キレる子にはならない
誉めてあげれば、子どもは、明るい子に育つ
愛してあげれば、子どもは、人を愛することを学ぶ
認めてあげれば、子どもは、自分が好きになる
見つめてあげれば、子どもは、頑張り屋になる
分かち合うことを教えれば、子どもは、思いやりを学ぶ
親が正直であれば、子どもは、正直であることの大切さを知る
子どもに公平であれば、子どもは、正義感のある子に育つ
やさしく、思いやりをもって育てれば、子どもは、やさしい子に育つ

守ってあげれば、子どもは、強い子に育つ
和気あいあいとした家庭で育てば、
子どもは、この世の中はいいところだと思えるようになる」

このように、「子は親の鏡」とは、「親の姿が子に映る」ということで、親の気持ちや親の思いが子供に反映されることを言っている。

子供は親の感情と密接に関係し、潜在意識と深い関わりがある。子供に問題が出るのは、親の影響が大きく、親がどのような気持ちで生きているのか、その生き方と関わりがある。子供が明るく、元気に自信を持って、思いやりのある子に育つのは、親と子供の接し方が、正常だからである。

しかし、周囲に問題が出ていても、気づかない、気づきたくないというケースもある。それは、まるで「裸の王様」みたいなもので、自分では気づかないけれど、周りの人は気づいていて注意するのだが、本人にはそのつもりはないような状態である。

例えばこれは、母親が自分を自己正当化するために、子供を利用しているケースで、子供が病気やいじめなどに耐えていることを利用して、自分もそれに耐えたかのように、正当化してしまうケースである。こういったケースは、問題を認識しているケースよりも、深刻である。なぜなら、子供は自分を苦しい状況に置くことで、母親から愛情をもらえると勘違いしてしまうからである。このような母親は被害者意識が強く、自己正当化する言いわけが上手なタイプに多い。

このように、解決すべき課題があるにも関わらず、それに気づいていない場合は、何度も何度も同じようなお知らせ現象が起こる。自分の中に解決すべき問題があるにも関わらず、それを無視していると、問題は本人ではなく、子供に出てくる。

人は、思っていること、考えていることと現実は関係がないと思いがちだが、現実は思いや考えが子供へと反映される。

さらに、もめごとや嫌なことがあったとしても、そのもめごとや嫌なことも、子供に説明しなければ、子供は問題の処理が出来ない大人に成長する。夫婦喧嘩や家庭間のいざこざなど、見てみぬふりをしては、家庭は冷え込んでいく。

「子は親の鏡」とは、「親の姿が子に映る」ということで、親の生きる姿、姿勢が問われている。

例えば夫や父親など身近な人の嫌なところを見ると、怒りの感情が湧き、絶対に許せない気持ちが湧き起る。これは自分の嫌なところを見せつけられるから起こる感情であり、自分を受け入れてないために許せない気持ちになる。

自分の欠点や弱点を見せつけられた気持ちになるから、許せないと思う。怒りの感情は自分の気持ちと合わせ鏡であり、自分を受け入れてない状態で、他人の欠点を見ると、自分の嫌なところを見ているようで気持ちが悪くなる。これは心が未熟な段階で起こる感情であり、心が成熟してくると自分も他人も受け入れられるようになる。怒りの感情は押さえ込むのでなく、感情を正の連鎖へと持ち込むようにすると浄化される。

例えば他人を強力に批判すると後で自己嫌悪《じこけんお》に落ち込むことがあるが、これは自分を拒絶し、現実を受け入れてないために起こる。現実を肯定し、自分を受け入れることで、批判ではなく、積極的にサポートできる気持ちになれる。

また、先祖や親の悪い因縁がかかると、潜在意識に恐怖が植え付けられる。このような先祖や親から受けた因縁は、感謝することによってのみ断ち切ることができる。

子供の病気や事故、いじめ・結婚問題などは、親の潜在意識が表面化することで、問題化していくケースがあり、「気づき」を与える必要性の原理が働いている。これは負の連鎖による陰転反応が起こっていると考えられ、抑圧された感情を潜在意識化することで起こる問題の方が、意識できる問題より深刻である。

何か問題が起こったり、トラブルやアクシデントに見舞われるというのは、解決すべき課題があるにも関わらず、それに気がついていない場合が多い。

自分を一度総点検して、どこかに問題が潜在化していないか、考えてみると良い。そのためには、自分を知ること、自分の棚卸をしてみることである。今の自分の思いが、十年後どのような形になっていくか、想像してみると分かる。

③波長の法則は霊性レベルの事柄で、一般には当てはまらない場合もあるが、魂の法則が代表的な法則である。それは似通った魂は、似通った世界に集まるという法則である。人間には波長の合う、合わないということがあり、例えば、息が合うとか、気が合うというと分かりやすいだろう。

この波長が合う人間に対しては、心も開けるし、気持ちも通じ合えるが、波長の異なるタイプの人間に出会うと萎縮してしまい、心が閉じてしまう。

これを同調作用といい、波長によって人間は同調していく働きがある。

波長を高いレベルにすることで、より次元の高い人間との波長が合いやすくなる。それで、運命的にも、波長の高い、低いが重要な要素となる。

この波長を高めることを、「魂を磨く」と言い、魂が磨かれると因縁が解消される。この因縁の解消は怒りや憎しみが消えていく状態であり、共感・理解・受容が魂を磨く上でバロメーターになる。

ここで霊感については、注意が必要である。霊感には、いい霊感と悪い霊感がある。

「いい霊感は、魂を満たし、悪い霊感は、欲望を満たす。」

名誉・地位・名声・お金・色欲・賭け事を目的として霊感を利用すると魂は堕落していく。逆に、魂を満たすとは、魂が満足している状態で、魂が満足するとは、魂が喜ぶことをしている状態である。

魂が喜ぶとは、自分の弱さを受け入れたり、駄目な自分を好きになれたり、目に見えないものの中にも、無上の価値があることに気づいたりするときに起こる感動と言える。それは、人に認めてもらうためにするのではなく、自分で自分を認めて、受け入れることにより起こる至高の経験である。

本物の霊感は、「こうでなければならない」と断定しない、「こうした方が、あなたのためになりますよ」と可能性を広げてくれる。

霊感を高めることは必ずしも、いい人格とはつながらないが、いい人格を形成していく上での副産物として、すばらしいインスピレーションが与えられることがある。

運命の法則は、「怒り」の報復によって下降し、魂を満たすことによって上昇する作用を持っている。

このように「怒り」の感情は運命の三法則が働いて、運命を下降させ、それが潜在化すると自分を超えて、周りのものに影響を及ぼす危険性を秘めている。また、聖徳太子は同条で次のように言っている。

「彼の人は、瞋《いか》ると雖《いえど》も、環《かえ》って我が失《あやまち》を恐れよ」

ここで、他の人が憤《いきどお》っているとしても、かえって自分の過《あやま》ちを恐れなさいと言っている。怒りの感情は、拒絶を生み、無関心を装《よそお》って潜在化しやすい。そのため、聖徳太子は怒りの感情が起きたら、自分自身を省《かえり》みて、自分自身を戒《いまし》めるように言っている。

四、結婚・運命へのメッセージ——恋愛・いい出会いの秘訣——

憲法第十四条**「嫉妬《しっと》の患《わずら》い、その極《きわ》まりを知らず」**

これは、嫉妬という病気は、際限がないということを言っている。知恵が自分よりも優れているときは喜ばない。また、才能が自分より優秀であるときは嫉妬をする。これでは、例えどんな優秀な人材がいたとしても、潰されてしまい、組織はごまかしを公然とするようになる。

人生は自分の蒔いた種を自分が刈り取ると言われるように、嫉妬や怒りの思いは、人生に悪影響を及ぼし、富も豊かさも近寄れないものにする。自分が抱いた思いが、そのまま自分に帰ってくるからである。

例えば若い女性が町で話している内容を聞いていると、疑問を覚える内容がいくつかある。主に、食べ物やファッション・恋愛などが、その内容だが、その中でも気になるのは、恋愛に対する考え方である。

恋愛はゲームでもあるかのように、男性の名前を次々と出して、「彼ってダサイ」とか「彼ってかっこいい」と言い合う。

さらに「彼とはどうなっているの」という話から、結局結論は、「なるようになるんじゃない」とか、「世の中適当だよ」というところに落ち着くようである。

ここで気になるのは、「世の中適当で良い」という言葉や「世の中なるようにしか、ならない」という言葉である。このように、自分に対していい加減な態度をとると、その結果が自分に返ってくることがあるだろう。また、自分の生き方や恋愛観が回りに与える影響も、いい影響を与えていない。

周りにいい影響を与える思考法が、身についていないために、打算的な価値観に支配されているからである。

ここで気が付いて欲しいことは、世の中「なるようにしか、ならない」のではなく、世の中「なりたいと思うようにしか、ならない」ということである。もっと丁寧に言うと、人間は「自分がなりたいと思う、自分にしかなれない」ということである。

よく「いい人がいれば、結婚したい」とか、「どうすればいい人に出会えるのか教えて下さい」と質問を受ける。それに対して「人には、それぞれ時期があり、その時期にめぐり合う人が本物である可能性が高い」と話をするのだが、結婚運のいい時期であっても、本人がその出会いを大切な出会いだと感じないケースもある。また、いい人を懸命に探しても、その出会いを見つけ出せない人もいる。

この原因の一つに、結婚というものを現実として、リアリティーをもって、受け入れてない人にこの傾向が強いということは言える。

また、何か過去の思い出にしがみついていたり、衝撃的な出来事によって結婚自体を自分のこととして、受け入れられないケースもある。結婚できない、あるいは幸せになれない理由は、個人によってケース・バイ・ケースで、これを一概に特定できない。

しかし、その人が持つ性格からその人が今、何が原因で結婚を現実として受け入れられないかの原因の特定は個人的には可能である。また、その原因から、どのようにすればそれに対処できるかという対処法もある。

例えば、思い出にしがみついて、「彼のことが忘れられない」というケースの場合は、新しい出会いによる楽しい思い出作りや何か趣味や楽しみを持つとその彼の思い出が、遠い過去の遺産として処理できるようになる。

また、暴力や過去の衝撃的な出来事によって異性を受け入れられないというケースもある。この場合は原則的には、憎しみや怒りを受け入れて、自分を許し、人を許すいわゆる共感し、理解し、受容する自己受容が基本となる。

だが、一般的に結婚を現実に受け入れられないケースは、結婚に対する適当さといい加減さに起因するところが大きい。

そのため、恋愛と結婚の区別がなく、結婚を恋愛の延長と考えているために誤解を生じて、それが結婚にまでいたる出会いを作りにくい原因になっていると考えられる。およそ、恋愛運がいい人は、結婚運はあまり良くなく、結婚運がいい人は恋愛に恵まれたとしても、あまり相手にしない傾向がある。

自分を見直して、自分を点検して、考え方を整理して、それからどのように生きていきたいのかを実感として持って感じることが、結婚生活に入る基本である。

自分がどのような人生を送って、どのような家庭を築いていきたいのかを考えることは、幸せな結婚をする第一歩である。

だから、世の中「なるようにしか、ならない」のではなく、世の中「なりたいと思うようにしか、ならない」ということ、「自分がなりたいと思う、自分にしかなれない」ということである。

「結婚したい」という女性の多くが、本当は結婚する気持ちを持ちきれていないケースが多い。この気持ちを整理して、この気持ちを実現するだけの成長をしていくことが、結婚運を上げる秘訣であり、「なりたいと思う自分」が、どのような自分であるかを実感することが、先決である。

また、憲法同条には、「われすでに人を嫉《ねた》めば、人またわれを嫉む。」ともあり、これは「私が人に嫉妬すると、人も私を嫉妬するようになる」ということである。つまり、嫉妬は連鎖反応を起こして、嫉妬の思いは広がっていくということであり、人と比較する中には幸せはない。人は人と比較すれば必ず不幸の方を数えてしまうので、幸せとは人と比較するものではなく、幸せは自分の心によって築いていくものであることを教えている。

ここで話をまとめると、人と比較をするから嫉妬するのであって、比較しなければ嫉妬は起こらない。この嫉妬の病気は、際限がない上に、嫉妬の気持ちは悪いものを引き寄せて、悪い結果を招いてしまう。

それで、嫉妬を取り除くためには、いい種を蒔くことが大事で、いい種を蒔くとは、いい価値観を持って、いい思考法で、いい影響を与えるように自分が行動しないといけない。そのためには、陽転思考を貫くことが大事ということである。

ところで、潜在意識には正の連鎖と負の連鎖があり、嫉妬は負の連鎖を起こす原因となる。自分が人よりも優れていないと納得できない。あるいは、何か批判されたり、嫌なことがあって忘れられないということも考えられる。自分の弱さや欠点を受け入れられないと周りの人びとに対して憎しみが起こる。この憎しみや許せないという気持ちを持ったまま、生活し続けるとそれは潜在意識の中で蓄積されて、本人に出ないで子供や伴侶に問題が起こったりする。

憎しみは許す気持ちを持つことで、克服できる。自己受容して、自分の弱さも欠点も受け入れられないと、大きな問題となって返ってくる。成功する人は、成功した人に嫉妬するのではなく、成功した人に学び、成功した人の真似をした人間である。

マーフィーは成功への三ステップ(2)ということを言っている。

「成功への第一段階は、自分のやりたいことを見つけて、それをすることです。

成功への第二段階は、ある特定の仕事の分野に専門を決めて、それについてだれよりもよく知ることです。

第三段階が最も重要です。あなたのやりたいことが自分の成功を増すだけのものでないことを確信しなければなりません。別の言葉で言えば、あなたの考えは世の中に益を与える、つまり世の中に奉仕するという目的をもって出て行かなければなりません。」

お金持ちが悪いのではなく、お金に執着する気持ちが、富を独占しようとするから悪くなっていくのである。だから富がよってくるように、世の中に奉仕するという目的をもって出て行くことが、ポイントとなる。

鉄鋼王として有名なカーネギーは、世界的な富豪である。彼の育った家庭は貧しく、十二歳で働きに出て、五年で家族のためにマイホームを獲得し、六年目には収入を八倍に増やしている。製鉄会社を世界一へと発展させ、一九〇二年には一億ドル以上を投じてカーネギー財団を設立し、オランダの平和宮殿（国際司法裁判所）、カーネギーホールなど二八〇〇を超える施設を建設し、慈善事業を行った。このように、富は多くの人に幸福を与える機会を与えてくれる。

人生は自分の蒔いた種を自分が刈り取るものであり、自分の思いが自分の人生を形作り、思いは巡ってくる。思いというのは、巡りめぐって自分に帰ってくるからである。優れた人、優秀な人物を見たら、嫉妬するのではなく、学ぶようにするとより多くのものが自分に帰ってくる。「嫉妬の患《わずら》い、その極まりを知らず」とは、陰転思考であり、嫉妬は際限なく自分を陥れることを言っている。悪い思いを断ち切って、陽転思考で創造的に人生を考えるようにする。

努力は、才能や能力よりも優れている。しかし、運命は努力ではどうすることもできない。運命は頑張るものに微笑むのではなく、心に余裕を持って世の中に奉仕する気持ちのある者に、微笑むのである。

これについて松下幸之助は「ぼくは一所懸命仕事に忠実ですよ。わが仕事に忠実ですよ。物をつくるときでも、これなんぼ儲かるというてつくるよりも、これをつくったら皆が喜ぶやろうなあと、こういう具合です。(3)」と言っている。これは心に余裕を持って世の中に奉仕する気持ちのある人であり、これが運命が上昇する思考法である。また、「老子(4)」の第六十三章に、「怨《うら》みに報《むく》いるに徳《とく》を以《も》ってす」とあり、恨みに対して恨みを返したのでは、恨みの連鎖は断ち切れない。例えつらい目に会ったとしても、余裕をもって恨まずに人格を磨き、徳をもって答えることで、負の連鎖は断ち切れることを言っている。

いい結婚とは人に羨ましがられる結婚ではなく、みんなに喜んでもらえ、自分も喜びのある余裕のある結婚である。人がどのような人生を送ろうと嫉妬することもなく、嫉妬される必要もない。

陰転思考は自分にないものを人に見たら嫉妬し、自分の不足ばかりを数え上げる。その結果、自分の潜在意識に不幸の連鎖を起こし、いい出会いも生まれない状態になる。

陽転思考は、自分の運命を開く上で大きな前進を生み出す力を持っており、それが陽転状態を形成していく。運命がどうすれば上昇していくのか、人生がどうすれば陽転するのかを考える陽転思考が、よき人生、よき結婚をする秘訣である。

いわゆる、駄目な自分を好きになり、駄目な自分を褒めてあげれるくらいの余裕があると、嫉妬しなくても良くなる。

五、出会い・運命のメッセージ

——運命は出会いによって動く、運命の法則を生かす——

憲法第七条**「賢《けん》に遇《あ》いておのずから寛《ゆたか》なり。」**

これは、賢人に会っておのずから豊かであるということで、賢い人が世に出れば、世の中は自然と豊かに、余裕をもって、ゆとりが生まれるという意味である。これは、社会の中でも同じであろう。

賢者は人徳が優れ、時代の流れに関係なく、人々に平等で分け隔てなく、その言葉に誠実さを持っている者のことである。

「人を得《え》て必《かなら》ず治《おさ》まる」ともあり、人徳を持つものを得れば、よく治まる。

これを別の言い方でいうと、「言葉に真心がある人」と言えるだろう。

この「真心」が難しいのだが、世の中には色々なタイプがいて、理想どおりにはいかない局面も、考えられる。

しかし、大事なことは、「真心」が伝わるか、どうかにある。気難しいタイプの相手もいて、「真心」が通じないと感じることもあるだろう。しかしながら、「真心」は必ず、いつか通じるものであり、これをあきらめてはならない。なぜなら、運命は「心」によって共感し、動くものだからである。

「賢人に会っておのずから豊かである」ということは、出会いの不思議を言っている。これは「真心」を持って生きていれば、真心は共感し、真心のこもった人との出会いによって、運命が始動し始めることを言っている。

しかし、実際に賢人に会ったとしても、それですぐに豊かになることは、考えにくいし、賢人に会っても、賢人に会ったと思わない場合も考えられる。

こういった疑問は、運命は努力と比例するという因果律に捕らわれているから起こる疑問である。

この運命は、原因と結果のみによって支配されているわけではない。実は運命を紐解いてみると、意外にも努力や能力といった部分以上に、人と人との出会いによって成功がもたらされる場合が多いことに気づかされる。「賢人に会って」といっているように、出会いが大きな要素となる。それは、因果律によっては説明しにくい現象である。深層心理学者のユングは共時的現象(5)という現象を発見したことで有名である。

この現象の根拠になるものは、易と事象の間にある偶然の一致という現象であった。この易によって出された卦と、実際の現象との間にある偶然性の深層にあるものが、シンクロニシティーだという結論から導き出された理論である。

例えば「袖振《そでふ》り合うも多生《たしょう》の縁」という言葉がある。これは多少ではなく、他生のことを言い、出会いは偶然に起こるわけではなく、前世や過去生からのつながりによって起こることを言っている。つまり、袖が触れるような、ちょっとした出会いでも、出会いは偶然ではなく、何かのつながりがなくては起こらない。出会いは、何だかのつながりを持って、必然性によって起こるのであり、それは何十億分の一の確率で起こっていることを言っている。つまり、出会いは偶然ではなく、引き寄せるものである。

また、「正夢」ということがあり、夢の中で見たことと同じことが実際に起こる場合がある。夢の中で、大変な災難にあったとしたら、その見た夢と同じところで、同じような状況で災難に会ってしまうことがある。

さらに、ギャンブルに当たった夢を見てギャンブルをしたら、それと同じ状況でツキが巡ってくることもある。

夢は、本能を司《つかさど》る間脳《かんのう》の上にある辺縁系《へんえんけい》の海馬《かいば》に、主としてレム睡眠時の脳波の刺激を受けて、大脳皮質《だいのうひしつ》に映し出される。辺縁系は本能行動と関係する役割を持っている。動物は本能的に危険を察知する能力があり、危機回避行動《ききかいひこうどう》を起こすと言われる。この潜在意識から起こる夢には、危機回避本能からのシグナルが送られるケースもある。また、顕在意識では覚えていない、服の色や机の配置まで潜在意識は記憶しており、夢にはその状況を伝える豊富な情報が眠っている。この記憶装置の情報ソースから送られてくるシグナルには、危機回避本能の情報も含まれており、生命活動の基本的な部分で人間は予知能力を潜在的に備えていると考えられる。これは、直感とか、霊感と呼ばれる能力の源泉に位置する数万年かけて人類が生き残る上で備わった本能であろう。

実際、マーフィー博士は「易と成功法則」(6)の中で、「潜在意識に内在しているものの結果として、これからおきることを察知する能力を人間は持っているのだ」と説明して、未来を察知する能力を人間は潜在意識の中に所有していると言っている。

　この潜在意識の中には、時間や空間に左右されない情報と通信する能力が備わっていて、その情報はあるキーワードや出来事をきっかけに引き出されることが多いという。この感覚は忘れていたことを思い出したり、ふと「虫の知らせ」があったとか、「胸騒ぎ」がした、「気配」を感じたという「気づき」の感覚とも言える。また同書に[7]「易は潜在意識に活力を与えるきわめて有効な方法です」とあり、易占いは、リーディング技術が熟達すると、事相の流れや物事の推移を解読する能力が訓練されてくる。

　易経が日本へ伝来したのは、五一三年のことであり、百済の王様が日本へ、五経博士の段楊爾《だんように》を送っており、この五経の中には「易経」が含まれている。「日本書紀」巻二十二推古天皇元年（五九三年）春正月十日に、聖徳太子は「兼《か》ねて未然《みぜん》を知ろしめす」とある。このように、聖徳太子が未来のことを語ったというのも、易経と無関係ではあるまい。

　この易の原理は、人間には一見不可解な事柄の中にも隠された意味があることを教えており、運命は偶然では片付かない必然的な内容を持っていることを覚えさせている。

　人間の意識には潜在意識と顕在意識があり、この潜在意識の法則が共時性の法則である。これは因果律の法則のように、直接的影響ではなく、間接的影響による運命の法則を言っている。この共時性の法則は、運命の絡まった糸の一本一本を切開手術でもするように明快に切ってくれる。さらに、絡まった糸が解けるのに呼応して、反応して運命は始める。それは因果律を超えたところに、運命の本当の姿が見えてくるからであろう。

だから、運命の法則というのは必ずしも、条件と成功は比例するようにはなっていない。むしろ、条件が悪く、学歴もなく、だからこそ松下幸之助は成功したのだと言われる。彼は九歳のとき、小学校四年で中退し、丁稚奉公《でっちぼうこう》に出された。丁稚奉公とは、商家《しょうか》などに住み込みで働くことで、松下幸之助は小学校も卒業していない。

その後、工場を立ち上げ、一代でナショナルを築き上げた。このように条件よりも、本人が作ってきた環境や風土のようなものに支えられて大きくなっている。

松下幸之助は「強運なくして成功なし」(8)の中で次のように述べている。

「私がそういう平凡なところから進んで、今日あるということは、一つは私の運命によってそうなったと思うんです。もし私にそういう運命がなかったら、そうはいかなかったと思うんです。だから運命というものは、人の力ではどうすることもできない。自分が誠実に働いておれば、その人のもつ運命というものは完全に生きると思うんです。」

ここに、「誠実に働いておれば、その人のもつ運命というものは完全に生きる」と述べている。この運命の感覚が松下幸之助にはあり、この感覚を信じて行動し、この運命を生かす思いが彼をして突き動かしていたことが理解できる。「運命というものは完全に生きる」とあるが、これこそ共時的作用の特徴ともいえる感覚である。

「経営の神様」とも呼ばれる松下幸之助が、五代自転車店との出会いによって、才能を開花させたように、運命は出会いによって動き始める。

すなわち、運命は共時的に作用するものであり、魂が満足すると運命の潮流が起こるということである。

運命が動き始めるのは、出会いによる。すばらしい出会いがその後の人生に決定的な影響を与えることがある。一人の人との出会いにより生きがい・やりがいが生まれ、全てをかけてみる気持ちが湧き起こる。実現するという信念が湧く。それが共時性の法則であり、運命潮流の作用である。

「真心」が通じる、心が通じ合える、賢者と出会うことが、運命の潮流を起こす、何よりの秘訣といえる。

さらに聖徳太子は次のように続ける。

「これによりて、国家永久《こっかえいきゅう》にして、国民は危《あや》ういことはない。」

賢者に出会えば、自然と豊かで、余裕が生まれ、これによって国家は命脈を永久に保つことができ、国民に危険はなくなる。

実際、天皇家は一二五代、二〇〇〇年近くにも及ぶ命脈を保ち、世界に類例を見ない王族として現在でも、その存在は確固たるものがある。それは聖徳太子のこの精神によるところが、大きいと考えられる。

この「賢に遇《あ》いておのずから寛《ゆたか》なり。」とは、運命は「真心」の通じる人との出会いによって共感し、動くことを言っており、「真心」は必ず、いつか通じるし、これをあきらめてはならないという信念がそこにある。賢者が世に出れば、世の中は自然と豊かに、余裕をもって、ゆとりが生まれる。「おのずから」とは無理強いすることなく、自然にみんなが豊かになっていくことを言っている。それは運命が始動し始めるからであり、「真心」はみんなの心に共感するものだからである。

運命は共時的に動くものであり、真心が共感すれば、運命の始動が始まることを聖徳太子は端的に言っている。

六、運命へのメッセージ——占いによる人生への積極的アプローチ——

憲法第十四条**「それ聖賢《せいけん》を得《え》ざるときは、何をもってか国を治《おさ》めん」**

これは、賢明《けんめい》な聖者《せいじゃ》がいなかったなら、どのようにして国を治《おさ》めることができるのか、ということである。

聖賢とは、賢い知恵を持っている優れた人材である。この知恵とは、物事の善悪を正しく見極める知恵であり、物事の推移を正しく見極める知恵である。

易学思想には、数千年の歴史の淘汰に耐えてきた知恵があり、日本の歴史と伝統に裏打ちされた、最高の叡智を持っている。

「占いは、人生の羅針盤《らしんばん》である」という言葉がある。羅針盤とは船や航空機の針路を測定したり、方角を見るもので、航海をする目安である。

人生も羅針盤なしで、航海をすると難破するか、遭難する可能性が高い。また、そこに穴があることを理解していれば、避けて通ることもできるが、そこに穴があることに気が付かなければ、結局落ちてしまう。

人生の方向は、自分の持っている羅針盤によって左右されるし、羅針盤を持っていなければ困難を無意識に招く恐れもある。

人生の羅針盤はどこかにあって、それを探して見つけ出すものではなく、実は自分を知ることによってのみ、羅針盤は示されるものである。

例えばある男性社員が、大きな仕事を任されたとしよう。そうすると彼はすべて始めての経験であるために、戸惑いを覚え、どこかに不安を抱えながら、仕事の壁に突き当たって、大きなショックを受けることもある。また、仕事が順調に伸びていけばいいが、これがちょっとした失敗が原因で不振になり、営業成績や事業成績が思うように伸びていかなかったなら、自信もなくなり、自己嫌悪に陥って、八方塞《はっぽうふさがり》になる状態も考えられる。

このときには、気の利く上司に相談して、今までの経験からより良いアドバイスを貰うと励みになって、自分で工夫して改善することも可能である。

しかし、人生の場合は、人に言えないことや相談しても理解してもらえないことの方が実は多い。また、仕事が上手くいかないというのも、本人の経験や努力が足りないという以上に、色々な要素が絡まってそういった結果になっている可能性もある。

それは、仕事が彼の適性に合っていなかったり、仕事のやり方が彼の望むやり方とは大きくズレていた場合、そのやり方を変えるだけで、自信を取り戻し、時期を少し変更するだけで、大きな成果が上がり出す場合もある。

また、仕事をやる方角や力量、時期など複数の要素が絡んでいる場合もあり、千差万別《せんさばんべつ》である。

そんなときこそ、易学は自分を分析し、自分を客観的に見る機会を与えてくれる。けれども、人生は、占いの結果いかんによって左右されるものではなく、占いは背中を押してあげる後押ししかできない。

そもそも、易学《えきがく》は頼るものでもなければ、信じるものでもない。

易学は活用するものであり、可能性を導き出すものだ。

信じるのは、その人自身が持っている可能性であり、頼るのは易学の結果ではなく、易学の知恵である。易学が重要なのは、数千年の歴史の中で蓄積《ちくせき》された知恵があり、幾多《いくた》の歴史の淘汰《とうた》に耐えてきた経験知《けいけんち》と経験則《けいけんそく》の蓄積によって開発された哲学がある。

種智院大学学長《しゅちいんだいがくがくちょう》の頼富本宏《よりとみもとひろ》氏は「日本占法《せんぽう》大全書」(9)の中で、次のように述べている。


『占い』は、自らではない他の何かから、ヒントや情報・アドバイスを得ることからスタートするという点では、一種の『他者依存』である。それを日常生活の中で正確な事実の発見のために積極的なアプローチへと昇華・発展させることのできる強い心を持った人は、意外に少ないようだ。」

占いは、分かりやすいサインよりも、隠喩的な真実を象徴するシンボルによって語られる。このシンボルの意味は、社会・時代を解釈する鍵とすることができるが、それを解釈するには、その兆候を手がかりに読み解いていく知恵が必要となる。

だから、人生の方向性が見出せないとき、易学を有効に活用することは大きな効果を生む。易学の利用の仕方を心得ることは、大きな自信につながる。

その活用の仕方の基本は、自分を知ること、そして自分をもう一度、点検して整理してみることである。

易学では「運命は変えられるが、宿命は変えられない」と言う。

自動車も定期的に車検を受けて点検するように、人生も定期的に点検して整理することが大事である。定期的に検査することで、自分では気づきもしない、自分では理解も出来ないところに、解決の糸口があり、整理がついて、物事が進展する可能性は捨てきれない。

点検結果に修正事項がみつかったら、その部分だけ修正して人生の軌道修正をすることは、それからの人生を実り多きものにするチャンスでもある。

しかし、カウンセリング・マインドを持った良き易学の鑑定士に出会って、的確な鑑定を見てもらう必要があることは言うまでもない。

また、よき鑑定士を見つけて、分析してもらい、自分を整理して、人生を構築すると、問題は自然に解決の方向に向かう。しかし、易学の鑑定士自身が、現象を分析し、建設的に物事を進めていける力量がなければ、問題は深刻化していく。そのため、優秀な鑑定士に出会うことが、早い解決策である。

ここで運命と宿命の違いについて述べておく。運命とは、自らの選択によって結果が変ってくるものである。それに対して宿命とは、生まれる前に自ら選択しているものである。運命も宿命も自ら選択しているのだが、その選択した時期が、生まれる前と生まれた後という違いがある。この生まれる前の選択というのは、例えば甘いものが好きな人間は、コーヒーショップに集まるし、辛いものが好きな人間は居酒屋に集まるように、人は自ら選択しようと思わなくても自然と行き先が決定される場合がある。

これは魂のレベルで見ると、自然と行く先が決まったのではなく、自ら同調して選択しているのである。分かり易く言うと、あの世では、魂の似通ったものが集まり、その本人の魂の状態が良いものは、いい両親を引き寄せ、悪いものは悪い両親を引き寄せて自ら選択して宿命を決めているのである。

宿命は、生まれる前に選択したものだから変えることは出来ないが、運命は、生まれた後に選択するものなので変えることができる。

このように、宿命は魂のあり方と深いかかわりを持っている。

これを波長の法則と言い、「類は友を呼ぶ」と言われるように、気が合うものは、気が合うものを引き寄せるという法則である。

これは自分の魂の波長のレベルによって、自分に合った魂の波長が同調してくるというもので、この魂の同調というのが、実は自らの魂のレベルによって同調作用を起こしているのである。つまり、霊性レベルの波長の法則によって、自らの魂が同調したものを選択しているということである。

さらに、価値ある出会いは、偶然ではなく、そこに波長の同調という作用によって引き寄せられる場合もある。

憲法第十四条に「それ聖賢を得ざるときは」とあるように、優れた人との出会いが、成功を生む大きなチャンスになる。

つまり、「何をもってか国を治《おさ》めん」とは、物事の善悪を正しく見極める知恵と物事の推移を正しく見極める知恵を持たなければ、国も会社も治まらないということを言っている。

これは「聖賢を得」ることによって可能である。

七、成功へのメッセージ（1）――仕事成功の法則――

憲法第九条**「信あるときは、何事《なにごと》か成《な》らざらん。」**

これは、信が有れば、何事も成功しないことはない、という意味で、「お互いに信じる気持ちを持てば、どんなこともできないことはない。」ということである。

これは互いに信用しあえる関係を形成することが、事業なり、会社なりの成功の鍵を握っているということである。

すなわち、信用して任せて失敗を受け入れることが、それぞれの能力を発揮する原動力となる。

また、信用とは今現在だけ見ては、生まれないものであり、これから将来において、必要だと感じるとき、本当の信用が生まれる。

ところで「カルタ」取りの名人は、次にどのカルタが読まれるか、読む前から分かることがあるという。また、合気道の開祖、植芝盛平は、相手がどこを打ち、どこを狙うのか分ったと言う。

さらに剣の達人にも、これと似た経験を語るものも多く、「無我の境地」とか、「無念無想」「無心」と言われる。

勝負の世界に身を置く人間は、よく次の手が読めたという話を聞く。これは決して特定の人物だけができる、特別な能力ではないようだ。

こういったことは、何も勝負の世界だけではなく、世の中に成功を収めたいわゆる創業者は、これに近い「予感体験」をしているという。

この体験が起こるのは、目標に向かって集中して情熱を燃やしているときで、この情熱がどこから沸くのかと言えば、心が勢いに乗っているときである。

すなわち、運命は変えるものではなく、心を変えることによって、運命は心と共感しあう性質を持っている。

この状態のことを上昇の「気流」状態といい、開運していく「気流」を「開運気流」という。この「開運気流」を易学的には、「陽転」といい、「陽転」とは、運命的にはマイナス要素が多くても、そのマイナス要素がプラスに働きだす状態を言っている。

運命は潜在意識と連鎖反応を起こし、この反応には陽転反応と陰転反応がある。

この「陽転反応」は会社という単位でも、起こりうる現象であり、会社がプロジェクトに向けて一気に加速度を増したときに起こる現象である。

しかし、現在のように閉塞的な行き詰まり状態ではなかなか起こりにくい現象である。例えばナショナルの創業時には、一気に上昇が起こって、松下幸之助は自分のやり方に絶対の自信を深めていった。それは会社への忠誠心を高め、会社は社員の面倒を全面的に見る。これによって築かれる信頼関係が昭和型会社の精神となり、それが結実したのが、松下幸之助であったろう。

これは気流が上昇しているときには、みな一丸となって一致団結しやすいから、起こった現象とも言える。

これが逆に現代のように、閉塞状態《へいそくじょうたい》の中での出発だったら、行き詰っていた可能性も持っている。

しかし、稲盛和夫はそうは考えていない。

「いかにして自分の夢を実現するか」(10)（ロバート・シュラー著）の訳者解説において、このように語っている。

「成功しない人は、成功した人のすばらしい話を聞いても、『そんなお金がない』とか、『そんな余裕がない』とか、『人材、技術がない』とか、とにかく、自分にない条件、自分にできない理由を並べて、『どうすればいいのか教えて欲しい』と言います。

しかし、成功している人の考えていることは、皆、同じです。それは、まず、『そういうものがなければならない』と、思うのです。まず、思わなかったら、けっしてそうはならないのです。」

また「潜在意識にまで透徹するほどの強い持続した願望、熱意によって、目標を達成しよう」と若い人たちに、語りかけてきたと言う。

ちなみに、この「そういうものがなければならない」という言葉は松下幸之助の講演会に稲盛和夫が行ったとき、松下幸之助から感銘を受けた言葉である。

聖徳太子が、憲法第九条において「信あるときは、何事か成らざらん。」というのは、まさにこのことを言っている。

夢や希望が持てないといっている間は、それは絵に描いた餅の状態である。しかし、自分を信じ、人を信じ、それが「どうすれば実現できるのか」を、考え始めたとき、そこに生まれる感動や発見こそが、人材を育て、技術を向上させ、販売を促進して余裕を創り出す、その原動力になる。その原動力とは、「信用」であり、自分を信じ、人を信じて動いてみること、照れくさいと思わずに自分でまず一歩を踏み出してみることが、大きな前進へとつながる大事な一歩であることを、松下幸之助も、稲盛和夫も、聖徳太子も、ロバート・

シュラーも同じように語っている。これは偶然ではなく、そこに大きなヒントがあることを、一五〇〇年前の聖徳太子はすでに、知っていたのである。

「信が有れば、何事も成功しないことはない」ということは、条件に左右されないで、自分の信じたことを、自分を信じ、人を信じてやってみること、そこから起こる発見と感動こそが、「陽転状態」を形成し、成功を生み出す第一歩であることを教えてくれる。

「陽転反応」はある特殊な集団に起こる特異な現象ではなく、誰の上にも起こる、ごく一般的な現象である。しかし、その状態にもっていく、基本的な姿勢として「信用」が第一であり、「信用」は運命的な相性と密接に関係するので、この部分が非常に難しさを生む。これを「合縁奇縁《あいえんきえん》」といい、互いの好き嫌いは、他人には分からない微妙なものである。

何か事業なり、プロジェクトを立ち上げて達成しようとするとき、そこに信用が大事だということは理解できる。しかし、相性だけはその人、個人ではどうしようもない、そういう部分を含み持っているのである。

しかし、易学では相性が悪いとしても、それぞれの特性を理解すれば、その特性に合った付き合い方や仕事のやり方があるという。

すなわち、人にはそれぞれ持った個性があり、その個性をいかに伸ばすかが、その組織なり、会社なりの命運を左右する。これは逆に利用すべきもので、個人によって適性は異なるが、個人の適性を生かすことで、会社もまた生きてくる。この適性にはおよそ三種類あり、それは性格的適性と時期的適性と力量的適性の三つである。この三つの適性を正しく捉えることがポイントとなる。また、この適性に合わせて、その人の良さを導き出すことも可能となる。

さらに、易学ではそれぞれの個性を分析し、平面的でなく、立体的に理解した上で、エネルギーの強弱やサイクルやリズムの流れや宿命などから、方向性と時間系列の立体的分析は可能になる。

そこで、その人の適性に合った環境、その人にあったやり方を提示すれば、上昇気流集団が誕生する。さらに、この信用が固まると、それは会社にとって大きな財産となり、成功した人間が異口同音に口にする「人に恵まれたから」という状態が起こる。

この「陽転状態」は、起こさなくてはならないという、そういう思いから始めるしか他に道はない。さらに、この「人に恵まれたから」という状態のことを聖徳太子は「信用が有れば、何事も成功しないことはない」と言っている。

八、成功へのメッセージ（2）——挫折を克服する力——

憲法第九条**「信なきときは、万事ことごとく敗《やぶ》れん。」**

これは、信用がなければ、万事がすべて失敗するだろうという意味である。

さらに同条には「善悪成敗《ぜんあくせいばい》必ず信にあり。」とある。

これは物事が、善くなるのも悪くなるのも、成功も失敗も、すべて信用が有るか、無いかにかかっているということである。

失敗はあなたが、能力がないから訪れるのではない。それは失敗が、あなたにとって必要だったから訪れる。失敗したとき、人はもう自分には才能がないのではないか。あるいは、自分にはもう何も出来ないのではないか、といった、マイナス・イメージに捕らわれて、何から始めればいいか分からなくなる。

しかし、挫折のない人生などないし、失敗のない人生など考えられない。

気流の下降は必ずやってくる。そういう時は、心に余裕がなくなり、人生は八方塞に陥る。しかし、大事なのは気持ちを焦らせないこと、運命は自分の力で、引き出さないと稼動しない。

一回失敗したなら、もう一度やってみると良い。二回したなら三回、三回したなら四回と挫折を克服したら、そこから成功体験が生まれ、その成功体験の積み重ねが、大きな自信へとつながる。挫折を繰り返すことを恐れてはいけないが、それを克服する気持ちも、忘れてはならない。そうすると気持ちに変化が起こり、それが祝福経験へと生まれ変わる。ためしに毎朝「おれはできる、おれはやれる、おれは最高にツイている」と三回言って出勤してみてください。必ずあなたの心に強い自信が芽生えて、乗り越える力を与えてくれる。


J・マーフィーは「自分に奇跡を起こす心の法則」[11]の中で次のような話をしている。


「講義のあと、ある男性がホテルにいた私に会いにやってきました。彼はひどく狼狽している様子でした。彼の問題というのは、生命保険を抵当にいれなければならないことや、銀行から借り越した分を返済できないことでした。

金高は過去三か月分にのぼっていましたが、彼の財布は空っぽだったのです。彼は尋ねました。

『一文無しの私が、どうやったら無限の富を信じることができるでしょうか?』私は、すべての問題には解答があり、あらゆる困難には解決があるのだと話しました。

―中略―

私は、彼が暗い憂うつな気分を追い払う方法として、彼の内にある潜在力を活性化するために驚異的な力を発揮する言葉、すなわち『富、成功、勝利、歓喜』という言葉を唱えるように指示しました。彼は、一日に三回、半時間ほど、声に出してこれらの言葉を音唱しました。一語一語、すべての感情と情熱を込めて口ずさみました。すると次第に心が高揚してくるのがわかりました。彼は、これらの言葉は、真剣に唱えられる時、自分の潜在意識を活性化し、その内に実在する力と潜在能力を、生きたものにすることを発見しました。

彼が心をこうした実在と原理に固定させるにつれて、言葉の本質に対応する外部条件や境遇が、空間のスクリーンに映像化するようになりました。三週間が過ぎた頃には、何人かの親しい友人たちから、当座の費用にと数千ドルの用立てがありました。

さらに一ヶ月が経過しようとする頃、突然解決がやってきたのです。先の友人たちの中の一人が、彼にアイルランド競馬の馬券一枚を送ったのですが、驚いたことに、その馬が優勝して大金がころがり込んだのです。その金額は、彼のすべての経済問題を解決するのに十分なものでした。」

人は幸福になり、豊かになり、富を得ることを信じ、そのことに疑いのないとき、それを得ることができると言う。お金持ちが悪いのではなく、お金に執着する気持ちが、富を独占しようとするから悪くなっていくのである。物事が、善くなるのも悪くなるのも、成功や失敗は、すべて信じる気持ちが有るか、無いかにかかっている。

また、人生は人とは比較できないものである。例えどんなに落ち込んで、挫折を味わっても、人と比較してはいけない。人と比較すると悪い方を数えてしまい、マイナス・イメージが増幅される。

運命の上昇は余裕がないところには、起こりえない。運命は変えるものではなく、引き出すもの、心との共感によって上昇を起こすものである。この運命には総量均衡《そうりょうきんこう》の作用があり、力量《りきりょう》以上の結果を求めようとすると、どこかで反作用が起こるという法則である。運命はアベレージの作用が働きやすく、均衡を保とうとする反作用を起こしやすい。

そのため、失敗は、本人の努力が足りなかったのではなく、本人にまだその時期がきていなかったに過ぎない場合が多い。

そのため、易学では、「始める時期によって、それが成功するか、失敗するかが分かれる」という。人は一人ひとり違った生命のリズムを持ち、このリズムを無視すると失敗や病気が起こりやすい。そのため、その時期を選ぶことが、物事を始める上で重要だということである。

それで失敗したことを後悔するのではなく、挫折の中から、新しい挑戦が始まることを言っている。

失敗の中から学ぶ大きな財産は、人は一人では生きられないということ、働くとは信頼関係の中で成立するということ、その中から自分がどう歩むべきかは、自分自身を知ることに大きな発見がある。「善悪成敗必ず信にあり。《ぜんあくせいばいかならずしん》」とは、人がどう歩むべきかの指針を教えている。

だから、「信」である真心が大事になってくる。

また、第九条で「信は義の本なり。ことごとに信あるべし。」と聖徳太子が言っているように、信用は義にまさる。それで、真心は、人の道の根本を教えてくれ、物事すべてに真心が必要であることを言っている。だから、物事が、善くなるのも悪くなるのも、成功や失敗は、すべて真心が有るか、無いかにかかっていると言える。

九、成功へのメッセージ（3）――個性を伸ばすと、運命が開ける――

憲法第十条**「人みな心あり、心おのおの採《と》るところあり。」**

これは人にはそれぞれに心があり、それぞれがこれだと考えるものを持っているという意味である。

人の違いを認め合い、人との違いを尊重することである。人にはそれぞれ欠点があり、完全な人格者はいない。それぞれの意見を尊重し、それぞれの特性を生かして、サポートする。そうすると人は必ず成長する。

また、易学には「運命を消化する」という考え方がある。

人はそれぞれにもって生まれた性質・持ち味がある。その中で、それぞれの基準で行動し、それぞれの考え方で生き方を判断する。

しかし、無理して自分に相応しくないことをしていると、それは逆効果で、自分の本来持っている持ち味まで、否定してしまう。運命に良い運命も、悪い運命もない。運命と宿命の違いをはっきりと理解すべきであり、運命は変えることができても、宿命は変えることはできないものである。

運命が向上するとは、その人らしい、もっと言えばその人の運命にピッタリと当てはまった状態であり、逆に運命が下降するとは運命に逆らって生きている状態である。

すなわち、もって生まれた持ち味は、人それぞれ異なるけれども、それをどう活用するかによって上昇したり、下降したりする性質を所有している。これを易学では、「陽転」する、「陰転」するという。

運命が陽転するとは、運命を消化し、自分らしい生き方を通して、運命が上昇し、陽転していく状態を言っている。

これは人と比較してもどうしようもないものである。自分の信じるところを、自分なりの表現で生かしていくことが運命を陽転させる秘訣である。また、運命は仕組みを知ることで、一喜一憂しなくてすむ。

松下幸之助は「強運なくして成功なし」[12]の中で、次のように述べている。

「昔の言葉に、『人事を尽くして天命を待つ』という言葉がありますが、自分は何に適性を持っているのか、うどん屋に適性を持っているのか、電気屋に適性を持っているのか、あるいはサラリーマンに適性を持っているのか、その適性を見て、その適性に従って人事を尽くしていったならば、その人の持つ天分というものは、完全に生きると思うんであります。その人がもし天下を取るような運命であれば天下を取るでしょう。しかし天下を取るような人でなくても、その人の持っている天命というものは、その道によって生きてくる。これが、私が今日、体験によって得た一つの心境であります。」

松下幸之助が成功した秘訣は、「自分の適性を認識し、自分の運命を完全に生かした心境」に立ったということにある。彼ほど運命を完全に生かしていける心境にはなかなか立てないとしても、人は生きていく限り、自分の適性を認識して、生かしていかなくては、その人の運命自体が下降してしまう。

幸福とは何であるか。それは人と比較するものではなく、自分自身で育てるものである。人と比較すれば必ず不幸の方を数えてしまう。それでは、潜在意識に不幸が埋め込まれて、幸運は決して訪れない。幸運は訪れるのを待つものではなく、幸福な状態を想うことで、その想いが引き寄せるものである。運命は努力ではなく、その仕組みを理解することによって変えることが可能である。

けれども、自分らしく生きようとした結果、「正直者は馬鹿を見る」というような惨めな状態になったとしよう。しかし、これは因縁を浄化し、向上させているのだから、少しくらい損をしても、人生は必ずバランスを取り、どこかで返ってくると考える。この考え方は非常に有効であると思う。

「情けは人のためならず、めぐりめぐって己に帰る」という。これは人に親切にすれば、それが巡って自分に帰ってくる。だから親切にするのは、人のためではない、自分のためであることを言っている。

また、因縁は巡るとも言う。だから運が良いからといって有頂天になることもないし、運が悪いからといって落ち込むこともない。運命はあざなえる縄のように、いいときもあれば、悪いときもある。

「人みな心あり、心おのおの採るところあり。」とは、自分と異質なものであっても、その個性を殺すようなことをしてはならない。すなわち、それぞれの個性を生かすにはどうしたら良いか適性を考えてみると創造性が生まれる。人にはそれぞれ、持ち味があり、その持ち味を生かしていくことで創造性が高まる。

この創造性を発展していくやり方の中に、運命が陽転する秘訣があるということを日本の国家の根幹を創建した聖徳太子とパナソニックを創建した松下幸之助は教えている。

一〇、仕事へのメッセージ
――人事評価の矛盾は、信頼関係によって立て直せる――

憲法第十一条**「この頃《ごろ》、賞《しょう》は功《こう》においてせず。」**

これは、この頃、賞は功績においてしてない、という意味である。ここで功績を明確に観察して、それにみあうだけするように言っている。

「功過《こうか》を明《あき》らかに見て」とは、評価するものが、評価されるものをどこまで見ているかが問題視されている言葉である。

功績のあるものに罰を与え、過失のあるものに褒章を与えてはなにもならない。これは適正に実践することが求められ、功過と賞罰は分別がなければできない。要するに正しい判断を持って、よく観察し、褒めるべきものを褒めるということである。

しかし、聖徳太子は「この頃、賞は功績においてしてない」と言っている。この状況は現在でも、同じであり、賞罰の本来の意味を理解していないと、会社はその方向を誤る。

形式化されたような業績評価は、どんなやり方であれ、会社の発展にとっていい結果を残していない。それは、評価されることしかしなくなる社員が評価されるからである。このように会社に対して評価されることだけをしている社員は、本来的にいえば評価されるべきではない。それは業績評価という一面的な評価であり、これは結局全体のモチベーションを下げて、会社への忠誠心の崩壊を招く。

会社が発展する根本を理解していないと、合理主義という人事のスタイルにより、本質を見誤る。

松下幸之助は「強運なくして成功なし」[13]の中で、次のように言っている。

「この人であれば六〇パーセントぐらいはいけそうやなあと思えば、もう適任者として決めてしまうんです。それをいろんな角度から見て、そして適任者を選んでいけば、八〇点の点数をもった、求めているような人を探し当てられるかもわからない。それはそれにこしたことはないのですが、しかしそれでは非常に時間がかかるんです。手数がかかります。その手数とか時間がかかることを思ったら、それはマイナスになるわけですね。

だから、だいたい話しをしてみて、これだったら実力が五〇点、五〇点では困りますけれども、六〇点ぐらいはあるなと思えば、『きみ、これやってくれ。きみなら十分いけるよ』というようにしてもいいわけですね。それでたいていうまくいくんです。」

日本人の会社員は、報酬に対して働く社員よりも、報酬よりも「やりがい」を求める社員の方が多い。「やりがい」とは何かと言えば、「信頼」できる上司と同僚のいる会社と言える。

評価は「信頼」関係の中で行われるものであり、その他の客観的な評価スタイルなどというものは、日本の社会では逆効果になってしまう。そもそも日本人は信頼できる人間が、二人以上いれば、まずその組織を離れようとはしないものである。

その辺を勘違いすると大きな落とし穴にはまり込む。

「この頃、賞は功績においてしてない」と言っているように、功績を明確に観察して、功績には賞を、それにみあうだけするように言っている。これはつまり、会社は公平で中立に立って、社員を評価してくれるという信頼感を言っている。つまり、業績評価以前に「信頼」関係が前提であることは、言うまでもない。信頼関係を補い、補足するために、業績評価を行うのであって、業績評価をするために、信頼関係があるのではない。

すなわち、業績評価とは「信頼関係」を補い、補助するものでしかない。

また、慈悲心と忠誠心が組織の前提にあることは当然である。

すなわち、太子が伝えたいことは、「明らかにする」ことであり、これは太子にとっては、本質的な意味での信頼と信用があっての話である。さらに「明らかにする」とは、よく観察し、どこにどのような仕事があって誰がしているのかを、詳細に確認し、公平に判断することである。また、公平に判断をしてくれているという信頼感を形成するためには、仕事を詳細に観察し、確認することを怠ってはならない。現場主義的評価こそ、監督者の使命である。

一一、社員を育てるメッセージ――皇帝の人材育成――

憲法第二条**「人はなはだ悪《あ》しきもの鮮《すく》なし、能《よ》く教うるをもて従う」**

これは、人にあって極悪という程の者は少ない、良く教えるならば従うものだという意味である。

どんな人でも、教え方を間違えなければ、成長し、よく働くようになる。

人は仕事に誇りが持てないとき、自分を卑下してしまう。

仕事を覚えないのではなく、やるべきことが分からない場合が多い。だから任せてみて、やってみせると誇りが湧いてくる。

そうすると人はなすべきことをみつけて動き出す。なすべきことが分かると楽しみ出して、目標がみつかる。しかし、人を動かすには情熱が必要だが、それは見返りを求めてするものではない。それは育てるというよりも、引き出すもの、自ら動けるようにすると見つかるものである。

それを手助けする度量がなければ、人は成長しない。基本ができているか、できていないかは重要なことだが、その基本ができるまでに潰れることもある。人を生かし、人が成長していくには、それを見守る、それをサポートする気持ちがなければ、成長はおぼつかない。

その度量こそが、「信徳」であり、失敗を受け入れるところに成功が広がる。憲法第九条でも、「信あるときは、何事かならざらん」と言っている。これは「信用が有れば、何事も成功しないことはない」という意味で、互いに信用しあえる関係を形成することが、事業なり、会社なりの発展の鍵を握っているということである。

また、有名な司馬遷《しばせん》の「史記《しき》」の高祖本紀《こうそほんき》(14)の中で、項羽《こうう》が天下を失い、劉邦《りゅうほう》が天下を取れた理由を、臣下《しんか》に問いかけている。臣下は損得利害の扱いに、違いがあることを述べたが、これに対して、劉邦（高祖）は痛烈に君主の道について臣下に語っている。

これはリーダーの徳について劉邦が解説している箇所である。

「高祖《こうそ》はいった、『貴公《きこう》たちはその一を知って、その二を知らない。そもそも、勝敗《しょうはい》の成否《せいひ》のもたらすもの、攻守優劣《こうしゅゆうれつ》の計謀《けいぼう》をとばりの中に坐してめぐらし、勝ちを千里の外や、数年後に決し取るという見極めは、わしは張子房《ちょうしぼう》にはかなわない。国家をよく鎮《しず》め、人民を愛撫《あいぶ》し、食糧を供給《きょうきゅう》して飢餓豊饒《きがほうじょう》の変に備え、食糧の道を絶たないようにして人心の不安を除くことは、わしは蕭何《しょうか》にはとてもかなわない。百万の大軍を連《つら》ね、戦えば必ず勝ち、攻めれば必ず取るという戦功《せんこう》を収める点では、わしは韓信《かんしん》にはかなわない。この三人はみな衆にすぐれた人傑である。わしは幸いにも、この三人を得て、この三人をよく用いることができた。これが、わしが天下を取った所以だ。あの項羽ほどの人物が、わがためにとりこにされた理由である』と堂々総大将たる見識を述べた。群臣はみなその言に感服した。」

ここで、劉邦は計略においては張子房にかなわない、内政においては蕭何《しょうか》にかなわない。戦功においては韓信《かんしん》にはかなわない。しかし、皇帝になれたのは、優れた人物をよく用いたからであり、項羽《こうう》は范増《はんぞう》一人すら使いこなせていなかったと言っている。

リーダーとは人を信頼し、任せて委ねる心の余裕を持つ人物であり、人を勇気付けて一歩を踏み出す、力を与えてくれる人物である。

人の能力を伸ばし、引き出すことがリーダーの条件であり、人の能力を伸ばし、引き出すためには、信用して任せて、それをサポートすることがリーダーとしてあるべき姿であることを教えている。

憲法第二条の「よく教うるをもて従う」とは、リーダーの思いやる気持ちと、サポートする働きによって、人材は育成され、能力を伸ばすことを言っている。

一二、組織教育へのメッセージ——リーダーの養成法——

憲法第三条 **「上《かみ》行なうときは下《しも》靡《なび》く」**

これは、上の者が行えば、下の者はそれに習うという意味である。

もしも、自分は何もしないで、下の者ばかりにやらせようとする上司がいたなら、会社のモチベーションは上がらない。

上が行わなければ、下は習えないからである。下に慕われる、尊敬される上司でありたいと思うなら、まず自分から行いなさい。

これは、日本の始めての憲法である十七条憲法ですでに一五〇〇年前から言われているのである。これは聖徳太子のメッセージであり、日本人が常識としてきた伝統ある教えであり、これを無視して日本の社会は成り立たない。だから、上司としての仁徳を養い、その心構えを学ぶことの大切さを言っている。

上のものが指示を出しても、下のものは理解できないことがある。また、何度いっても同じことを繰り返して失敗することもある。これに対して、その原因を理解し、その原因をどうすべきか考えなくては、物事が前に進まない。

上に立つものは、下が例えどんな人間だったとしても、仕事ができるようにサポートする必要がある。しかし、サポートしても、反抗的なものもいるし、できない者もいる。そんな時、聖徳太子は自らやって見せて、何度も教えてあげなさいと言っている。すなわち、サポートすること自体が目的なのであって、それに見返りを期待してはいけない。与えてもらう人生よりも、与える人生の方が価値がある。

それは人を動かすということは、自らが模範とならなければ、動かせないということを、太子は知っているからである。

ところで、陰山《かげやま》英男《ひでお》氏は「学力は家庭で伸びる(15)」の中でコミュニケーションが人格形成において重要だと言って、次のような話を載せている。

「その子は、一を聞いて十を知るタイプではありません。どちらかというと理解するのは遅いほうです。ですから学期の最初は、あまりテストの点もよくないのですが、授業が進むにつれてどんどん理解力が高まり、最後は九〇点、一〇〇点を取るまでに成績を上げます。じっくりと時間をかけてわかるようになるタイプなんですね。

お母さんに聞いてみると、勉強だけさせているわけではなく、よくお手伝いをさせて、親子でよく話をするそうです。勉強がわからないときも、すぐに『ここがわからないけど』と聞いてくると言います。じっくり型の娘の気質を心得ているお母さんは、娘のテンポに合わせて教え、教えきれないところは『先生にもう一度聞いてごらん』とアドバイスしているそうです。決して『こんなこともわからないの!』などと責めたりはしません。つまり、子供とのつきあい方がうまいのです。

子供といちばんコミュニケーションをとりやすいのは、食卓です。食卓は単に食事をするだけの場所ではありません。親子の交流の場なのです。子供が話しやすい雰囲気をつくってあげてください。

学力を支えるのはコミュニケーション力であり、気力や体力なのです。逆に、こうした力があれば学力はおのずとついてくるものです。
普段のコミュニケーションをおろそかにしておいて、勉強部屋さえ与えれば勉強ができるようになると期待するのは、親の手抜きといえるでしょう。」

これは子供に限ったことではなく、人格形成においてコミュニケーションの重要性は言うまでもないであろう。「話しやすい雰囲気をつくってあげる」ことが、社員一人ひとりの能力を引き出し、業績をあげる秘訣であることを教えている。「話さなくても分かっているだろう」というのは、上司の甘えである。

聖徳太子も「上の者が行えば、下の者はそれに習う」と言っているように、上のものを見習って、下は能力を伸ばしていく。人の能力は育てるものでなく、その可能性を信じ、手助けすることで伸びていくものだ。だから、信用して任せて失敗を受け入れることが、それぞれの能力を発揮する原動力となる。

ここで聖徳太子は自らやって見せて、何度も教えてあげなさいということを言っている。連合艦隊司令長官《れんごうかんたいしれいちょうかん》の山本五十六《やまもといそろく》も、「やってみせ、言って聞かせて、させて見せ、ほめてやらねば、人は動かじ」と言っているように、人を動かすリーダーは、リーダーとしての働きの基本を知る必要がある。

下のものが行って、それに上が習うのではなく、上の者が行えば、下の者はそれに習う、それが自然の道理であり、それでこそ仁徳を持つ上司と言われる。また、上のものは、下のものに対して、礼儀正しい態度で丁寧に接すると、かえってよく言うことを聞くものである。リーダーの第一条件は、率先して動く気持ちと謙虚な態度である。

慈悲心のある上司の言うことは、みな敬って受けるようになる。

上のものがまず、行いなさい、そうすれば下のものは自然に上のものに習うようになる。

一三、子供を育てるメッセージ——人としての道の根本——

憲法第七条**「世に生まれながら知るひと少なし。剋《よ》く念《おも》いて聖《ひじり》と作《な》る。」**

世の中には、生まれながらにすべてを理解できる人はいない。道理にかなった生き方を心掛けて、聖人になっていくという意味である。

聖人とは聖人らしい態度が身に付いたものであり、聖人には、集団のリーダーとして相応しい態度が要求される。

「君子に九思《きゅうし》あり」といい、君子は九つのことを心掛けなくてはならない。

「目は明らかに見ることを思い、耳は聡く聞くことを思い、顔色は温和を思い、態度は慎みを思い、言葉は誠実を思い、仕事は礼節を思い、疑問にあっては、率直を思い、怒りにあっては、困難を思い、利益にあっては、正当かどうかを思う。」

この九つの「思い」が人格を形成し、この「思い」が信用を築く。君子はこの思いを心がけることによって、君子になるのであり、生まれながらにして、聖人君主はいない。それはリーダーとしてあるべき姿を教えている。

ところで、陰山《かげやま》英男《ひでお》氏は「学力は家庭で伸びる(16)」の中で、次のように言っている。

「自主的に学び、学ぶ楽しさに到達するまでには、基礎力が必要ですし、何より勉強する習慣が確立していなければなりません。そのために宿題をどうとらえるかが、大切です。親はうまく伴走し子供がスムーズに走り出せるようにしてあげてほしいのです。」

このように、勉強することが体の一部になるように、自然と子供が学習できる状態が、自主的に学ぶ楽しさを身に着けた状態である。ここにあるようにスムーズに学習ができる状態にするためには、親が子供を育てようとするのではなく、サポートして子供と伴走することが大事である。子供の才能を伸ばすも、殺すも親の態度次第である。その根本が理解できなければ、子供が犠牲になっていく。子供の才能は生まれながらに備わっているのではなく、よくサポートすることで育っていくものである。道理にかなった生き方を習って、聖人になっていくものである。

また、「孟母三遷《もうぼさんせん》」という話があり、孟子という聖人の母親の話である。

孟子は、幼少期お墓の近くに住んでいた。そうすると埋葬のまねばかりするので、市場の近くに引っ越した。そうすると商売人のまねばかりするので、孟子の母はここも教育環境がよくないとして、学校の近くに移り、教育環境を整えるために、三度引越しをして、三遷した話である。人は環境が育てるものであり、環境の大切さを教えている。

「世に生まれながらに知る人は少なし。」とあるが、子供には道の根本を教えることが、大事である。その道の根本とは五常の哲学であり、五方向の理論であり、東洋哲学である。この道の根本とは、人としての道の根本である。

さらに、陰山英男《かげやまひでお》氏は「学力は家庭で伸びる」(17)の中で、次のような話を載せている。

「以前、私が受け持ったクラスにも『ぼく、できない』が口ぐせの男の子がいました。何をするときでも、取り組む前からあきらめてしまい、やろうとしない。勉強もついていくのがやっと。気に入らないことがあるとすぐに学校を休んだり、授業を途中で抜け出して家に帰ってしまうんです。親もおろおろするばかり。

親のこの姿勢こそが問題なのだと、私は思いました。五年生でしたから、このままでは中学でついていけなくなるのが目に見えています。いちばん困るのは子供です。両親と二時間かけて話し合いました。ダメなものはダメ、やるべきことはやると毅然とした態度で接するように、進言したのです。中学で不登校になるかも知れないと聞いて、さすがに両親も目が覚めたようですね。息子の生活態度を真剣に考えるようになりました。

まず父親がしたことは、休みの日の朝息子と一緒に走ること。自信が持てない原因のひとつは、体力のなさでしたから。

一方、学校では、宿題を出し、同時に私が作った問題で苦手部分を明らかにし、そこを徹底的に教えました。勉強がわかるようになると、自信もつきます。『やればできるんだ』と気づいた男の子は、生き生きとしてきましたね。一変しました。

親が本気で変われば、子供も劇的に変わるのです。

学力の低下は生命力の低下にほかならないと言いましたが、家庭こそが生命の基盤をつくる場なのです。学力は、家庭での健全な生活習慣と大きく関係しています。」

ここに、「学力の低下は生命力の低下にほかならないと言いましたが、家庭こそが生命の基盤をつくる場」であることを、述べている。家庭環境こそが、子供を育てる根本であり、家庭環境が子供の力を伸ばす根本であることを述べている。子供の心と体を養うところが、家庭であり、家庭環境である。これは生命の基盤をつくることが、学力を伸ばし、成績を伸ばす秘訣であることを教えている。人は環境が育てるものであり、子供には道の根本を教えることが、大事である。この道の根本こそが、生命の基盤を形成するからである。

その根本が理解できてないと、道を教えることはできないし、人の道に違うことをしても、それが何故いけないのか説明できない。教育は国の将来を決める重要な課題である。しかし、日本人の本来の倫理観とは、「道」の思想科学である。倫理とは「道の理法」であり、「道の理法」とは、東洋科学の道の思想にこそ、その根本原理が説かれてある。またこれが、日本人の常識を形成していった、その根本の原理である。

古来日本人が悠久のかなたより、説いて大切にしてきたものが、「道の理法」であり、人の道の根本である。

しかし、この道の思想が崩壊の危機にあることに気づいている人間がどれくらいいるだろうか。

それは表面的な倫理思想でもなく、また歴史的な学問でもない、それは倫理の根本であり、道の根本を言っている。

「道」はそれだけでは、なかなか説明しにくいものである。

易学の考え方に「相対して統合する」という考え方がある。

この世の中すべては、相対的にできている。しかし、その統合が易の根本の道である。

易学における教育の根本は、バランス教育である。

このバランスとは、精神を縦軸として、現実を横軸にして、この縦軸と横軸のバランスが重要とされる。

これは、物質的に満たされても、心が満たされなければ、心が育たないし、現実に体が弱っていれば心をいくら満たしても、健全な成長は望めない。心と体のバランスを取りながら成長していくことが、望ましい。縦軸は、先祖から子孫へ受け継がれる精神なので、父親が教え、横軸は現実の流れなので、母親が教える。

ここで、重要なのは子供にとって、父親が愛情の源泉であり、母親は、現実をサポートする役割しかないということである。

自然の法則は、父親が愛情で、母親が現実を支えるという教育が、自然であると教える。

愛情深い家庭とは、父親の愛情であって、母親の愛情ではない。父と母が、和合の精神を持っていれば、その家庭で育つ子供は、自立する土台のできた子供へと育つ。

母親が健全に育つように、現実をサポートし、父親が家族の気持ちに耳を傾けて、家族に愛情を注ぐ必要がある。もしこれが、母親は愛情で、現実は父親の経済力に支えられていると考えるのは自然教育の法則に反している。

家庭環境の基本は、精神の形成と現実の形成であり、この形成の役割を父親と母親が誠実に果たすということである。子供の教育は、精神の形成と現実の形成のバランスの上に成り立つというのが、自然の法則である数千年に渡る陰陽理論の真髄である。

その上で、この縦軸と横軸に、高さを加えて、立体的にバランスを取ることが、望ましい。この高さの部分が、霊性であり、魂の成長である。

子育ては、子供を育てることではなく、実は「親としての学び」によって、子供が育っていくものである。「親としての学び」とは、人間としての優しさや愛情を育てることであり、魂のレベルが成長していくことである。

時として、子供は様々な反応を見せる。いい反応もあれば、悪い反応もあるが、「魂の反応」というレベルで見るとそこに親として、人間として重要な学びがあることが分かる。

例えば集団に馴染めない、友達のできない子供だとしても、子供が集団になじめないからと無理に集団になじませたり、友達ができないからと無理に友達を作らせようとすると、子供は自分らしさを失っていく。そうすると自立心は育たず、自分の殻に閉じこもった子供に成長していく。みんな同じように育つなどということは、別な人格を持っている人間ではありえない。子供は親とは別な人格を持ち、その人格を形成するお手伝いをすることが母親の役割である。

この場合、親のエゴが子供を孤立させているとも考えられる。

「親としての学び」は、子供を愛すること、親の欲望を捨てること、魂の学びに徹することである。

子供は親に学ばせるために、色々な信号を送っているので、その信号を無視するのではなく、魂の反応として理解する必要がある。親は子供の問題や成長から、魂の反応を見て、どのようにすれば生まれてきた人生を自分らしく生きて生けるのかを学習する必要がある。しかしこの場合、子供が病気になった原因や障害を抱えている原因を全て親の責任にするのは危険であり、子ども自身が魂を浄化するために必要な段階を踏んで、成長していくこともある。

その学習から、感動したことやうれしかったことを子供に語るようにして、愛情を伝えることが重要である。

子供の自信を育てるには、愛情が必要であり、親は子供が育つ上で感動したり、うれしかったことを言葉によって表現する必要がある。子供は親が何を見て喜ぶのかに敏感なので、子供を育てる上で、親が感動したことやうれしかったことを素直に伝えるところから始める。そうすると子供は愛情を受けていることを理解するようになり、自分に自信が生まれる。

「お前は将来どんなことでもできるし、やる気になればどんなことでも成し遂げるだろう。生まれてから育つまでの間に多くの出来事があったし、感動したこともあった。きっといつか本物の仕事に出会い、自立した人間として自分の希望を叶えていって欲しいと心からそう思っている。」

このように子供が自信と勇気をもらえる言葉を語りかけることが、自立心と共感力・理解力のある子供を育てていく。

また、魂の成長に欠かせないのが、先祖への感謝であり、先祖への恩返しである。「ありがとうございます」と心から言える子供が責任感を養っていく。これを養うのは、父親の役割でもある。

この感謝の気持ちをいかに育てるかも、重要なテーマである。

この条に「剋《よ》く念《おも》いて聖《ひじり》と作《な》る」とあるが、聖《ひじり》とは「日知り」であり、日を読むこと、自然の流れを理解することである。家庭環境や自然の法則などの根本の道を理解し、この道に生きることが教育の基本であることを聖徳太子は教えている。

一四、官僚へのメッセージ――国の宝とは何か――

憲法第四条**「民を治《おさ》むるの本《もと》は、要《かなら》ず礼にあり。」**

これは、国民をおさめる基本は、必ず礼儀にあるという意味である。役人は国民に接するときは、礼儀正しくして、丁寧に礼を尽くすことが大事である。役人は国民を管理する為にいるのではない。国民の福祉と公益のために役人はいる。最近はこれが、逆になっているが、政治は本来「まつりごと」であり、礼儀のない「まつりごと」などありえない。

また、国民は本来「おおみたから」であり、これに礼儀を尽くすことが役人の勤めである。だから、役人は国民に対して、礼儀正しく、丁寧に説明し、礼を尽くすことが大事である。国民への礼儀のないところに、国家の統治はなく、国民に丁寧に語り、礼儀正しくすることが、国家を統治する基本である。

一五、会社組織へのメッセージ――誠実こそ会社の財産――

憲法第六条 **「君《きみ》に忠《ちゅう》なく、民《たみ》に仁《じん》なし。これ大乱の本なり。」**

これは、君主に忠誠心がなく、人民への慈悲心も持っていない、こういう者は、国家を大きく混乱させる原因になるという意味である。

社会的に責任ある者は会社に対しては、忠誠心が必要であり、部下に対しては慈悲心が必要である。

これが例えば、上に対しては下のものの間違いを言いつけ、下に対しては上の失敗ばかりを言っていたとしたら、会社は慈悲心も忠誠心も失ってしまう。

口先で媚びへつらう会社員ばかりだとしたら、会社は大きな損失を抱えている状態であり、会社を混乱させる原因となる。

また、同条で次のように言っている。

「悪を懲《こ》らし善を勧《すす》めるは、古《いにしえ》の良典なり。」

これは悪を懲らしめて、善をすすめるのは、古くからの良き、教えであるという意味である。悪とは他人の間違いばかりを指摘して、組織を混乱させる者である。善とは、下の者に慈悲心があり、上に対しては忠誠心の強いものである。

それゆえ、仁徳とは社員を成長させる上で重要であり、上に立つものは下に対して、慈悲心を持てということである。また、会社に対する忠誠心も失ってはならない。この忠誠心と慈悲心は共に、会社に誇りを生み出し、会社を発展させる。それは上のものを下のものが、敬うようになるからである。

口先で上手を言って切り抜けようとするものは、会社を混乱させる原因であり、誠実でまじめな気持ちが、慈悲心と忠誠心を両方とも養う。

一六、時期をつかむメッセージ――天の動きを知る――

憲法第十六条**「民を使うに時をもってする」**

これは、人を使うには時期があるということを言っている。

人間は春夏秋冬という四季の中で、自然の流れに則って生活している。自然の営みの中で、播種、収穫の時期があり、宇宙の流れの中で社会も生活している。この時期を見誤ったら、生産活動は大きな打撃を受けるだけでなく、生活の基盤自体も破壊される可能性を持っている。

易学では「天人相関説《てんじんそうかんせつ》」と言い、天と人は相関関係《そうかんかんけい》にあり、天の動きと人の生き方には密接《みっせつ》な有機的関連性《ゆうきてきかんれんせい》があり、その関連性の中で生きているという説である。

また、「天の行気をなす」と言い、宇宙の生成に従ったリズムの中で生活することが、人間本来のあり方であることを教えている。

物事が上手くいかないとき、何かリズムが狂っていると感じるとき、それは自分自身のリズムと周りのリズムにズレが生じているからだ。

それは一人ひとり性格が違うように、リズムも異なっている。

そのため、易学では、「始める時期によって、それが成功するか、失敗するかは分かれる」という。

人は一人ひとり違った生命のリズムを持ち、このリズムを無視すると失敗や病気が起こりやすい。そのため、タイミングを上手く利用して掴むこと、その時期を選ぶことが、物事を考える上で重要だということである。

「民を使うに時をもってする」とは、自然のリズムを無視しないで、その法則に適応した行動が、失敗をさけ、災難を免れる秘訣であることを教えている。

一七、会話のメッセージ——人間関係は律することで、自由になる——

憲法第十七条**「衆《もろもろ》とともに相弁《あいわきま》えるときは、辞《こと》すなわち理《ことわり》を得ん。」**

これは、みんな一緒に論議をして検討し、これを基本に物事を裁決した上で、道理のある結論を出すように言っている。

話し合いをまとめる上で重要なことは、概略と具体化をどう考えるかに尽きる。目的があるなら、それに対してどういう提案ができるのか、それについては概略的にどこがポイントになり、何を誰がどのくらいでやれるのか、それから具体化したときには、どのような問題が起こるのかを自分の中で整理し、その中で言える範囲のことを提案する。このポイントと問題点が指摘できれば、話し合いはまとまりやすい。

会社の中で話し合いをする場合でも、この仕事が社会のニーズに合っているのかどうか、ニーズに沿って考える必要がある。

ニーズに沿って目的から話し合いを初めることで、何に対してどうすべきかが分かってくる。さらに目的をはっきりさせる必要があり、目的も無くニーズがどこにあるのかも分からないまま議論をすると無駄に終わってしまう。

また、事業をするにしても、進行計画を作成し、誰が、どのように、いつするのかを決めておかなければ、話し合いが前に進まない。

さらに、準備ができていないと仕事の効率がさがるので、準備段階から有効に仕事をする方法を考えていくと議論が長引かなくてすむ。

このように、目的にあった提案をして、進行計画を作成し、準備をした上で決裁をする。しかし、決裁しても新しい事業の立ち上げの場合、計画を変更する可能性も出てくる。その場合、変更したらどういう結果になり、どういうメリットがあるのか、はっきりさせる必要がある。

また、計画を決裁し、それを実行したとしても、チェックを誰がするのか、チェック体制をどうするのか、これを決めることで問題が回避される。

それにもまして日本人の場合重要なのは、事前に情報を確認し合うことであろう。突然提案するのではなく、共通認識をもってそこで、どう受け取られるかを確認してみることが、話し合う上で重要な要素となっている。

また、自分の主張を通したいなら、かえって相手に選ばせるようにするほうが、自分の意見を通しやすい。それは、自分の意見を言う前に、相手に選択肢を与えることで、共に考えて結論を出したという格好がつくからである。

さて、話し合いの中で混乱するのは、主義の違いから起こる議論である。この世の中にはおよそ二つのタイプがいる。市場経済を重んじる改革派と、安定した経済を重んじる平等派である。時代は改革派を求めることもあるが、必ず最後に平等派が安定させるようになっている。いつも歴史は繰り返すというが、歴史の教訓から学べば、戦術にたけている人間よりも、失敗をしてでも這い上がれる人間のほうが、最後は栄光を掴み取る。

経済至上主義は国民の精神を混乱させ、健全な育成にとっていい影響を与えない。健全な育成とは、一面的な捉え方ではなくて、物事を多面的に捉えられる精神の育成である。生産性は無駄をなくしていくことによって、向上する。しかし、新たな生産性の開発は、創造的に構築する感性がなければできない。

また、法律さえ守っていれば、後はどんなことをしてもいいというのは、自由に見えて、自由ではない。それは社会的に制裁を受けないだけで、本当は罪を背負いながら生きている姿勢である。

自由とは自らを律するものを持っているとき、自由と言えるのであって、何の規範もないところに自由などありえない。話し合いをするときにはルールが必要であり、一定の規則がないと自由な話し合いはできない。

「事すなわち、道理を得る」とあるが、話し合いを基本にして、合議的に物事を裁決した上で、知恵を結集し、道理のある結論を出すことの大切さを言っている。

注

（1）「子供が育つ魔法の言葉」ドロシー・ロー・ノルト著、石井千春訳、PHP研究所、二〇〇〇年四月二一日二二刷、二・三頁

（2）「マーフィーの成功法則」謝世輝著、三笠書房、一九九四年三月一〇日一刷、八六頁

（3）「強運なくして成功なし」松下幸之助著、PHP研究所、一九九六年四月一五日一刷、一一三・一一四頁

（4）新釈漢文大系第七巻「老子・荘子（上）」平成五年六月一〇日四三版、一〇七頁

（5）ユングは「黄金の華の秘密」（C．G．ユング・R．ヴェルヘルム著、湯浅泰雄・定方昭夫訳、人文書院、一九八一年七月一〇日二刷、一八頁）の中で次のように言っている。

「つまり時間というものは抽象的概念ではなくて、むしろ、さまざまな場所で同時に現れる事象の性質、あるいは基本的条件をつつみこんだ具体的な媒介であると思われるのです。たとえば、同じ考え、同じしるし、あるいは同じ心の状態が、さまざまな場所で同時に出現する場合のように、因果的に説明することはできないが、一種の対応現象といえるような場合がありますます。」

これは時間系列の具体的性格を所有した複数の事象が、無意識に相対的な同時性において生起してくる現象を言っている。

（6）「易と成功法則」J・マーフィー著、しまずこういち訳、産能大学出版部、一九九六年二月一〇日一刷、三

二・三三頁
（7）「易と成功法則」J・マーフィー著、しまずこういち訳、産能大学出版部、一九九六年二月一〇日一刷、三七頁
（8）「強運なくして成功なし」松下幸之助著、PHP研究所、一九九六年四月一五日一刷、一一八頁
（9）「日本占法大全書」佐々木宏幹・藤井正雄・山折哲雄・頼富本宏監修、四季社、二〇〇六年五月二〇日初版、七六・七七頁
（10）「いかにして自分の夢を実現するか」ロバート・シュラー著、稲盛和夫監訳、三笠書房、一九九二年一二月一〇日一刷の訳者解説の部分
（11）「自分に奇跡を起こす心の法則」J・マーフィー著、加藤明訳、産能大学出版部、一九九五年一二月一〇日三刷、一二三～一二五頁
（12）「強運なくして成功なし」松下幸之助著、PHP研究所、一九九六年四月一五日一刷、一一八・一一九頁
（13）「強運なくして成功なし」松下幸之助著、PHP研究所、一九九六年四月一五日一刷、一六三頁
（14）新釈漢文大系「史記」吉田賢抗著、明治書院、平成六年一月二〇日、五六四～五六六頁
（15）「学力は家庭で伸びる」陰山英男著、小学館、二〇〇三年六月一〇日四刷、二四・二五頁
（16）「学力は家庭で伸びる」陰山英男著、小学館、二〇〇三年六月一〇日四刷、二九頁
（17）「学力は家庭で伸びる」陰山英男著、小学館、二〇〇三年六月一〇日四刷、一五・一六頁

第五章　聖徳太子の未来記

一、聖徳太子の未来予言

「日本書紀」の巻二十二には、推古天皇の時代のことが記述されている。この中には聖徳太子の若い頃のことが記録されており、そこに聖徳太子は十人の訴えを聞いてよくこたえたことが記録されている。「日本書紀」巻二十二推古天皇元年春正月十日(1)（五九三年）に次のようにある。

「生《あ》れましながら能《よ》く言い、聖智《さとり》有《ま》しまし、壮に及びて、一たびに十人の訴えを聞きて勿失能弁《あやまちたまわず》。」

ここに聖徳太子は「聖智」が生まれながらにして備り、壮年に達する頃には十人の訴えも聞き分けたことが記載されている。
さらに続いて「兼ねて未然を知ろしめす」とある。「日本書紀」の同条(2)に次のようにある。

「兼ねて未然《ゆくさきのこと》を知りたまう」

これは「未然を知ろしめす」とも読めるので、未来のことを知り、それを語っていると推察される。未然とは未だに起こっていないこと、まだ起こらないことであり、太子は未だに起こっていないことを兼ねて知らされたという意味になる。
聖徳太子は未来を予知する能力があり、未来を知り、将来起こる出来事について語っていたと伝えられている。この未来を予言する能力について「聖徳太子傳暦」太子五歳（五七六年）丙申の年の春三月(3)に、次のようにある。

「敏達《びたつ》天皇は豊御食炊屋姫尊《とよみけかしやひめのみこと》を皇后《こうごう》に立てたまう。即ち太子の伯母である。太子はこの日、乳母《うば》に抱かれ、皇后の前に侍《はべ》りたまい、群臣《ぐんしん》が入拝《にゅうはい》する時、太子は乳母に語りて曰く『大臣が奉拝《ほうはい》の前に、吾れを膝から放《はな》せよ』大臣が入るに及《およ》ぶと、太子は膝から放《はな》れ、太子自からその身を顧《かえり》みて衣《ころも》や袴《はかま》を調《ととの》え定《さだ》め、素早く巡《めぐ》り徐歩《じょほ》し、大臣の前に立ちて、北面に再拝《さいはい》したまう。

時に五歳で起伏之儀《きふくのぎ》を成人に有るが如《ごと》くなした。天皇・皇后は大いに寵愛を加えたまう。

乳母は太子に言った。『吾《わ》が皇子《みこ》は何を以《も》ってか。群臣と共に皇后を拝む』太子は密かに言った。

『汝《なんじ》の知る所に非《あら》ず、あの方は、終《つい》にはわが国の天皇となる』この言葉の如く遂げた。」

ここで太子は推古天皇が将来、天皇に即位されることを予言している。ここで、五才の太子が言うようにこの皇后はやがて日本で始めての女性天皇である推古天皇となり、その予言は成就している。また、聖徳太子には予感があったのだろう。

それは将来、皇后である推古天皇の摂政として、自らが天皇の補佐をして、共に日本を発展させるために、働くという予感にも似た、予言である。これは、聖徳太子にとっては、皇后を祝福し、日本で最初の女帝である皇后を予見した結果、礼儀を取っているとも考えられる。

それだから、他の群臣をさえぎるように前に歩み出て、成人のような振る舞いで皇后を拝み、礼を尽くした。この時おそらく誰も、目の前にいる女性が将来天皇になるなど予想できなかったことだろう。また、この時点で「将来皇后は天皇になられる」ということを言ったなら、誰も相手にしないか、大きな反感をかっていたであろう。

それで太子は乳母に密かに耳打ちをして「この皇后はやがて日本で始めての女性天皇である推古天皇となる」ことを予言し、予祝しているのである。また、太子は自らがその政治を支えていくことを予祝する意味で、礼を行ったとも見られる。

このように、聖徳太子には予言する能力が幼い頃から備わっていたという伝説である。

さらに、伝説は続く、「唐大和上東征伝」の中に鑑真《がんじん》（六八八〜七六三年）という高僧の話が出てくる。天平五年（七三三年）に栄叡《えいよう》と普照《ふしょう》らは、唐の大使に従って、日本から唐へ留学していた。この二人は、唐で鑑真に合い、日本に仏法を広めるために来て欲しいと懇願している。鑑真はすでに、唐でも高僧として名高く、江淮《こうわい》の地で第一人者であったという。

この「唐大和上東征伝(4)」には、次のようにある。

「仏法は東へ東へと流れて日本国にまで伝わりました。しかし日本には仏法はあっても、それを伝える人がおりません。本国には昔、聖徳太子という方がおられて、『二百年ののち、この聖教は日本に興隆するであろう』とおっしゃいました。いまがこの運に当たる時です。和上が東方へ来られて、教化なさるよう、お願いいたしますと申し上げた。

大和上は答えて、いった。

『昔、南岳《なんがく》におられた慧思禅師《えしぜんじ》が亡くなられたのち、日本の王子として生まれ、仏法を興隆し、衆生を済度された、と聞いております。』」


このようにいって、本当に仏法を興隆しなければならない国であり、このことは仏法の為であるから、身命を惜しむことなどないと決意されて、渡航を決心された。

ここに、慧思禅師《えしぜんじ》（五一五〜五七七年）とあるが、彼は天台宗開祖の天台大師智顗《てんだいたいしちぎ》の師であり、中国仏教に大きな影響を与えている。この天台山は、鑑真和上の生まれ育った江南の地にあり、その影響を受けていたと考察される。これは鑑真和上の師である弘景律師が、天台大師智顗《てんだいたいしちぎ》の直弟子《じきでし》である章安大師《しょうあんたいし》から学んでいることからも理解できる。

このように、慧思禅師の後身である聖徳太子が降誕された国である日本に、浅からぬ因縁を感じて、鑑真和上は渡航を決意された。また、「二百年ののち、この聖教は日本に興隆するであろう」という聖徳太子の予言が、彼をして奮い立たせた。だから、伝律持戒《でんりつじかい》の高僧として、江淮《こうわい》の地方では教化の第一人者としての揺るぎない地位を捨ててまで、渡航を決意したのであろう。

天宝二年（七四三年）に出発されたが、それから十二年間、五回に渡って失敗している。日本に渡来した当時のことを、「唐大和上東征伝」(5)はこのように伝えている。


「戒を伝えるため、五度旅の支度を整え、渡海に艱難辛苦し、漂流し、帰着しても、本願を退くことなく、六度目にいたって日本へ渡ることができた。途中、三十六人が亡くなったし、また心のくじけた僧や俗人は二百余人であった。その中で、ただ鑑真和上と学問僧普照《がくもんそうふしょう》、天台僧思託《てんだいそうしたく》とは、始めから終りまで六度、十二年を経て、遂に本願を遂げ、来日して聖なる戒を伝えたのである。」


このように鑑真は、聖徳太子の予言に導かれて、この予言に励まされながら、日本への仏教宣教に信念を燃やしたのであろう。

また、聖徳太子を慧思禅師の生まれ変わりと信じて、ひたすらに信じながら三六人亡くなったにもかかわらず、十二年間かけて日本へ渡来し、律宗を伝えたと「唐大和上東征伝」は語っている。

ここで興味深いのは、鑑真和上は、なぜこの話を疑わなかったか、ということである。

筆者はこれについて、聖徳太子の執念が鑑真和上を突き動かしたのだと思う。日本に行かないではおれない、何か特別な使命を聖徳太子という人物に感じて、鑑真和上は盲目になり、決死の思いをしてまで、日本へ渡ってきた。その背後には、聖徳太子の予言と信念が、これを突き動かしたと思えてならない。もともと慧思には、東方渡来伝説があったようであり、日本に仏法が起こった原因を慧思に求めたのは、当時の中国人から見ると当然でもあったようである。

これについて、国際日本文化研究センター客員教授であり、杭州大学日本文化研究センター所長である王勇（わん・よん）氏は「聖徳太子時空超越[6]」の中で、次のように言っている。

「つまり、慧思の東海再誕の予言があり、その再誕の地を次第に倭国に比定するようになった。かくして『慧思の倭国転生説』が生まれてきたのであろう。その時期は、『大唐国衡州衡山道場釈思禅師七代記』の碑文によれば、開元六年（七一八）を下らない。この伝説は、古来対日の窓口であった江南一帯にとくに流布したらしい。

したがって、『むかし聞くに、南岳の思禅師は遷化の後、生を倭国の王子に託して仏法を興隆し、衆生を救済せりと』と言った鑑真の言葉は、従来のように懐疑的まなざしを浴びることなく、真実そのものとして再認識されるべきである。これを出発点とすれば、鑑真渡日の動機がはっきりと見えてくる。また、南岳慧思と聖徳太子という、二人の偉大な人物が国境と時代を超えて、合体しつつ、われわれに近付いてくる気配さえ感じられる。」

ここで、鑑真の言葉は、従来のように懐疑的まなざしを浴びることなく、真実そのものとして再認識されるべきであると述べている。それは、慧思の東海再誕の予言が聖徳太子によって成就したからであり、鑑真も、日本へ渡って衆生を救済し、自らの使命を果たしており、聖徳太子の予言を成就しているからである。

さらに、聖徳太子の予言は、これから日本の歴史に大きく作用し、予言伝説は続いていく。

二、聖徳太子の未来記

中世の聖徳太子未来記の記事は、歴史的には偽書の部類に入る記事として扱われることが多い。しかし、中世に多く記述された太子未来記の記事には、中世の人びとが生きた時代の生の声が、詰まっている。それは生き方や考え方など、その時代の人びとが持っていただろう気持ちの現れは、この聖徳太子信仰に顕著に見られる。

これは歴史的に事実とは考えにくいことの中にも、大切な真実が隠されていることを物語っているだろう。

そういった意味で、聖徳太子信仰の未来記は、歴史を突き動かす原動力になっていたと考えられる。

また、聖徳太子の予言は、ただ将来を当てるために書かれた書物ではないようである。それは、予言というよりも、来るべき運命を感じて、来るべき将来を見据えて、何か大きなエネルギーが湧き出るような信念が強く働いている。

また、時代を動かす信念の根本を形成したのは、聖徳太子信仰の成せる権能であったろう。その権能が、後醍醐天皇・楠木正成をして突き動かし、鑑真和上をして突き動かして伝説となっていった。

すなわち、彼らが感じたのは、予言が当たるからではなく、聖徳太子が生み出す、歴史の力学が作用したと考えられる。

では、聖徳太子未来記の世界へと、分け入ってみる。

「平家物語」八の巻の寿永二年（一一八三年）七月廿四日に山門御幸《さんもんごこう》(7)の記事がある。これは平氏と源氏の騒乱の中で、後白河法皇が姿を隠し、鞍馬から叡山へと転々とされていた。そのような中で、平氏は都を落ち延びて、源氏も都には入ってこない状況が生まれた。この時、都は主を失った状態であり、神話時代よりこの方、このようなことは聞いたことがない。といった上で次のように言っている。

「聖徳太子の未来記にも、今日の事こそゆかしけれ」

これは、聖徳太子の未来記に何とあるか、今日の事こそ知りたいものだという意味である。このように、聖徳太子の未来記は、予言の書物としてかなり周知されていたようであり、何か異変が起こると、すぐに聖徳太子の未来記が頭に浮かんだようである。

また、鎌倉時代の「聖徳太子伝記」(8)の五歳の項には次のようにある。

「太子五歳の未来記の文、一言相違無し《いちごんそういな》。」

このように「聖徳太子伝記」によれば、聖徳太子は「御記文」を書いているようである。そして、その予言は一つも間違いが無かったという。

この「御記文」について、藤原定家《ふじわらていか》による「名月記」の安貞元年（一二二七年）四月十二日[9]の条に、聖徳太子の予言書のことが記載されている。

それによると藤原定家は、春より伝え聞いていた聖徳太子の「石の記文」を、ようやく今日始めて眼にした。

これは河内国にある太子の御墓の周辺から出土したという。そこに堂を造立するため地をひいていたが、そうすると瑪瑙《めのう》の石が出てきて、これをひき出した。この瑪瑙の石には、太子の予言書である「御記文」が刻されていたという。このように、太子の予言書である「記文」は瑪瑙に刻されており、その「石の記文」に次のようにある。

（主に人の字無し）　（一本、項を責め来る）
「人王八十六代の時、東夷来たる。王を泥し、国を取る。七年
（閏三月に有る年、四月十七日）　（責め来ると雖も、賢王の国となすべし、
丁亥歳三月、閏月に有るべし。四月廿三日、西戎来たりて国を従ふ。
三十ヶ年豊饒。其の後）　（猿猴空より下る）（人命を滅亡す）
世間豊饒たるべし。賢王治世卅年。而も後空より、獼猴《みこうく》狗人類《じんるい》を喰ふべしと云々。」

この石は、四天王寺の聖霊堂に納め終えた。今、見るところ、傍に説明が書いてあったという。

これは後鳥羽上皇が、西面の武士を集めて討幕に向けて、決起した承久の乱（一二二一年）を予言している。この「御記文」が、安貞元年（一二二七年）に発見されているので、六年前のことであり、仲恭天皇（八十五代）の御世のことを予言している。

この当時、北条義時は、執権政治を行っており、政務や軍事の要所を治めていた。この承久の乱は、後鳥羽上皇が、貴族社会の復権のために、倒幕を目指して決起したクーデターであり、北条氏は十九万の兵により、僅か一ヶ月で鎮圧している。

このため、後鳥羽上皇は隠岐に流され、後鳥羽院領は没収された。

「東夷《とうい》来たる。王を泥《でい》し、国を取る。」とあるが、これは北条義時を始めとする鎌倉幕府が、後鳥羽上皇を始めとする公家政権を打ち倒し、国を取ったことを言っている。立場が逆転したのである。

また、「西戎《にしえびす》来たりて国を従う」とは、「獼猴《みこうく》狗人類《じんるい》を喰ふべし」と対応し、「獼猴」は鎌倉幕府を言っており、これが人命を滅亡することを言っている。「賢王」は後鳥羽上皇を意味している。すなわち、悲憤のうちに隠岐に流しされた後鳥羽上皇が、攻められてもなお、強い意思を持って生きていることを言っているのであろう。

また、武家社会がそれまでの貴族社会とは異なり、覇道的でしかも、非人道的に政治を進めようとしていたので、これに対する反発の意味合いもあったと思われる。

中世の社会では「予言」が深くまで浸透していたようで、「名月記」の天福元年（一二三三年）六月二十五日[10]条においてこのような話がある。

「中将家定朝臣宅《ちゅうじょういえさだあそんたく》に扇紙を売る下女《げじょ》があり。其の絵に、『七月廿二《にじゅうに》日に天下滅亡すべし。面白《おもしろ》きの由《よし》』、文字を巌《いわお》・草木《くさき》に書く。其の紙を人に賜《たま》はる。覚悟《かくご》顕然《けんぜん》の由《よし》、下女《げじょ》之《これ》を称《しょう》すと云々。件の紙、院御所《いんごしょ》に進上《しんじょう》し了《おえ》んぬと云々。」

ここで家定は、女性から扇を買って、その絵を見ると「七月二十二日に天下は滅亡するだろう。おもしろいことよ」と、岩や草木の絵に書いてある。女性が言うには、その扇は人から貰ったものだという。

このように物売りの女性にまで広く、予言が浸透していたことが伺える。

さらに、四天王寺にも聖徳太子の「御記文」が伝承されている記事があり、「名月記」の天福元年十一月二十二日[11]に次のようにある。

「天王寺《てんのうじ》又掘り出す新記文《しんきぶん》の披露《ひろう》あり。今月の内に参詣《さんけい》すべきの由《よし》、首を挙げて群集《ぐんしゅう》すと云々。」

四天王寺でも、聖徳太子の予言書である「御記文」が発掘されて、それを披露したという。だから、今月の内に参詣するが、参詣者が群れをなして集まっているという。鎌倉時代の太子傳を踏襲して近世期刊行の「聖徳太子伝記(12)」の三十六歳の項によれば、次のようにある。

「御記文相違《そうい》なく二手跡を拝見したてまつる」

このように「聖徳太子伝記」によれば、聖徳太子は「御記文」を書いているようである。また、「二手跡」とあるが、これは「四天王寺縁起」(荒陵寺御手印縁起)のことであろう。これについて、立教大学教授の小峯和明氏は「中世日本の予言書(13)」の中で次のように言っている。

「寛弘四年(一〇〇七年)八月一日に、四天王寺の金堂の金六重塔から僧・慈蓮が発見したとされる。後年、これを読んだ後醍醐天皇が感激し、書写し手印を押したのでその名がある。後醍醐天皇がこれを太子の未来記と読んだことは間違いないだろう。」

このように、この書物は、後醍醐天皇の手印が押してあることからこの名がある。これは、聖徳太子に習い、後醍醐天皇の左手の手印を二つ押している。これを正本として、門外不出とし、四天王寺から持ち出すことを禁じた。何れにせよ、後醍醐天皇は、聖徳太子未来記を読み、これに感激したのである。この未来記の記述が、南朝方を奮い立たせる原動力になったことは言える。

三、太平記の未来記

さらに「太平記」元弘二年（一三三二年）八月に「楠太子の未来記拝見の事(14)」があり、その中に聖徳太子の「未来記」に関する記述がある。

これは両統迭立《りょうとうてつりつ》の時代であり、楠木正成《くすのきまさしげ》が、鎌倉幕府《かまくらばくふ》の軍を奇襲して大阪の一部を占領し、紀州の湯浅から四天王寺に入ったことがあった。そこで正成は四天王寺に伝わった「未来記」に関わっている。

これは、僧の話によると

「太子が物部の逆臣を滅ぼして、初めてこの寺に仏法を、広めてから後、神代より持統の御代に至るまで、千三百五十七年を記した書である三十巻は、『前代旧事本紀』と名づけて、卜部家でこれを相伝して、有職を立てている。文武より桓武の御世延暦十年に至るまで、九十六年を記しているのは『続日本紀』と言い、三十巻である。

中略

『日本三代の実録』と言う五十巻、清和・陽成・光孝の御世まで帝王五十八代、国史千五百四十七年、まるで鏡に向かうようである。これらはみんな知っていることであるから、容易である。この他に一巻の秘書を留められている。これぞ持統天皇の御世より以降、世代《せだい》の王業《おうぎょう》、天下の治乱《ちらん》を太子自《みずか》ら記されている。庫蔵に納めて後、いまだ見た人がいるとは、伺っていない。」

ということである。

このように、聖徳太子の未来記があるが、誰も見ていないらしい。

しかし、楠木正成は熱心に懇願し、特別の計らいによってこれを許されている。秘蔵の銀鍵を取り出して、金軸の書を一巻取り出し、不思議の記録一段を拝見している。

これについて「太平記」の「楠太子の未来記拝見の事[15]」に次のようにある。

「人王《じんのう》九十五代に当たって、天下一《ひと》たび乱れて主安《やす》からず、この時東魚《とうぎょ》来たって四海《しかい》を呑《の》む。日西天《せいてん》に没する事三百七十余箇日、西鳥《せいちょう》来たって、東魚を滄《く》らう。その後海内《かいだい》一に帰する事三年、獼猴《みこう》の如くなる者天下を掠《かす》むること五十年、大凶変《だいきょうへん》じて一元に帰すなり云々」

ここに、「人王九十五代」とあるが、日本古典文学全集「太平記[16]」の注には、「人王九十五代は後醍醐天皇。古態本の諸本は『九十六代』。」とあり、これは九十六代後醍醐天皇を意味している。

これを見た正成は、不思議に思ってよくよく思案をしている。

これを考えると、先の帝はすでに、正成の時代には人王の初めより、九十六代に当たっており、「天下一《ひと》たび乱《みだ》れて主安《やす》からず」とあるのは、後醍醐天皇が討幕を計画し、元弘の変で失敗しており、まさに正成の時代を言っている。

「東魚《とうぎょ》来たって四海《しかい》を呑《の》む」は、逆臣《ぎゃくしん》北条高時《ほうじょうたかとき》の一族の幕府が来て、後醍醐天皇《ごだいごてんのう》は四方が海の隠岐《おき》へ流された。また、魚は北条氏の象徴で、これが日本の「四方」全国を制覇している様子であろう。

「日西天《せいてん》に没する事」は、後醍醐天皇が、隠岐の島へ流されている状態であり、「三百七十余箇日」は、明けた年（一三三三年）の夏頃には、後醍醐天皇が島流しから戻られて、再度帝位に就かれることを言っている。

「西鳥《せいちょう》来たって、東魚《とうぎょ》を飡《く》らう。」は、一三三三年に鎌倉幕府が一五〇年の歴史を閉じることであり、西鳥は楠木正成ら後醍醐天皇の一派と考えられる。

「その後海内《かいだい》一に帰する事三年」は、後醍醐天皇に帰る期間は三年であり、一三三六年に北朝が光明天皇を立てて、後醍醐天皇は吉野の山へ逃げている。ここから南北朝の内乱は激化していく。

「獼猴《みこう》の如くなる者天下を掠《かす》むること五十年」は、足利尊氏のことであり、一三九二年に南北朝が合体するまでの期間で、室町幕府が権力を握っていく様子を言っている。

これを楠木正成は知って「天下の反復遠からじと頼もしく感じた」ので、金刀を老僧に与えている。

また、「これは聖徳太子が未来を鑑みて、書置きしているものであるから、古代中国王朝の盛衰のように、世の変化が少しも違わないのは、暦運が周期するようで、不思議である。」

と述べている。

楠木正成は、この予言のことを、「不思議なりし讖文《しんもん》」と言っている。これは讖緯《しんい》説のことで、天の運行の周期によって王朝が交替し、革命が起こる説のことを言っている。すなわち、予言とは王朝の盛衰のように周期があり、その周期を聖徳太子は見て、このように予言しているのだろうと正成は考えている。

だから、彼はただ天の周期である聖運を待ち、兵は赤坂城に置いて、自分は千早城にたて籠もっている。

この千早城において、楠木正成は何万もの兵力を持つ幕府軍を少数の兵で迎え撃ち、これが幕府の権威を失墜するきっかけになっていく。

ところで、鎌倉中期の公家で吉田隆長《よしだたかなが》（一二七七〜一三五〇年）が、兄である吉田定房《よしださだふさ》の日記や口伝を集めてまとめた書に、「吉口伝《きっくでん》」がある。これは別名「夕郎故実《せきろうこじつ》」とも呼ばれ、この中に吉田定房の夢解きの話がある。

ここにも未来記の記述があり、この未来記は、楠木正成が未来記を見た同じ年である元弘二年（一三三二年）に、四天王寺本と異なる全く別系統の未来記を、吉田定房は、藤原家倫所蔵本によって伝承していることを語っている。

これは藤原家倫《ふじわらいえみち》が、夢解きをするために、家蔵で所持する未来記を引用したもので、この時すでに未来記は五十巻あり、この内容を部分的に所載している。

しかも、これは楠木正成が未来記を見た同じ年である元弘二年（一三三二年）に、四天王寺本と異なる全く別系統の未来記が存在していることを提示している。

さらに、これには藤原家倫本《ふじわらいえみちぼん》五十巻の他に、東大寺宝蔵《とうだいじほうぞう》に朱塗《しゅぬ》りの箱あり、此の箱の中に八寸の鏡あり、鏡の裏にある銘文未来記などの諸本が記載されている。その中で、南都招提寺本《なんとしょうだいじぼん》の「太子勘未来記《たいしかんみらいき》」(17)によると次のようにある。

「人王九十六代、天下大いに兵乱す。東魚《とうぎょ》来たりて之《これ》を静《しず》む、而《しこう》して後《のち》、西鳥《せいちょう》は東魚を食う。」

さらに同書所収の「陸闞《むつ》未来記」(18)によると次のようにある。

「人王九十六代、天下に兵乱《へいらん》大いに起きて。東魚来たりて之《これ》を静《しず》む、其《そ》の後《のち》、西鳥《せいちょう》は東魚を食う。」

このように、「東魚」である鎌倉幕府が、後醍醐天皇を隠岐に流して権力を取るが、「西鳥は東魚を食う」とあるように、鎌倉幕府は滅亡して、西鳥である後醍醐天皇が帝位に就くと予言されている。

これは未来記の系統が複数存在していることを暗示すると同時に、後醍醐天皇が隠岐へ流される事件をきっかけにして、未来記が歴史の表舞台に出てきたことを窺わせる。

この系統を考える場合考慮することは、この異本の内容において、一致する側面は何かを的確に捉えることである。

この南都招提寺本の内容を見ると、九十六代で天下が乱れ、西鳥と東魚が対句的に用いられて、西鳥が最終段階で勝利することを暗示している。

また、四天王寺本では、九十六代で天下が乱れ、西鳥と東魚が対句的に用いられて、西鳥が最終的に勝利することを暗示している。すなわち、この二つの未来記の系統については、南都招提寺本と四天王寺本の間には、共通する原書があったと考察できる内容である。

また、後鳥羽上皇の未来記の記述と後醍醐天皇の未来記の記述には、明らかに違いがあり、後醍醐天皇の未来記の記述には、明確に将来的希望が感じられる。このことから、聖徳太子未来記は、一概に後世の偽作とは言えない内容を歴史的に持っている。

ここまで、中世の聖徳太子未来記について論述してきたが、ここまでで言えることは、南朝方にとって、聖徳太子未来記は歴史を動かす原動力として、その信念の源泉だったといえるであろう。これが本当に当たるのか、ということよりも、聖徳太子の持つ強い磁場に引っ張られるように導かれている。聖徳太子の未来記には時代を変える力があり、これが南朝方を支える信念ともなっていたのであろう。

注

(1)「神典」大倉精神文化研究所編集、大倉精神文化研究所、昭和六二年一月三一日一二版、六二〇頁
(2)「神典」大倉精神文化研究所編集、大倉精神文化研究所、昭和六二年一月三一日一二版、六二〇頁
(3)「聖徳太子全集」第二巻・聖徳太子伝上、聖徳太子奉讃会監修、臨川書店、昭和六三年五月一〇日復刻、七三頁　意訳している
(4)日本の名著二「聖徳太子」中村元責任編集、中央公論社、昭和四五年四月一〇日初版、四三二頁
(5)日本の名著二「聖徳太子」中村元責任編集、中央公論社、昭和四五年四月一〇日初版、四五二頁
(6)「聖徳太子時空超越」王勇（わん・よん）著、大修館書店、一九九四年七月一日初版、一五二～一五三頁
(7)日本古典文学全集四一「平家物語」②一九九四年八月二〇日一刷、九七～九八頁
(8)「聖徳太子全集」第二巻・太子傳上、聖徳太子奉讃会監修、臨川書店、昭和六三年五月一〇日復刻、二九六頁　意訳している
(9)「名月記」第四巻、今川文雄著、河出書房新社、昭和五三年五月一五日、二九七頁
(10)「名月記」第六巻、今川文雄著、河出書房新社、昭和五四年五月一〇日、六四頁
(11)「名月記」第六巻、今川文雄著、河出書房新社、昭和五四年五月一〇日、一〇四頁
(12)「聖徳太子伝記」伝承文学資料集成・第一輯、牧野和夫編著、三弥井書店、平成十一年五月二十八日、二一

五頁

(13) 岩波新書　新赤版一〇六一「中世日本の予言書」小峯和明著、岩波書店、二〇〇七年一月一九日一刷、八六頁

(14) 日本古典文学全集五四「太平記」①長谷川瑞翻訳、小学館、一九九四年一〇月二〇日、三〇一～三〇六頁参照

(15) 日本古典文学全集五四「太平記」①長谷川瑞翻訳、小学館、一九九四年一〇月二〇日、三〇一～三〇六頁

(16) 日本古典文学全集五四「太平記」①長谷川瑞翻訳、小学館、一九九四年一〇月二〇日、三〇四頁の注記部分

(17) 続群書類従巻　第三百十「吉口伝」太田藤四郎著、続群書類従完成会、昭和一六年一二月二〇日、九一〇頁

(18) 続群書類従巻　第三百十「吉口伝」太田藤四郎著、続群書類従完成会、昭和一六年一二月二〇日、九一〇頁

第六章　聖徳太子の運命学

観相力に優れ、瞑想の奥儀も極め、神通力を持つ聖徳太子は、運命学の達人。日本の建国記念の日は、聖徳太子が予言思想によって決定し、観相学・天文学・地理学によって予言もしている。

一、聖徳太子の神通力

▼勝利を呼び込む聖徳太子の神通力が、日本に仏教を広めた▲

聖徳太子の父である用明天皇《ようめいてんのう》は、体が弱く病弱であった。そのため、聖徳太子は父を思い懸命に看病している。

「聖徳太子傳暦《でんりゃく》」太子十六歳の夏四月(1)（五八七年）に、次のような話がある。

「天皇が豫《おも》わぬことになり、太子は衣帯《いたい》を解《と》かず、日夜病《やまい》に侍《はべ》りたまう。天皇が一飯なら太子も一飯、天皇が再飯すれば　太子も再飯《さいはん》す。香炉《こうろ》を撃《う》って祈り請《こ》い、音の響《ひびき》は絶《た》えず。」

天皇が病気になれば、太子は衣帯《いたい》を解かず、日夜看病《にちやかんびょう》し、天皇が一飯ならば、太子も一飯、天皇が再飯すれば、太子も再飯する。香炉を撃って祈り請い、その音の響きは絶えることがなかったという。用明天皇はこの後、仏法に帰依することを宣言したが、これには天皇の個人的な信仰という以上に大きな意味が含まれていた。それは仏教が日本の国教としての位置を確立する基となる宣言だからである。この用明天皇を仏教へと突き動かしたのが、聖徳太子の祈りの念だったと思われる。

この用明天皇をして祈りに心を向ける、その力は聖徳太子の真摯な祈りの心に現れている。

ところで、この伝承のもとになっている書物は「聖徳太子傳暦《でんりやく》」であるが、これは別名「平氏太子伝」とも称され、延喜十七年（九一七年）に藤原金輔《ふじわらかねすけ》が撰説したと言われている。

この書物は、先行した聖徳太子の伝承を集大成した書物で、歴史的に見ても、この傳暦がその後の太子信仰に与えた影響は少なくない。また、聖徳太子の伝承を最も系統だって述べている点において、太子伝承の研究にとっては、重要な役割を担っていると言える。
この聖徳太子伝承の記述に則って、東洋科学的に解読を試みることが本論の意図するところであり、これによって伝承が行われた背景やその背景に潜む時代精神や技術がどのようなものであったかを知ることは、研究対象として相応しいと考えている。その中で、聖徳太子が秘かに伝承している内容も含まれるので、これをさらに解読していくつもりである。

さて、この用明天皇《ようめいてんのう》が崩御《ほうぎょ》されて物部氏《もののべ》は、穴穂部皇子《あなほべのみこ》を擁立し、蘇我氏と対決姿勢を強めていった。蘇我馬子《そがのうまこ》は、豊御食炊屋姫《とよみけかしぎやひめ》や泊瀬部皇子《はつせべのみこ》などを味方につけ物部守屋《もののべのもりや》を討伐《とうばつ》すべく軍を上げて、渋河《しぶかわ》（八尾市）の館の稲城《いなぎ》を攻めたが、抵抗が強く、三度も退却せざるを得なくなる。

この時に聖徳太子は、白膠《ぬりで》の木を切り取って四天王《してんのう》の像を作り、次のように誓願している。（「日本書紀」巻二十一崇峻天皇二年六月二十一日[2]）。

「今若《も》し我をして敵に勝たしめば、必ず当《まさ》に護世四天王の奉為《みため》に寺塔を起立《た》てむ」

ここで、「今もし、私たちが敵に勝てたなら、必ず四天王のために、お寺を建設しましょう。」と太子は誓願された。

このように誓願して戦ったところ、蘇我の軍は物部守屋を討ち、物部氏は敗退した。

聖徳太子の祈りは、敵軍をも打ち負かす程の力が備わっていることを伝えており、この戦いの勝利によって国家は大きく前進を始める。

この戦いから六年後の推古天皇元年（五九三年）には、大阪に日本最初の官寺である四天王寺の建立を開始している。

聖徳太子が四天王に祈って、祈念したのは、四天王が帝釈天の須弥山を守る、仏法守護の神様だからである。

これは持国天《じこくてん》・増長天《ぞうちょうてん》・広目天《こうもくてん》・多聞天《たもんてん》のことであり、東門・南門・西門・北門の四方の門を守る神様のことである。

特に多聞天《たもんてん》は、単独で祀られており、毘沙門天《びしゃもんてん》として武人の神様となり、上杉謙信などによって崇拝されるようになる。

もともとは、方位の守護神であったが、日本では勇ましい姿で祀られることが多い。

聖徳太子の神通力は、非常に優れていたようで、武力をもって知られる物部の軍隊に対しても、非常に有効に作用したようである。

また、聖徳太子の祈りの力が、用明天皇を動かし、日本を仏教国へと方向付けた原動力になっていることは、その祈りの力の作用が現在まで継続しているということを物語っているよう。それは太子の神通力という以上に、太子の真摯な祈りが、奇跡を呼び起こすという表現の方が適切かも知れない。そもそも、聖徳太子には、このような奇跡を起こす強力な磁場が働いており、その磁場が数々の艱難を乗り越える力となり、このような伝説を生み出したと考えられる。この真摯なる祈りがあったから、人びとは太子に崇高なる精神を感じ、天皇をも動かしたのであろう。この太子の祈りは大きな力を持ち、それは現在の日本人にも大きな恩恵を与えている。

二、方術の奥義と聖徳太子

▼聖徳太子は方術の奥義を極め、他界と交流し、瞑想状態によって、仏典の欠落部分を夢のうちに読み解いた▲

日本に東洋科学が渡来したとき、聖徳太子は山背臣日立《やましろおみひたて》に「方術」を学ばせて、日立はこれをよく習ったという。

「方術」というのは、神仙道を極めた道士の行う儀礼や呪術を意味しており、その内容は多岐に渡る。また、神仙道を行うものには、巫祝《ふしゅく》または、童乩《タンキー》と呼ばれる者もおり、これらは呪術的性格が強い。

一般的に方術として知られているものに、お守りである護符があり、これを符咒《ふじゅ》という。符咒というのは、敬天崇地思想を起源としており、これは天地自然・宇宙万物の精気を、道祖と称えられる太上老君（老子）や黄帝などによって文字や図形に描かれたもので、神様の力がそこに宿るとされている。つまり、もともとは神仙が、天地自然の天象や数理を形象化したもので、これはそれぞれの神様に力を頂く暗証コードであると考えられた。

中国方術大全の黄意明氏の「符咒《ふじゅ》」(3)という書物の中では、およそ十の階層に、道教系の諸神を区分している。

第一層次は、宇宙の根源にして始元の神様で、第二層次は三霊五老天君《さんれいごろうてんくん》・三十二天帝《てんてい》など、第三層次は五斗聖君《ごとせいくん》・二十八星宿《せいしゅく》などで、どんどんと階層が下がる程、神様の働きも身近になっていく。第六層次では風の神・雨の神から第十層次の国の神様や土地の神様まで続く。

このような神様と通じる手段として、符咒があり、これには「五岳真形図《ごがくしんぎょうず》」や「北斗七星霊符《ほくとしちせいれいふ》」などがある。この符咒を用いる際にも、決まりごとの作法があり、神咒（唱える言葉）や観想法（イメージ法）などを伴う。それは、お願いする内容によって、頼む神様も異なってくるため、様々な符咒や呪文・作法が開発されている。

また、方術は非常に多岐にわたる内容を含んでいるが、多岐にわたる方術の中でも、その眼目は、不老不死の体を作り、神仙の世界で生きることであった。

そのために開発されたものが、「気」の概念であった。気は元気の気、やる気の気、本気の気であり、日本では「気持ち」を意味している。病気とは、気が病むこと、つまり、気のバランスが崩壊し、気が弱くなると病気になると考えられた。

道教ではこの気を管理する神様がいると信じられており、神様は人の寿命をその人の行いによって決定していると考えられている。

窪徳忠《くぼのりただ》氏は「道教百話[4]」の中で、人間の過ちを監視する神様についての話を紹介しておられる。


「この天地のあいだには、実に多くの神々がいるが、その中には、人間の日ごろの行いをくわしく監視する役目だけをもっている神々がある。そんな神々は、司過（しか）の神といわれている。

司過の神は、人間の行いをことこまかに記録し、その罪過の軽重によって、人間の生命をうんとちぢめたり、わずかちぢめたりするのである。重い場合には紀、すなわち三百日、軽いときには算、すなわち三日の生命を、それぞれ減らす。人間の寿命は、生まれたときから百二十歳ときまっているのだから、たびたび大きな悪事を働けば、寿命が大きく減らされて、早く死んでしまうわけである。

司過の神は、一柱だけではない。天にいる神としては、三台、北斗、玄天上帝などがあげられる。これらはすべて星を神としたものであって、三台は、上・中・下にわかれ、上台は生命を、中台は手柄を、下台は俸給をつかさどるといわれている。北斗は北斗七星、玄天上帝はいわゆる二十八宿という星のうちの北方の七宿の神格化で、玄武、真武大帝ともいう。

これらの神々は、天にいるだけでなく、ときどき地上に下ってきて、自分の目で人間どもの行いをたしかめる。たとえば、北斗は、毎月三と七のつく日、庚申と甲子の日に、玄天上帝は毎月の三日と二十七日に、それぞれ地上に下ってくるというぐあいである。

しかし、司過の神は天上にいるだけではない。地上にもいる。家にいるかまどの神、人間の身体のなかにいる三尸（さんし）などがそれである。かまどの神は、毎月みそかになると、天にのぼっていって人の罪状をつげるし、三尸は庚申の日ごとに人間の行いを報告にいく。ことに三尸は、人間が死ねば、その身体のなかからぬけだして、鬼となり、あちこち飛び歩いてはまつりをうけることができるので、なるべく早く人間を殺そうと考えているおそろしい神だ。だから、庚申の日には大いに身をつつしんで徹夜をしなければならない。

天に人間の罪や悪事の報告に行くものは、まだある。身体のなかにいる三魂と七魄もその仲間である。だから、これらのものに報告されないように、よくまつりをしたり、まじないその他の方法で、これらを駆除してしまわねばならない。いや、それよりも、悪い行いをせず、よい行いをするように心がけるのが、もっともよい方法である。」

このように、人間の寿命は神様によって監視されており、神様はその人の行いを見て、その人に見合っただけ、寿命を与えていることが分かる。その人の寿命は、神様だけではなく、さらに、三尸などが、庚申の日ごとに人間の行いを報告にいくといっている。

三尸《さんし》は上尸・中尸・下尸とあり、これは上丹田《じょうたんでん》・中丹田《ちゅうたんでん》・下丹田《かたんでん》に住み、人間の病気を引き起こすと考えられた。

そのため、この上丹田・中丹田・下丹田の気の巡りを良くすることが、健康の秘訣だと考えられている。

この丹田とは気の経路に沿ってある気のセンターで、上丹田とは、印堂《いんどう》のことで眉間《みけん》の少し上にあり、中丹田は鳩尾《みぞおち》のあたりで、いわゆる壇中《だんちゅう》のこと、下丹田は臍下丹田《せいかたんでん》と言うようにへその一寸下の辺りをさしている。これは気のセンターなので、身体感覚が鍛えられると自然に内部に気の感覚が湧いてくる。

この気の感覚を磨くために開発されたものが、調息である。調息とは、呼吸法であり、人体に気を巡らすためのイメージ訓練や神と通信する瞑想法も進んで行われている。これを胎息法といい、これには服気法や行気法・練気法などがある。

さらに、守一といって、宇宙の中枢にいる太一神を守る瞑想法があり、これを存思法という。

また、深層心理学者のカール・ユングは「黄金の華の秘密」(5)の中で、「太乙金華宗旨《たいおつきんかしゅうし》」の光を巡らせる回光瞑想法《かいこうめいそう》について解説しておられ、次のように言っている。

『黄色の中心』をつらぬいている原理は、偉大な『易経』に語られている。正しい姿勢をとって身体〔本体〕の中にいることは、神秘の関門の前に立つことを意味している。〔瞑想を始めたら〕深夜〔午前零時〕と真昼〔正午〕の間、呼吸を調えて堪えねばならない。瞑想して、光が先天的空間〔みえざる身体〕をめぐるようになれば、すべての霊妙なはたらきは調和する。生命の仙薬の誕生は川の水源〔水の領域、下腹部〕から起こり、一つの気が立ちのぼる。さまざまの変化や変形のまっただ中を通って、黄金の光が経験される。そのときから、真紅の太陽が明るく輝き始める。しかしこのとき、人びとはよく、女性原理と男性原理の種子を誤解することがある。心臓〔中丹田、意識の座〕と腎臓〔下丹田の水の領域〕のエネルギーがまだ離れているのに、これをいかに結合しようと努力しても、人間の内なる『道』は天上の心と結びつくことはできない。〔したがって、さらに修行をつまなくてはならない。〕

天が人間の中なる『道』と統合する段階まで至れば、人間の中なる『道』と天なる『道』は一致する。」

ここでユングは「黄金の光が経験される」方法について述べている。さらに天の道と人の道を統合する方法についても述べている。ここに、「黄金の光」とあるが、これは黄金瞑想法でも、黄金の光をイメージしていくので、太陽と一体化していく方法について書いているものと思われる。ここで、注目されるのは、黄金の光の経験であり、この経験は深い瞑想状態に起こり、しかもその光は、陰陽原理を統合していくという点にある。

さらに、「光が先天的空間《せんてんてきくうかん》〔みえざる身体〕をめぐるようになれば、すべての霊妙《れいみょう》なはたらきは調和《ちょうわ》する」ともある。

このような体験について大宮司朗《おおみやしろう》氏は「古神道行法入門(6)」の中で宮地神仙道《みやじしんせんどう》を紹介しておられ、次のように言っている。

「霊胎とは、玄胎とも、天胎ともいい、五元の気を感念の力によって凝結させ、肉体に似た一種の霊的な身体を造るものである。神仙はこれにみずからの霊魂を依《よ》らしめ、顕幽自在《けんゆうじざい》に活動する。いわゆる『身外に身を生ずる』とはこのことをいうのである。」

人間の肉体はいつか滅びるが、滅びない魂が滅びない器をもつことを、霊胎と言っている。これは有限から無限の世界へ入り、また有限の世界へ戻ることを言っており、生死を超越した状態を、霊胎と表現している。さらに、同書(7)に次のようにある。

「眼前に見えてきたその色は変転して数色が替る替る現れて、また元の一色に還る。このとき数色のなかに童子の形が見えるのが最もよく、これが脱魂凝結《だっこんぎょうけつ》のはじめである。なんらかの形がみえはじめても、その色が黒いままで、変色しないのは妄想の産物であるから、そのような時は続けて修しても意味が無い。」

このように、「光の体験」は、神仙道の瞑想において、よく言われており、深い瞑想に入ると感性が研ぎ澄まされて、精神が安定し、雑念が消え、迷いの一切無い、純粋な光に包まれたような気持ちになるという。また、このとき光のなかに童子の形が見えるのが最もよく、これが脱魂凝結《だっこんぎょうけつ》のはじめであるという。これをユングは、ダイヤモンドの身体と表現しているが、これは「見えざる身体」のことであり、「身外に身を生ずる」ことである。

これについて、聖徳太子も、夢の中で、金人と語っていたということが、「上宮聖徳法王《じょうぐうしょうとくほうおう》帝説《ていせつ》」(8)に記載している。

「金人来たりて、解《さと》らぬこと義《ことわり》を教ふと見る。太子寤《さ》めて後に、即ち解る。乃《いまし》以って師に傳《つた》ふ。」

とあるように、金人が夢に来て、経典に書いてない、師匠も分からないことを、教えてくれたので、それを師匠に伝えにいったという。金人というのは、夢の中で出たというが、これは道教の黄金瞑想をしていた可能性があり、黄金瞑想による回光体験と繋がりがあると思われる。また、夢の中とあるように、聖徳太子は無意識の領域において、神秘的な啓示を受けることがあり、金人もその一つである。ユングが言っているように「天が人間の中なる『道』と統合する段階まで至れば、人間の中なる『道』と天なる『道』は一致する。」

聖徳太子が夢の中で金人と話をしたというのも、道教的世界では、道を究めて、全てを見通す神仙の境地に立っていることを「仙境」という。この仙境の境地と太子の夢殿における瞑想中の体験は、同じ境地を言っているのであろう。これは、有限の世界から無限の世界へ行き、また有限の世界に戻ることであり、これを深層心理学者のユングは、「『道』と統合する段階」と言っている。聖徳太子は、夢の中で他界とつながり、夢殿における瞑想で、神仏と交流していたと思われる。

三、聖徳太子の観相学

▼目を見ただけで、その人の運命は読み解ける▲

敏達天皇《びたつてんのう》は、敏達十四年（五八五年）に崩御《ほうぎょ》されたので、広瀬《ひろせ》に殯宮《もがりのみや》を建てた。聖徳太子の父である橘豊日皇子《たちばなのとよひのみこ》が跡を受けて、即位して用明天皇《ようめいてんのう》となった。

この用明天皇は、短命の身の上であることを悟るかのように、我が子である聖徳太子に「私の寿命は永くないか」と自分の運命を聞いている。この時すでに用明天皇は、自分の寿命が長くないことを悟り、聖徳太子に自らの運命を託したのであろう。

十五歳の聖徳太子は次のように答えたと「聖徳太子傳暦」の太子十五歳（五八六年）の春正月(9)にある。

「太子答えて曰《いわ》く。過去の因也《いんなり》、兒《みたまや》が身から僅《わず》かに脱《ぬ》けたまい、子孫に及《およ》ぶ。尸解《しかい》し仙《せん》に登《のぼ》り、魂《たましい》は蓮華《れんげ》を胎《たい》となす。亦何《またなに》を恨《うら》む。如何《いかに》、可《べ》きは無《な》し」

これは、太子は答えて曰《いわ》く。過去の因縁なり、兒《みたまや》が僅《わず》かに身から脱《ぬ》ける。ああ子孫に及《およ》びゆく、尸解《しかい》をなして、仙に登り、魂は蓮華の花を胎となす。また何を恨むことがあろうか。そのようにすべきではないという意味である。

このように過去の因縁が原因で、寿命が短く、先が長くないことを天皇の相を観て太子は判断している。

このことは、聖徳太子は、天皇の先が長くないことを理解し、用命天皇に自らの心を浄化し、魂のために生きていく生き方を選ばせていると考えられる。

ここで太子は、因縁のために用明天皇の寿命が短いことを予言し、そのことを尸解登仙と表現したと思われる。

ここの原文に「尸解登仙《しかいとうせん》」とある。

この尸解とは、蛇が脱皮して古い表皮を脱ぐように、身体とは別に修行して霊体を完成し、この仙人の霊体は肉体を脱皮して、現世と仙境《せんきょう》に自由に出入りできる状態のことを言っている。

すなわち、この尸解《しかい》とは、抜け殻から脱皮した蛇のように、身体から本体が抜けて、本体ごと登仙《とうせん》することであり、死体から本体が抜けて不老不死の神仙世界へ昇天《しょうてん》することをいっている。

「日本書紀」に聖徳太子の「聖は聖を知る」で有名な仙人の物語でも、仙人が尸解している。この「尸解」については「日本書紀」推古天皇二十一年（六一三年）冬十二月[10]に次のようにある。これは意訳したものを記載しておく。

「皇太子（聖徳太子）が片岡に行った時に、飢えた者が道の辺に寝ていた。よって名前を聞かれたが、言わなかった。皇太子は見て、飲食を与え、自分の衣装を脱いで、飢えた者に与えて着せて言った。『安らかに寝てください』そこで歌を読まれた。『しなてる片岡山に、食に飢えて、寝ているその旅人は哀れである。親がなくあなたも、生まれたのではないだろうに。竹を出して下さる主人は、ないものだろうか。食に飢えて、寝ているその旅人は哀れである。』二日目、皇太子は、使いを遣わして餓えた者を見に行かせた。使いが帰って言うには『餓えた者は、すでに死なれました。』ここに太子は、大いに悲しまれて、これによって、その処に埋葬し、墓を固めて封じられた。

数日たった後、皇太子は側近のものを呼ばれて、言われた。『先日の道に寝ていた餓えた者は、それはただの人ではない。必ず真人（ひじり）であろう。』と言われた。使いを遣わして、見に行かせた。使いが帰って言うには『墓のところに至って見れば、墓を固めて封じた処は動いてはいなかった。けれども、開いて屍骸を見てみると、すでに無くなり、空になっていました。ただ差し上げた衣服はたたんで、棺の上に置いてありました。』そこで太子は、また使いをやって、その衣服を取らせて持ってこさせ、いつものように、またその服を着られた。その時代の人たちは、本当に不思議に思って、こう言った『聖人が聖人を知るというのは、これは真実のことだなあ』と言い、驚嘆しあった。」


これは道教で言う尸解のことであり、肉体ごと登仙している状態を言っている。

すなわち、この尸解とは復活であり、「道」の修行に徹したものは、極限に達すると神仙からの祝福を受けて、生死を超越した永遠の生命の世界に入る。これは、死んでもなお生き続ける永遠の生命の世界に、神仙の修行によって達することを言っている。

ところで太子は、用明天皇の寿命が短いことを「尸解登仙」と予言したが、用明天皇は用明二年の秋に病死している。

太子の予言が成就しているとすれば、魂は蓮華の花に包まれて登仙したのであろう。

これまで、用明天皇について論述したが、さらに崇峻天皇《すしゅんてんのう》について考察していく。

その後、泊瀬部皇子《はつせべのみこ》が、崇峻天皇《すしゅんてんのう》として即位（五八八年）された。「聖徳太子傳暦」太子十七歳（五八八年）の春三月(11)に次のようにある。

「天皇は密《ひそ》かに太子を召《め》したまい曰《いわ》く。『汝《なんじ》には神通《じんつう》の意《こころ》が有り、人の相《そう》を能《よ》く告《つ》げると人は言う、汝《なんじ》、朕《ちん》の体《からだ》を相《そう》して、形跡《けいせき》有るなしや。』太子は奏《そう》して曰《いわ》く。『陛下の玉体《ぎょくたい》は実《まこと》に仁君《じんくん》の相《そう》が有《あ》り。しかれども、恐《おそ》らくは非命《ひめい》、たちまちに至《いた》る。伏《ふ》して請《こ》う、能《よ》く左右《さゆう》を守り、姦人《かんじん》を容《い》れることなかれ。』天皇はこれを問《と》いたまい、『何を以《も》ってこれを知るか。』

太子は曰《いわ》く。『赤紋《せきもん》が眸子《まなこ》に貫《つらぬ》く、傷害《しょうがい》の相《そう》を為《な》す。』天皇は鏡を引きたまい、これを視《み》て大いにこれを驚きたまう。太子は左右に言いて曰《いわ》く、『陛下《へいか》の相《そう》は、たがいに伝《つた》うべからず。これ過去の因縁《いんねん》なり、もし三宝を崇《あが》め、魂《たましい》を般若《はんにゃ》に遊ばせば万分の一、幾《いく》ばくか免《まぬが》れんかな、即《すなわ》ち群臣《ぐんしん》の左右に命じ、能《よ》く陛下を護衛し、奉れ』」ている。

ここで天皇は、観相能力に優れていると言われる聖徳太子を呼ばれて、人相を見てもらっている。

これに太子は「天皇は優れた君主のように慈愛に溢れた相をしている。しかし、恐らく思いがけない災難《さいなん》で、非業《ひごう》の死を遂《と》げるであろう。だから、伏してお願いする。あまり卑猥なものを視界に入れないようにしてください。」と答えている。

天皇は驚かれて、「何を根拠に、そのようなことを言うのか」と太子に聞かれた。

太子は「目の中に赤い筋が貫いている。これが傷害の相をなしている。」と答えている。

天皇は鏡で自分の目を見て驚かれた。

太子は周りのものに「この相のことは他のものに伝えてはならない。これは過去の因縁のために起こっていることだから、仏法を信じ、仏を崇め、僧侶を敬って、実相を見極めて鎮魂に勤めれば、万分の一でもこの災難を免れることができるかも知れない。だから天皇をよくお守りして、護衛するように」と伝えている。

しかし、その甲斐もなく、その後まもなくして崇峻天皇は殺害された。

この瞳に赤い筋が出ているのは、赤紋《せきもん》と言われ、命に危険がある傷害の相と見られている。

そもそも長濱善夫《ながはまよしお》医学博士の「東洋医学概説《とうよういがくがいせつ》」(12)によると、五行に対応して五根というものがあり、眼は肝臓に配当され、舌は心臓に配当され、唇は脾臓に配当され、鼻は肺に配当され、耳は腎臓に配当される。

このように五行思想では目は、肝臓に配当され、肝臓は血液を蓄積し、調整する働きがあり、血液を浄化する役割を持っている。

長濱善夫氏は同書で、(13)「東洋医学において、肝・腎の虚として表現される症候群が、膵臓《すいぞう》の機能低下症状《きのうていかしょうじょう》とみなされるものとよく似ている。肝臓と膵臓とは発生学的に極めて密接な関係のある同系器官であることや、膵臓と副腎との平衡関係（例えばインシュリンとアドレナリンとの拮抗）などあわせて考えると、『肝・腎』機能の一部に、膵臓の機能が含まれているらしいことが推測される。」と記している。

そのため、東洋医学では肝の働きは膵臓の働きも含めた範囲で考えられており、腎機能とも関係している。

この肝機能が低下すると筋肉が落ちて、爪が薄く割れやすくなり、イライラしやすい抑鬱状態になる。また、目が充血したり、乾燥したり、かすみ目などが起きる。

さらに、目の充血は、「血行障害」が原因で起こり、目を酷使していないのに、赤くなる

のは強いストレスを感じるときで、ストレスによって血管が拡張し赤くなる。(14)

これは体が休まる暇がないなど、眠れないと肝臓の働きは弱っていく。そのため、ストレスや疲労が続くと肝の働きが衰えていき、充血しやすくなる。また、肝臓機能の働きがいいと目に輝きが出て、溌溂として見える。

東洋医学的に目は、瞳人《どうじん》（中心部分・瞳孔《どうこう》）・烏精《うせい》（黒目《くろめ》・虹彩《こうさい》）・白仁《はくじん》（白目《しろめ》・結膜《けつまく》）に区別され、烏精が充血している場合は、肝臓と見て、白仁が充血している場合は循環器系と見る。

また、肝臓で作られた胆汁《たんじゅう》は胆道《たんどう》を通って胆嚢《たんのう》で貯蔵されるが、この胆嚢機能《たんのうきのう》が低下すると黄疸《おうだん》ができて、白仁《はくじん》が黄色くなる。これは血液中に胆汁が流れ込むために起こる。さらに、白仁《はくじん》が青いのは、循環器系の障害が原因で起こり、これは他の臓器の疾患が招いている可能性もあるが、貧血の人や妊婦などに見られる。

烏精《うせい》が茶色くなるのも、肝機能《かんきのう》が衰え、感情の抑制が効かない状態にあり、心臓疾患など濁りが増してくる。

肝は、精神活動を調節する作用があり、情緒や思考を司るのも肝である。そのため、肝が鈍ると、情緒が乱れ、思考も混乱して、無気力な状態になる。そのため、情緒に混乱が生じると怒りっぽくなり、怒りは肝を傷つけて悪循環に陥る。

この肝の機能の低下には、酸味がよく、レモンやあんずなどビタミンの多い食品を補給すると、収斂作用が働き、体を引き締めて、肝の働きを助ける。酸味はまた、ビタミンにより、視覚機能も補助する作用がある。

人相学では人相の見方の基本として五臓とのつながりを意識する。目は「五臓六腑の精」(霊枢大惑論)と言われるように、五臓の働きは目に出る。この東洋科学の医術は民間療法として多く利用されている。

そもそも目というのは、色々なものを見て判断するところなので、目から入るものによって人は反応している。この目の網膜には、たくさんの感覚細胞があり、ここで受け取る情報を視神経から大脳の視覚中枢に送るために、多くの栄養素を消費している。そのため、ストレスや精神による体の不調は目に出やすい。

このように「目は心を映す鏡」であり、「目は心の窓」である。目を観ると心の働きが分かり、目は緊張や好奇心、心の動揺など気持ちの流れが表面に出てくるところである。感情が激しくなれば、険しい目となり、心が正しければ目は輝きを増し、気持ちが落ち込むと目に暗さが宿る。

さらに、相学の秘伝に「姦淫の罪は目に出る」としている。すなわち、それは本人に出なくても、子供や配偶者などに目の異常が出やすく、目は姦淫の因縁を受けやすい器官と考えられている。

そのため、聖徳太子も「姦人を容れることなかれ」と天皇に進言している。

そもそも、人相は面相《めんそう》と玉掌《ぎょくしょう》があり、面相は一般にいう人相のことで、玉掌は手相を言っている。また、面相にも、麻衣相法《まいそうほう》や金面玉掌《きんめんぎょくしょう》などがある。

この中で、麻衣相法は日本でも有名で、人相の部分を見て判断する。また陳希夷《ちんきい》の著とされる「神相全編《しんそうぜんぺん》」が人相のテキストとしてよく採用され、これは袁忠徹がまとめている。

ところで、聖徳太子の観相力は、非常に優れていたようで、「聖は聖を知る」という言葉で有名な「乞食」の物語でも、その乞食が実は、すばらしい神仙で、すぐれた修行者であることを聖徳太子は見抜いている。

聖徳太子は水野南北（一七六〇〜一八三四年）など、人相家にとって人相の元祖として考えられており、その弟子などがそれを喧伝している。

コラム　顔色診断

ここで、観相の基本をマスターしてみよう。観相の基本は顔色を見ることにあり、ここでは「顔色診断」を紹介する。国際中医中薬総会名誉会長の根本光人氏監修による「陰陽五行説[15]」の五色による色調の診断によると次のようにある。

「五色は顔色などを望診する場合に参考になる。即ち、肝の病では顔色は青くなり、心の病では赤くなり、脾の病では黄色くなり、肺の病では白くなり、腎の病では黒くなる。また、客色といって春は青味を帯び、夏は赤味を帯び、長夏は黄色を帯び、秋は白味を帯び、冬は黒味を帯びると、気候の変化によって生理的に変化する。例えば春になるとその人の普段の色が青味がかるというのである。

色は色自身と共に艶も大切である。艶のよいものは病も治りやすく、艶の良くないものは病気も治り難い。青ではひすいのように光沢のあるものは直りやすく、草のしぼり汁のようなものは直り難い。赤ではとさかのような光沢のあるものは直りやすく、古血のように黒ずんでいるものは直り難い。黄ではカニの腹のように光沢のあるものは直りやすく、カラタチの実のように黒ずんでいるものは直り難い。白では豚の油のように光沢のあるものは直りやすく、枯れた骨のようなものは直り難い。黒ではからすの羽のように光沢のあるものは直りやすく。ススのような黒さは直り難いという。」

では、「五色診」を実際に考えてみると、[16]次のようになる。

顔色が青くなるのは、肝の病で、解毒機能の低下・代謝機能の低下・寒がり、肩こり、頭痛・生理不順・更年期障害・お血などが考えられる。自分に自信がなく、心にストレスを抱えている。

顔色が赤くなるのは、心の病で、のぼせ・血圧が高い・動悸・血行障害・熱症・実熱・虚熱・体温調節機能の低下などが考えられる。エゴが強く、気持ちが浮かれたり、悲観的になったりする。

顔色が黄色くむくんでいるのは、胃腸の病で、消化吸収の働きが弱っている・便秘・下痢・過食症・食欲不振・腹痛・口内炎または黄疸・肝臓の病気などが考えられる。心の中が孤独で、何か悩みを抱え込んでいる。

顔色が白くなるのは、肺の病で、風邪をひきやすい・体が冷えっぽい・栄養失調・虚弱体質・

貧血・倦怠感・皮膚疾患などが考えられる。劣等感や閉塞感が強く、悲観的になる。

顔色が黒くなるのは、腎の病で、ろ過機能の低下・精力減退・ホルモン分泌異常・生殖機能の衰え・抵抗力の低下・水分のむくみなどが考えられる。表面的には強がっても、内面は非常にもろく、不安や心配を抱えている。

但し、この「顔色診断」は、さらに肌の乾燥・潤いなども合わせて見る必要がある。

四、聖徳太子の天文占星学

▼惑星により、反乱を予言し、天文占星学を解読した▲

宇宙に広がる星の世界は、多くの民族でいくつもの神話を形成し、中国でも広大な神話を宇宙に広げていった。聖徳太子も、中国の古代科学である天文学に精通していたようであり、古代天文学は、星座の配置や星の動きから、国や君主の運命を予測する占星学的解釈を行っている。古代天文学では、天体の現象は、国家や君主の運命を示唆すると考えられたからであり、これを「天人相関説」という。そもそも、中国の古代天文学の専門研究機関である国立天文台の研究は、天体現象の観測により、暦術計算の研究開発が重要なテーマであり、それは国家や君主の運命を占星学的に分析することを目的としている。つまり、国立天文台は、天文観測によって暦を計算し制定する暦法と、国家や君主の運命を予測する天文学とが、研究の中心になっている。

この天文学について「聖徳太子傳暦」の太子九歳（五八〇年）の夏六月(17)に、次のようにある。

「人有り奏《あそう》して曰《いわ》く。土師連八嶋《はじのむらじやしまあ》有り。絶世《ぜっせい》の歌を唱《うた》う。夜に人が有り来て、相和《そうわ》し、歌を争《あらそ》い、音声《おんせい》も常《つね》に非《あら》ず。八島《やしま》がこれを異《い》として、人を追尋《ついじん》したまう『住吉《すみよし》の濱《はま》に至《いた》り、天の暁《あかつき》に海に入りたまう。』と言う。太子は天皇の側《そば》に侍《はべ》り、奏《そう》して曰《いわ》く。『是《これ》は熒惑星《けいわくせい》なり。』天皇は大いに驚き、これに『何故《なぜ》か』と問いたもうた。太子は答えて曰く。『天に五星が有り、五行が主となり、五色《ごしょく》を象《かたど》る。歳星《さいせい》の色は青、東の主《あるじ》で、これは木である。熒惑《けいわく》の色は赤、南の主《あるじ》で、これは火である。此の星は降化《こうか》して人となり、童子と遊び、好んで謠歌《ようか》を作る。歌は未然《みぜん》の事を歌う。けだしこの星のこと歟《よ》。』天皇は太いに喜びたまう。」

このように、土師連八嶋《はじのむらじやしま》は、くらべるものがないほど歌がうまかった。夜になると彼のところに人が来て、歌を相和して争った。しかもその音声は、人並みではなかったので、八島が不思議に思って追いかけると「住吉の濱で、夜明けになると海に入っていった。」と言う。天皇の傍《そば》にいた太子は「この人は熒惑星《けいわくせい》である」と言っている。これに驚いた天皇は「なぜか」と質問された。太子は「天には五星がある。これは五行が主となり、五色を象《かたど》っている。歳星《さいせい》の色は青で、東を司《つかさど》り、これは木である。熒惑《けいわく》の色は赤で、南を司り、これは火である。この星は地上に降って人となり、童子と遊んで、好んで歌を作る。歌は未来のことを語るので、思うにこの星のことを言っているに違いない。」

ここで太子は、熒惑星《けいわくせい》と歳星《さいせい》について述べており、これには天文占星学的象意がある。また、太子は「天に五星」があることを言い、「五行が主となり、五色《ごしょく》」を象《かたど》っていると言っている。そして、歳星《さいせい》についても述べており、色は青で、東を司《つかさど》り、木に配当されるという。さらに、熒惑《けいわく》の色は赤で、南を司《つかさど》り、火に配当されるという。しかもこの星は、歌を歌い、未来のことを語るので、熒惑に違いないと述べている。

ここにある熒惑《けいわく》とは、火星のことで「ケイコクセイ」とも呼ばれる。歳星《さいせい》とは、木星のことを言っている。また、中国の古代天文学では、土星を鎮星《ちんせい》または填星《てんせい》といい、金星を太白星《たいはくせい》といい、水星を辰星《しんせい》といっている。

五行と五星、五色の関係を表にして示す。

五色	五星	五行
青色	歳星	木
赤色	熒惑星	火
黄色	鎮星	土
白色	太白星	金
黒色	辰星	水

このように、木は歳星《さいせい》で青色、火は熒惑星《けいわくせい》で赤色、土は鎮星《ちんせい》で黄色、金は太白星《たいはくせい》で白色、水は辰星《しんせい》で黒色と配当されている。

この五惑星について「晋書」天文志[18]によると、次のようにある。

「惑星が遅れたり進みすぎて、しかるべき位置を外れると、その精霊が人になって地上に降りる。歳星《さいせい》のばあいは、降りて貴臣《きしん》となり、熒惑《けいわく》のばあいは降りて子供になって、歌をうたったり、遊戯《ゆうぎ》をする。填星《てんせい》のばあいは降りて老人や婦女になる。太白のばあいは降りて壮年男子となり、山林に住まう。辰星のばあいは降りて婦人となる。

吉凶の応報は、惑星のそのシンボルに従って告げられる。」

ここに、熒惑星《けいわくせい》は、「降《お》りて子供になって、歌をうたったり、遊戯《ゆうぎ》をする」とある。また、太子も、「降化《こうか》して人となり、童子と遊び、好んで謡歌《ようか》を作る」と言っている。

このように、火星のシンボルは子供であり、その精霊が人になって地上に降りて歌を歌うという。しかも、この歌は未来のことを語るというのは、惑星のシンボルに従って吉凶の応報が告げられることを言っている。

つまり、この物語は古代の天文学的象意で語られており、火星は古来、その年の成功と失敗を司る星と考えられ、災禍を察する星と見られている。そのため、火星は兵乱や病気、災厄を告げる星として考えられた。

この物語は、敏達天皇《びたつてんのう》十年（五八一年）春二月に、数千人の蝦夷《えみし》が反乱を起こすことを予言したもので、太子は火星によって暗号化して反乱を予言している。この暗号は古代天文学の象意が分かるものには理解できるように、物語の形を採っているのだろう。

そもそも、この当時は、天文観測で確認できる惑星は木星、火星、土星、金星、水星の五惑星であり、この宇宙に無数にある星の中で、太陽と月を除くと、この五惑星だけが、独自の運行をしている。

そのため古代天文学では、この五惑星だけが他の天体とは異なる周期で運動することに深い関心を持ち、この五惑星は特別な意味を持つ惑星と考えるようになる。

その上で、この五惑星は、運行における相互の関係が、人や国家と密接に関連し、互いに影響を及ぼしあい、地球に深い関係がある星と位置づけられる。

それによってこの五惑星は、暦法を算定する基本となり、木星、火星、土星、金星、水星という五行に配当された。これは木火土金水という五行のことで、五行の配当を、五惑星に適用したものである。

この配当の元になる考え方は、天文観測にあり、天文観測を何十年、何百年と重ねていくうちに、木星の周期や月の満ち欠けといった法則性や天文学的な数字が出てくるようになった。

そもそも、漢の武帝（前一四一～八七年在位）の頃、太初改暦が行われており、天体の位置を数量的に測定することが始めて行われ、渾天儀などの観測機器が開発されている。これ以後、二千年以上にわたって国立天文台が存続しているが、これは世界に類例のないことである。[19]

さらに、木星の周期から十二支もまた誕生している。聖徳太子は木星について、色は青で、東を司り、木に配当されると言っている。この木星を聖徳太子は、歳星と呼んでいるが、これには理由がある。

木星は約十二年（一一・八六二年）（三統暦では一一・九一七年）で天を一周する。この木星の位置を知るため、天の赤道に沿って十二等分し、これを十二次としている。

この十二次によって、十二年間の動きを知るようになり、年が分かるようになったので、木星を歳星と呼んでいる。これが現在広く行われている十二支の始まりであり、十二支は、木星の動きを天体観測することによって、発見された。

これについて、「淮南子《えなんじ》」(20)には、次のようにある。


「歳星《さいせい》（木星）は〔二十八宿中の〕三宿をめぐり、太陰《たいいん》が四鉤《しこう》にあるとき、歳星は二宿をめぐる。〔四鉤にあるときが八年で〕二宿に八を乗《じょう》ずると十六宿、〔四仲《しちゅう》にあるときが四年で〕三宿に四を乗ずると十二宿、そこで、歳星は十二年で二十八宿をめぐることとなる。一日に十二分の一度をすすみ、一年に三十度十六分の七度すすんで、十二年で一周する。」

ここで木星は、四鉤《しこう》にある時が八年で十六宿、四仲《しちゅう》にある時が四年で十二宿巡るので、十二年で二十八宿を巡り、十二年かけて天を一周すると言っている。このように、木星は一年に三十度十六分の七度進むので、十二年で三百六十五度四分の一を回り、天を一周する計算となる。

この木星によって、天を十二等分して十二次に対応させ、どの十二次にあるかによって年を数えている。

この赤道十二次は、析木《せきぼく》（寅）寿星《じゅせい》（辰）鶉尾《じゅんび》（巳）鶉火《じゅんか》（午）鶉首《じゅんしゅ》（未）実沈《じっちん》（申）太梁《たいりょう》（酉）降婁《こうる》（戌）娵訾《しゅし》（亥）玄枵《げんきょう》（子）星紀《せいき》（丑）と呼ばれている。

しかし、十二次の運行は、天を西から東に進んでおり、地の方位である十二支は東から西に区分されているので運行は逆になる。

これについて藪内清《やぶうちきよし》氏は「中国の科学[21]」の中で、次のように言っている。

「十二支の順序は天空上を東から西に数えられ、歳星の運行とは反対となる。そこで一直径を境にして歳星と反対に運行する太歳なるものを想定し、それがどの次、したがって、どの十二支にあるかによって、年の支を指示するのである。歳星は星紀《せいき》（丑）、玄枵《げんきょう》（子）、娵訾《しゅし》（亥）の順に、西から東へ、十二支を逆行するのに対し、太歳《たいさい》はこれとは反対に十二支の順に運行することになる。『漢志』の歳術の条に、太初元年当時における歳星の所在を星紀とし、それに対する太歳を十干の丙字を冠して丙子とするのである。」

このように、木星とは対象に位置する太歳《たいさい》を想定し、赤道十二次に対して、赤道十二辰を考案している。これによって、太歳紀年法は歳星《さいせい》と反対の太歳《たいさい》をもとに、十二支を決定していることが分かる。

中国の古代天文学において、一年が十二ヶ月となるのは、もともと月の動きである黄道十二宮から考え出されたものであるが、それが年の動きである赤道十二辰に応用されたところに、古代天文学の重要な秘密がある。

それは月の周期と木星の周期の十二周期という共通周期数の発見である。さらに、東洋科学において、地の方位が十二区分として応用されているが、これも共通概念の発見による。これは人類史上でもまれな概念で、十二進法を空間である宇宙と時間である周期に共通する概念として応用したところに、東洋科学の応用範囲の広さがある。この概念は東洋医学にも適用されており、ツボの理論である十二経絡がこの概念に当たる。人体の気の流れと宇宙の気の流れ、また宇宙の時間の流れにおいても、陰陽と五行の理論は適用でき、またそれを生かすこともできる。これは、よく応用のきく理論で、これを知るととても活用範囲の広い叡智である。

聖徳太子は、この宇宙の流れを見抜く優れた能力を持ち、星の動きからその性質を見抜いていたのだと考えられる。聖徳太子が、星は「未然のことを歌う」言っているように、運命を占星学的に分析することが、古代天文学の眼目でもあった。また、「天に五星が有り、五行が主となり、五色を象る。」と聖徳太子は言っている。これは、宇宙の万有運行の法則は、そのまま地上社会の運行法則でもあり、人体の運行法則でもあるという宇宙の真理を表現している。

すなわち、宇宙の運行から、地上の空間分類と、さらに人体の気の流れに至るまで、一定の法則が作用し、その法則を見ることで、未然に物事の推移を判断できると考えられた。それが聖徳太子の「未然のことを歌う」という言葉に表現されている。

このように宇宙の流れであるマクロ・コスモスと人体の流れであるミクロ・コスモスの間には密接な関係がある。

そもそも、東洋科学の「天人相関説」では、マクロ・コスモスは、ミクロ・コスモスと相関関係にあり、カオスのコスモス化が、宇宙の法則として作用している。このカオスのコスモス化は、「道」と表現され、陰陽の統合を意味する言葉で、「道」は宇宙の根源であり、その作用は自然の流れである。

人間社会も、自然の流れの中にあり、宇宙の一部であることに、変わりはない。そのため、宇宙の一部である人間も、大きく宇宙の作用と関係し、マクロ・コスモスとミクロ・コスモスは無関係ではありえない。

すなわち、人間が単独で宇宙に存在しているのではなく、大自然の恩恵によって、この世に誕生し、その秩序の中で生命活動が行われている。そのため、宇宙万有運行の法則は、人間個人と有機的循環性の中で関連し合いながら存在しているのであり、個人はその関連性から逃れて単独で、行動していくことは不可能である。

そもそも、天地開闢の始めより、宇宙の根源は「無」であったが、「無」から「有」が誕生するのも、宇宙意志である。また、無機物から有機物が誕生するのも、宇宙意志である。さらに、有機物から意識が誕生するのも、宇宙意志である。そこから無意識が発見され、霊性へと意識が転換するのも、宇宙意志である。このように、霊性の向上は、人間に与えられた使命であると言える。

化学的には、無からは無しか、作れないし、いくら物質を組み合わせても、生命は産まれない。

宇宙意志とは、マクロ・コスモスとミクロ・コスモスを統合する「道」であり、カオスのコスモス化が天と人を関連付ける。宇宙の運行と人の運命はともに、宇宙意志であり、その中で人間は人生模様を繰り広げている。

だから、星が「未然のことを歌う」とは、運命の流れは宇宙の意志が大きく関係し、その流れの中で未然に物事の推移を判断できるということである。

コラム

五惑星占星術

ここで、五惑星の象意を使った占いである「五惑星による占星術」をマスターしてみよう。これは、国際中医中薬総会名誉会長の根本光人氏監修による「陰陽五行説[22]」より紹介させて頂く。

「歳星《さいせい》（木）」：東方のしるし、木にあたり、季節は春、日は甲乙に当たる。義が行われないと、そのむくいは歳星に現れる。歳星が位置するところの国は征伐してはならぬ。しかし人は処罰してもよい。歳星が他の星と会合すると、その位置に相当する国に凶事がある。その光の角が動き、大小変化し、色がしばしば変われば天子に憂患がある。色が赤く、光が角ばると、その国は盛運となる。色が青白くて赤みがかった灰色に変わる時には、相当する国に憂患がある。歳星が月に入ると、相当する国の宰相は放逐され、太白星（金星）と戦うように見える時には戦に敗れる。

熒惑星《けいわくせい》**（火）**：南方のしるし、火であり、夏を司り、日は丙丁に当たる。礼が行われないと、熒惑星に影響が現れる。熒惑星は、兵火、疫病、死、飢饉と関係がある。運行が逆行または停留すれば、兵火、災厄がある。光の角が動けば災厄はいよいよ大きくなる。東に進むにあたって早い時は一度半ゆく。東西南北、共に早く動くときは、兵はその下に集まり戦が起こる。戦においては、進む方向と同じであれば勝つし、逆であると敗れる。熒惑星が太白星に相従すると軍に憂患がある。心は明堂であり、熒惑星の廟である。それ故よく様子を観察すべきである。

鎮星《ちんせい》**（土）**：中央土のしるしである。夏の末を支配する。日は戊己である。黄帝であり、徳を支配し、皇后のシンボルである。鎮星が一度去ってまた元に戻ると、領土を得るか皇后を得る。鎮星の位置に五星がすべて集まるとその国は天下に重んじられるようになる。

鎮星は黄色で九つの光芒があり、音律では黄鐘の宮階に相当する。

太白星《たいはくせい》**（金）**：西方のしるし、秋に当り、軍事を支配する。日は庚辛にあたり、殺を支配する。兵を動かす時は太白星をしるしとする。早く動く時は軍も早く進み、遅い時は同じように遅く進めるのがよい。光に角の角のある時は進んで戦い、光が動揺するときは軍も動揺する。円く静っている時は軍も静っている。軍は角のある方向に動かすのが吉である。角の色が赤いと戦がある。太白星の姿が、大きく円くみずみずしい黄色を呈している時は、講和をはかるのによい。太白星の運行の正否がまず第一に重要であり、次いで色の変化、位置が重要となる。五惑星すべて太白星のもとに集まると、その国は武力で天下を平定する。

辰星《しんせい》（水）：北方のしるし、水であり、太陰の精であり、冬を支配し、日は壬癸に当る。刑罰を誤れば辰星に兆候が現れる。その位置する処によって国運を見る。また四季の時節を正しく決める。四季のうち一季に出現しなければ、その季節は不順である。四季ともに出ない場合は、大飢饉がある。色が黄色で小さく出て場所が変わると、天下の文事に変動があって善くない。青く円いと憂患を意味し、白く円いと死、赤く円いと国内騒がしく、黒く円いと吉である。」

中国や日本の古典の中でも、五惑星の災異説を論じている書物は多く、「春秋左氏伝」「史記」「漢書」「春秋繁露」「春秋公羊伝」などや「日本書紀」「太平記」巻二十七「愚管抄」「暦林問答集」「甲子夜話」などがある。この五惑星占星術を使用して、五惑星に関する記述を検討すると新たな発見が浮かび上がってくるでしょう。

五、中国の天文暦術

▼紀元前一四〇〇年より、数千年間研究された天文暦術を聖徳太子は学び、この占星学的解釈は、日本の初代天皇から八代天皇までの治世年数を決定している▲

聖徳太子は、観勒《かんろく》に書生《しょせい》を付けており、陽胡史《やごのふひと》の祖《そ》・玉陳《たまふる》は暦法を習い、大友村主高聡《おおとものすぐりたかふさ》が天文《てんもん》・遁甲《とんこう》を学んでいる。ここでは、古代中国の天文暦法《てんもんれきほう》について論述する。

中国では、農耕文化の成り立ちと時を同じくして、暦が発展していった。紀元前十四世紀頃の安陽遺跡《あんよういせき》（殷墟）にすでに、十万片《じゅうまんぺん》に登る甲骨片《こうこつへん》を発掘しており、甲骨文《こうこつぶん》は殷時代《いんじだい》の暦法《れきほう》についての事実を明らかにしている。これについて、「中国の科学[23]」の中で、次のように記載されている。

「甲骨文では年・月を示すのに一（月名の場合は正月）、二など順序数が用いられたが、日付はもっぱら六十干支で示された。一年はふつう十二ヶ月であり、時には閏月《うるうづき》を年末に置いて、それを十三月と呼んだ。また、一ヶ月は三〇日の大月と二十九日の小月とから成っている。」

この殷《いん》代の暦法《れきほう》では、日は何の干支の日というように表記され、六十干支を日に当てはめて、日付けを表記する干支紀日法が採用されている。この干支は、十干を上に十二支を下に置いて組み合わせたもので、六十干支《ろくじっかんし》とも、六十花甲子《ろくじっかこうし》とも呼ばれる。

この六十干支は、六十周期で繰り返され、六回巡るとおよそ一年となる。この六十干支の十の倍数には必ず癸が来るが、殷代はこの癸の日ごとに祭祀（卜旬）をして、次の十日間について占いを行った。十干は十日間で一旬し、三十六旬するとおよそ一年だが、端数が生じてしまう。これについて、元群馬大学教授の水上静夫氏は「干支の漢字学」(24)の中で、次のように言っている。

「三十六旬三六〇日では、一年間の約三六五・二五日には、もちろん足りない。そこで三十六旬つまり卜旬を一循環とする周期の切れ目に、不規則ではあるが全くこの祭祀を行わない、いわゆる『閏』日を置き調整を計ったのが、中国暦法の始まりでもあった」

いわゆる、閏日の始まりは、三十六旬と一回帰年の余りを調節するところから始まり、干支でもって日を数えた。

さらに、古代中国の暦法《れきほう》で年と月を配当する計算は、一回帰年と朔望月《さくぼうげつ》を組み合わせた太陰太陽暦《たいいんたいようれき》で行われており、この暦法は三千年の歴史を越えて東アジアに広く受け継がれている。(25)

古代中国ではこの太陰太陽暦《たいいんたいようれき》を使用しているが、太陰《たいいん》とは、朔望月《さくぼうげつ》(月の満ち欠け)を基準に、月の暦を数える方法のことを言っている。

新月を朔、満月を望月《もちづき》と言い、月の新月から新月までの期間は、約二九・五日(二九日一二時間四四分二・九秒)(太初暦では、二九・五三〇八五六日)であり、これが新月から新月、満月から満月までの長さに当たる。(26)

朔日は「ついたち」と読むが、これは本来「月立ち」を意味し、月が全く欠けている状態であり、本来は朔日《ついたち》の次の日が新月で、三日目が三日月となる。月は三十日の大月と二十九日の小月からなり、交互に組み合わされて一年となっている。

太陽暦《たいようれき》は一回帰年《いちかいきねん》といわれ、春分点から春分点へ太陽が一巡する期間で、約三六五日と四分の一日（三六五日五時間四八分四六秒）（太初暦では、三六五．二五〇二日）である。このように月の朔望月を基準にして一年の十二ヶ月を数えているが、月の満ち欠けは一年十二ヶ月で三五四日になり、一回帰年とは十一日の誤差が生じるため、三年に一度、一年を十三ヶ月にする年を考えている。これが閏月《うるうづき》となり、この月の取り方を置閏法《ちじゅんほう》と言う。

ここで問題になるのは置閏法《ちじゅんほう》であり、これについて、「中国の科学」(27)の中で、次のように記載されている。

「西方バビロニアでは、十九年に七回の閏月を配置するメトン法なるものが考案されたが、前五世紀の中国でも全く独立に同じものが発見された。さらに、置閏法と大小の月の置き方――連大法――を一挙に解決する七十六年法（西方ではカリポス周期という）が前四世紀ころに発見され、このころになって中国の暦法、少なくとも月日を配当する計算技術は完成するのである。」

このように、前五世紀の中国でも、十九年に七回の閏月《うるうづき》を配置する置閏法《ちじゅんほう》が発見され、その後、七十六年法が発見されて、中国の月日の周期によって計算する太陰太陽暦は完成されている。

ところで、「日本書紀」において、この十九年に七回の閏月《うるうづき》を配置する置閏法《ちじゅんほう》により、十九年は「天地の終数」とされ、特別な数とみなされている。初代の神武天皇《じんむてんのう》から孝元天皇《こうげんてんのう》までの治世年数《ちせいねんすう》には、十九年が原理的に採用されている。高城修三氏は「紀年を解読する」(28)の中で次のように言っている。

「一九歳＝一章を特別な数と見なしたことによる。この一章の二倍三八歳を一元《いちげん》、一元の二倍七六歳を一紀《いっき》と言う。これが神武《じんむ》天皇の治世年数《ちせいねんすう》である。そして、三皇《さんこう》の中央に位置する安寧《あんねい》が一元《いちげん》三八歳、五帝の中央に位置する孝霊《こうれい》が一紀《いっき》七六歳というわけである。さらに盛運に向かう孝昭《こうしょう》→孝安《こうあん》の治世年数《ちせいねんすう》は一章一九歳増え、これに対し衰運に向かう孝霊《こうれい》→孝元《こうげん》は一章一九歳減っている。最後の開化《かいか》は干支一運の六〇歳である。」

これは神武《じんむ》と欠史八代《けっしはちだい》をそれぞれ太一《たいいつ》・三皇《さんこう》・五帝《ごてい》に割り振ったものである。初代神武《じんむ》は七十六年で、三代安寧《あんねい》が三十八年、七代孝霊《こうれい》が七十六年であり、一章十九年の倍が三十八年の一元《いちげん》となり、三十八年の倍が七十六年で一紀となることから治世年数と符合している。また、五代孝昭《こうしょう》は八十三年で、六代孝安《こうあん》は百二年なので一章十九年加算され、七代孝霊《こうれい》は七十六年で、八代孝元《こうげん》は五十七年なので一章十九年減っている。さらに、九代開化《かいか》は六十年で、干支一運している。

このように、天皇の治世年数《ちせいねんすう》は「日本書紀」において讖緯説《しんいせつ》によっており、特に十九歳は「天地の終数」として特別な数となっている。讖緯説《しんいせつ》は、日本書紀編纂《にほんしょきへんさん》において、有力な編年原理《へんねんげんり》となり、編年は中国の予言思想である讖緯説に従っている。

この讖《しん》という予言思想《よげんしそう》は、秦《しん》の時代より起こり、経典《きょうてん》を解釈する緯書《いしょ》が出て讖緯《しんい》となるのは、漢《かん》の時代である。

六、聖徳太子の讖緯説

▼日本の建国記念の日を紀元前六六〇年としたのは、古代中国天文学の予言思想によっている。予言思想によって、日本の建国は決定されており、これを採用したのは、聖徳太子である。憲法発布は　革令という予言思想によってなされ、日本の暦術編纂は、聖徳太子が始めた▲

讖緯説《しんいせつ》の讖《しん》とは未来を予測することで、暦運《れきうん》や兆候《ちょうこう》などによって将来を読むことである。また、緯《い》とは横糸《よこいと》のことで、国書である四書五経《ししょごきょう》の縦糸《たていと》に対して、横糸を加えることによって完成すると考えられた。この讖緯説は、国家の命運は天体の動きと関係し、その周期にそって未来を予言する説を言っている。

中国には受命改正思想《じゅめいかいせいしそう》があり、時が来れば天命《てんめい》を受けた者が天子になるという革命思想である。この讖緯説は、天の意志が国運を左右するということで、王朝交代へと関係している。そのため、日本でも歴史の年代を判断する基準としてこれを採用し、この讖緯説《しんいせつ》によって紀元《きげん》を決めている。

この暦運には周期があり、これは暦数を読むことでその周期を計算し、それによって政治の変動を読む方法である。

東洋科学の暦術では、六十干支によって暦を計算している。この六十干支《ろくじっかんし》というのは、天干《てんかん》と地支《ちし》の二つがあり、これを組み合わせたものが六十花甲子《ろくじっかこうし》と呼ばれる。

天干《てんかん》は、甲乙丙丁戊己庚辛壬癸《こうおつへいていぼきこうしんじんき》の十干《じっかん》である。

地支《ちし》は、子丑寅卯辰巳午未申酉戌亥《ねうしとらうたつみうまひつじさるとりいぬい》の十二支である。

これを組み合わせることによって、六十干支《ろくじっかんし》ができる。

還暦とはこの暦が一周して、また元の干支に返ることを言っている。干支は六十年で一周し、これが二十一周することで、革命が起こるという説が、讖緯説による暦運説である。そのため日本では、六十年に二十一をかけた一二六〇年を革命の年として、推古天皇《すいこてんのう》九年（六〇一年）に基点《きてん》を置き、逆算《ぎゃくさん》して、紀元前六六〇年を、日本の建国としている。

ちなみに、建国記念の日が二月十一日とされたのは、「日本書紀」[29]の神武天皇即位記《じんむてんのうそくいき》にある「辛酉年《かねのとのとりのとし》春正月、庚辰朔《かねのえたつついたちのひ》、天皇橿原宮《かしはらのみや》に即帝位」とある記事によっている。この「辛酉年春正月、庚辰朔」を西暦にすると、紀元前六六〇年二月十一日となる。この「神武天皇紀元節」は昭和二十三年に廃止され、「建国記念の日」が定められたのは、昭和四十一年である。

さて、岡田正之《おかだまさゆき》氏は「憲法十七条に就て」[30]の中で、聖徳太子が十七条憲法を発布されたのも革令説によるとされ、推古天皇十二年を基点とする説を出して、次のように言っておられる。

「要するに十二年の干支は甲子にして、陰陽五行思想が当時の上流に在りしこと一点の疑《うたがい》なきと共に、詩緯易緯《しいえきい》の伝来も争うべからざるものあるを以《もっ》て、憲法の発布《はっぷ》は甲子革令《こうしかくれい》と云える緯書《いしょ》の思想に基づき給いたるを断ずべく」

ここで岡田正之氏は、易緯《えきい》によって推古天皇十二年が革令《かくれい》の年に当るので、これを基点に持ってきた。それは憲法の発布の年を、甲子《こうし》の革令《かくれい》が起こる説に合わせているからだと述べておられる。

このように、聖徳太子は、天文暦術を極めた上に讖緯説を学んでいた可能性があり、初めての日本国憲法である十七条憲法発布を讖緯説の中でも、革令説に合わせて行っている。これは、聖徳太子が暦運の動きに合わせて、その周期を読み解いていたと考察できる。

これについて、三善清行《みよしきよゆき》の革命勘文《かくめいかんもん》に記載されている「易緯《えきい》」(31)の鄭玄《ちょうげん》によれば「辛酉《しんゆう》は革命《かくめい》を為《な》す。甲子《こうし》は革令《かくれい》を為《な》す。」とあり、干支が辛酉の年には革命が起こり、甲子の年には革令が起こる説のことである。

これを受けて、岡田正之氏は、憲法発布《けんぽうはっぷ》はまさに革令《かくれい》に当たるとして、甲子《こうし》年の革令説《かくれいせつ》を取って、革令にあわせたと言っている。

この「易緯《えきい》」の鄭玄《ちょうげん》に「七元《しちげん》に三変《さんへん》有り。三七を相乗《そうじょう》し。廿一元《にじゅういちげん》を一蔀《ぼう》と為《な》す。(32)」とあり、七元に三変があるので、三と七を掛けて二十一が一蔀となっている。

この讖緯説《しんいせつ》では、干支が一周する六十年を一元とし、二十一元を一蔀《ぼう》とするので、これを掛《か》けた千二百六十年を革命の年としており、これを暦運説として採用している。

しかし、革命説《かくめいせつ》は辛酉《しんゆう》であり、日本の建国の年は、推古天皇九年を基点として考えられている。

この革命思想《かくめいしそう》に合わせて辛酉《しんゆう》を基点としたと考えられるので、推古天皇九年（六〇一年）が辛酉であり、二十一元の第一蔀をそれより逆算《ぎゃくさん》すれば、紀元前六百六十年が神武天皇紀《じんむてんのうき》元節《げんせつ》となるとするのが通説である。

しかし、なぜ推古天皇九年が基点となり、逆算されたのかという疑問が出てくる。

そこで、革令《かくれい》に合わせて聖徳太子の憲法発布《けんぽうはっぷ》を基点としたと言えば説明がしやすくなる。

なぜなら、革令は革命と異なり、政治の政策を一新する年なので、憲法発布という新しい国家の骨組みが形成されるに相応しいからである。その意味からいって、日本で始めての憲法発布に合わせ、革令を取ったといえば、納得がいくようになる。

しかし、讖緯説《しんいせつ》本来の意味から言えば、革令説《かくれいせつ》ではなく、革命説《かくめいせつ》であり、これは推古天《すいこてん》皇《のう》九年（六〇一年）に聖徳太子は斑鳩宮《いかるがのみや》を設けており、ここで政治を刷新《さっしん》し始めたので、これを基点とする見方が成立する。

そもそも、聖徳太子は、推古天皇二十八年（六二〇年）に「天皇記」・「国記」を撰述したが、この史書の編纂に欠かせないものが紀年であり、国書編纂に向けて、暦術が発達していった。その際に憲法発布の甲子年（六〇四年）を基礎に置き、その直前である推古天皇九年（六〇一年）の辛酉を基点として、その基点から逆算して、神武天皇紀元節を設定することは理に適っていると言える。

すでに、欽明《きんめい》天皇十四年（五五三年）には医博士《いはかせ》・易博士《えきはかせ》・暦博士《こよみはかせ》を交代させて、卜書《ぼくしょ》・暦本《れきぼん》を送っている。これが暦術書・占術書の公伝の年である。

さらに、推古天皇十年十月（六〇二年）に「百済《くだら》の僧、観勒《かんろく》」が来朝し、暦本、天文・地理書、遁甲・方術書を送っている。

このとき聖徳太子は、観勒に書生を付けており、観勒は天文学・暦術や方術を教授している。それにより、陽胡史《やごのふひと》の祖《そ》・玉陳《たまふる》が暦法を習い、よく学業を終えたことが記されている。この観勒によって、正統なレベルの天文学・暦術が教授されていると考えられるので、暦《こよみ》は観勒《かんろく》自らが編纂《へんさん》したか、聖徳太子や玉陳《たまふる》を中心に編纂させたに違いない。その当時の百済で使用されている暦は元嘉暦《げんかれき》なので、元嘉暦をこの当時から使用していたと思われる。

平安時代に成立している「政事要略《せいじようりやく》」第二十五所引「儒伝《じゅでん》」(33)によれば、「小治田朝《おはりだちょう》十二年歳次甲子正月戊申（戌）朔《ついたち》を以て、始めて暦日《れきじつ》を用《もち》う」とある。この「小治田朝《おはりだちょう》十二年」は「推古天皇十二年」である。ここで、聖徳太子は推古天皇十二年（六〇四年）正月朔日をもって、日本にとって初めてとなる暦日作成を行い、これを用いたとしている。

この当時使用していた元嘉暦《げんかれき》は、宋《そう》の何承天《かしょうてん》が編纂《へんさん》した暦であり、日本では推古《すいこ》十二年（六〇四年）から文武《もんむ》元年（六九七年）まで使用されている。

次に、李淳風《りじゅんぷう》によって編纂された儀鳳暦《ぎほうれき》が使用されている。これは、中国では麟徳暦《りんとくれき》と言われるが、儀鳳年中《ぎぼうねんちゅう》（六七六年～六七九年）に伝わったので、儀鳳暦といわれている。儀鳳暦《ぎほうれき》の使用の始まりは、持統《じとう》四年（六九〇年）からで、これは元嘉暦《げんかれき》との併用期間《へいようきかん》があり、文武《もんむ》元年（六九七年）から儀鳳暦《ぎほうれき》が単独で使用されている。

このように、暦術が発達していく中で、聖徳太子が、日本の建国を讖緯説《しんいせつ》の暦運《れきうん》によって設定し、憲法発布《けんぽうはっぷ》を革令説《かくれいせつ》に合わせたのであろう。この讖緯説は聖徳太子の「日出る処の天子」や「天皇」という国家観と同じメッセージを持っており、天の運行の有機的循環性の中で、国の運行は行われるものであり、天の運行に逆らっては、国は成り立たないことを物語っている。

すなわち、紀元前六六〇年を日本の建国とする聖徳太子のメッセージは、宇宙の運行と国家の運営との間には密接不可分な関係があり、国家を運営する基本である「道」に逆らい、その「徳」を失えば国は滅亡することを語っている。そのため、宇宙運行の法則とその周期性に従って、憲法発布を行い、日本の建国を逆算して算定している。

これについて、大阪女子大学名誉教授の村山修一氏は「日本陰陽道史総説」(34)の中で、次のように言っている。

「陰陽五行思想による新政策の意義づけは太子の固い信念となったので、国史編纂はさらにこれを裏付けるものであった。二十世紀の科学にも対比される程、当時としては劃期的な理論・技術を含むこの思想は、太子にとって天皇・国家を支える新しい理念となった。口頭伝承や神託のみに頼っていては、確かめるすべのないわが国家の創業の時期を、この新しい思想を取り入れることによって太子は推定されたのである。」

このように、聖徳太子にとって古代中国の科学は、天皇・国家を支える新しい理念とされ、この天文暦法の思想を取り入れることによって、国家創業の時期を推定し、自らの信念を実現していったことは事実である。

ところで、暦の数え方も、時代や国によって異なっていた。この数え方について、高城修三氏は「紀年を解読する」(35) の中で、次のように言っている。

『古事記』が治世年数《ちせいねんすう》を即位年《そくいねん》から崩御年《ほうぎょねん》まで足かけ年数で数える数え方（当年称《とうねんしょう》元法《げんほう》）に拠《よ》り、『日本書紀』が崩御年《ほうぎょねん》と即位年《そくいねん》の重複《じゅうふく》を許さない数え方（越年称元法《えつねんしょうげんほう》）に拠《よ》っていると考えれば、矛盾はなくなる。」

ここで、暦の数え方には当年称元法と越年称元法があると言っている。

当年称元法は現在も使用しており、例えば昭和六十四年と平成元年は重なっている。この重なりのある暦の編纂の仕方を、当年称元法と言い、これは韓国の歴史書である「三国史記」も、この数え方によっている。それに対し、「日本書紀」は越年称元法により、年の重なりがない数え方によっていることを言っている。日本には当年称元法と越年称元法という二つの数え方があり、「古事記」と「日本書紀」ではその数え方は異なっている。

七、聖徳太子の風水地理学

▼平安京・首都遷都を予言し、地理風水を解読した▲

聖徳太子の業績は、「日本書紀」や「聖徳太子傳暦」などでよく知られる。しかし、平安初期に成立した「上宮聖徳太子傳補闕記《じょうぐうしょうとくたいしでんほけつき》」は、独自の伝承を随所に織り込んでいる点で、注目される書物である。この「上宮聖徳太子傳補闕記」の四十三歳（六一六年）の丙子の年の五月三日[36]に、次のようにある。

「是《これ》より先に、太子は國を巡り、山代《やましろ》の楓野村《かえでのむら》に至《いた》りたまい、羣臣《くんしん》に謂《い》いて曰《いわ》く、『此の地は体《たい》を為《な》す。南は弊《ひら》け、北は塞《ふさ》ぎ、河は前に注ぎ、龍は常に守護をなす。後世必ず帝王の都を建てること有らん。吾は故《もと》より時に遊賞《ゆうしょう》す』と。即ち蜂岳《はちおか》の南の下に、宮を立てる。秦川勝《はたのかわかつ》は己《おの》が親族を率《ひき》いて、祠《ほこら》を奉り、怠《おこた》らず。太子は大いに喜ばれ、即ち小徳に叙《じょ》し、遂に宮を以って是を預《あず》けたまう。また新羅國《しらぎのくに》より献《けん》ずる所の仏像を賜《たま》い、故《ゆえ》に宮《みや》を以《も》って寺と為《な》し、宮南の水田数十町《すいでんすうじっちょう》並びに山野地等《さんやちなど》を施したまう。」

これは京都の太秦《うずまさ》のことを言っており、秦川勝《はたのかわかつ》がこの場所に住居を構えていた。ここに迎え入れられた聖徳太子は、この地の相を読み、「この地は体《たい》をなしている。南は広く開けて、北は塞《ふさ》がっている。河はその前に注ぎ、龍が常に守護している。後世には必ず帝王の都を建てるであろう。」このように地理風水を読んで、京都の遷都を予言している。

ここで秦川勝は、宮を寺に作り変えて新羅の仏像を安置し、水田数十町と山野地等を施している。

ここに南は広く開け、北は塞がり、河はその前に注ぎ、龍が常に守護しているとある。これは四神相応《ししんそうおう》のことを言っており、京都が風水的に理想であることを暗号化して予言している。

この四神相応《ししんそうおう》については、元明天皇《げんめいてんのう》の平城京遷都《へいじょうきょうせんと》の詔《みことのり》にも記載がある。平城京遷都の理由として元明天皇の遷都の詔は、「続日本紀」の和銅元年（七〇八年）二月十五日[37]に次のようにある。

「方《まさ》に今、平城の地、四禽図に叶い、三山鎮《しづめ》を作《な》し、亀筮並《きぜいならび》に従《したが》ふ。都邑《とゆう》を建《た》つべし。」

このように平城京は、四禽図《しきんず》に叶って四神が相応に配置され、高山《たかやま》・若草山《わかくさやま》・生駒山《いこまやま》の三山を鎮護《ちんご》として、亀筮《きぜい》に並び従っている地であるから都邑を建てるべきだと言っている。

この四神相応というのは、北方の玄武《げんぶ》・西方の白虎《びゃっこ》・東方の青龍《せいりゅう》・南方の朱雀《すざく》の四神を言う。

この風水思想によれば、東に川が流れれば青龍、西に大道があれば白虎、南に低湿地の池があれば朱雀、北に山や丘陵があれば玄武と言い、このような地を四神相応の地といい、この四神を備えた地が、都の理想だとされる。

さらに、「聖徳太子傳暦」にも、平安京遷都の予言[38]が語られており、「聖徳太子傳暦」太子三十三歳（六〇四年）の春正月十七日の中で、次のように言っている。

「我、この地を相するに、国の秀《しゅう》なり。南は開け、北は塞《ふさ》ぎ、南は陽をなし、北は陰をなす。河は前を経《へ》て、東を流れ、順《じゅん》を成《な》さん。高嶽《こうがく》の上には龍が、窟宅《くつたく》を為《な》して、常に擁護《ようご》して臨《のぞ》み、東に巌神《がんしん》あり、西に猛霊《もうれい》を仰《あお》ぐ、二（三）百歳の後、一聖皇《せいおう》が有り、再遷して都を成す。」

ここに、この地は国の中でも秀でており、陽である南は開け、陰である北は塞《ふさ》がっている。川が前から東へと流れ、風水に遵《したが》って得水《とくすい》している。北は高嶽《こうがく》で、龍脈《りゅうみゃく》をなして、このエネルギーを東西の山が守護する。これは四神相応のことを言っている。さらに、二〇〇年後には、聖皇（桓武天皇《かんむてんのう》）が遷都し、首都を建設するとある。

このように、京都は四神相応して、龍が常に守護する都城であり、巌神《がんしん》である賀茂御祖《かものみおやの》神《かみ》や猛霊《もうれい》である大山咋神《おおやまくいのかみ》が、この気を集めて、河がこれを守る気のエネルギーの要所である。山には龍が流れ、川は龍を囲み、東西の神霊が、この龍にエネルギーを注ぎ込み、その龍がなだらかに、南へと下る。

聖徳太子は、このとき夢の中で、遊ぶように未来を見ていたようであり、それは大地のエネルギーをリーディングしながら、四方の守護神に出会っていた。単に聖徳太子は、風水のみを観るのではなく、そこに彼が理想とした世界を描きながら、しかも神霊と龍の守護を感じ取っていたと、理解できる。

さらに、遷都は六〇四年から二〇〇〇年後とあり、七九四年が平安京遷都なので、ほぼ一致している。

平安京も唐の都であった長安に習って建設された王都であり、千年の都と呼ばれる京都の都市設計の基本にあるものが風水であった。この平安京が平城京と異なるところは、主《しゅ》山《ざん》である山並《やまな》みが大きく、龍《りゅう》脈《みゃく》が流れていることであり、左右の嵐山《あらしやま》と大文字山《だいもんじやま》も、主山《しゅざん》から龍《りゅう》脈《みゃく》を受けて、正確に揃《そろ》っていることである。

日本に大きな影響を与えた風水は、何といっても韓国風水である。金鐘喆《キムドンギル》氏の著書である「明堂要訣《めいどうようけつ》」(39)には、主山や青龍・白虎・水勢・案山などの要訣が記載されている。

それによると「結穴《けっけつ》の主山《しゅざん》とは、いわゆる玄武《げんぶ》の脳《のう》である」としており、穴とは都の気が集まる所を言い、玄武である北方からの龍脈によって結穴するために、主山は脳髄に当たる重要な山であるとする。

本来、都は「主山垂頭《しゅざんすいとう》」し、北に坐して、南面させるのが基本である。また、この主山が「端正ならば君主を産み、秀麗ならば、貴族を成し、重厚ならば財をなす」とある。

京都は、貴船山《きふねやま》からの龍脈が船岡山《ふなおかやま》へと流れ、これが京都の脳髄に当たっている。すなわち、その気を集めて結穴させるのに必要な主山が、備わっているのである。

また、「青龍《せいりゅう》と白虎《びゃっこ》は、穴の左右の砂《さ》である。湾抱有情《わんほううじょう》なして吉」また、「その砂は左右がよく、護衛して前後がよくあって、照応している」ことが良い。この都を取り囲む山並みのことを、左右の「砂《さ》」と言い、東の青龍と西の白虎の山並みが湾曲《わんきょく》して、抱きかかえるように護衛し、前後がよくあって照応しているのが良いことを言っている。

さらに、「白虎の峯《みね》が円起《えんき》すれば、女子や孫は世に出て登科《とうか》する。白虎の山が、舞うように袖を広げていれば、子孫は富貴に連なっていく」とある。

このように青龍と白虎は、都の中心にある真穴《しんけつ》を取り囲む港のように抱擁しているのが、理想であり、袖を広げているように円く起きていれば、出世も財もよく集まるとしている。これを蔵風《ぞうふう》といい、風を溜《と》める盆地状の地形がよく、季節風を避けて、東西のバランスが整っていることが条件となる。京都は「龍虎湾回《りゅうこわんかい》」し、大文字山と嵐山のバランスがよく取れている。

水勢は「去来《きょらい》・聚合《しゅうごう》・分散《ぶんさん》・湾抱《わんほう》・背去《はいきょ》を言っている。得水《とくすい》は登坂《とうはん》の前を転環《てんかん》して、気が、結穴《けっけつ》している」

これは得水で、水がうねうねと湾曲して、回りながら都を囲むように北方から南方へ流れることである。京都の鴨川・桂川は、都を囲むように流れて、しかも、淀川へと合流している。この鴨川・桂川は、都を囲み、南で気を結んで結穴しているので、「外水横抱《がいすいおうほう》」している。

案山は、「応穴《おうけつ》の砂《さ》が、端正《たんせい》に立って気を留《と》めており、朝拝《ちょうはい》で拝するように、揖《ゆう》しているのが吉である」さらに、「朝山《ちょうざん》は、主龍《しゅりゅう》の前面の応龍《おうりゅう》であり、これは君主が政治をして、大臣たちに進謁《しんえつ》させるから、日朝《にっちょう》である。」

案山とは、都の前面にある山を言っており、南面する前面は、伏して拝む形で、なだらかに案山が気を留めておけるくらいが、吉相である。京都は「前砂開顔《ぜんさかいがん》」し、南が開け、丘があり、神奈備山《かんなびやま》から朝山《ちょうざん》へと気を溜めながら、流れている。

ちなみに、京都の風水について荒俣宏《あらまたひろし》氏は「風水先生」(40)という著書の中で、次のように述べている。

「風水は、四神相応という形で完璧に実現されている。環境が抜群にいい地形の、ちょうど穴のところに位置した平安京は、大内裏から羅城門をつなぐ朱雀大路をまん中に、西がわを右京、東がわ左京とし、基盤目のように道を切った京だ。その規模は、南北が約五・三キロメートル、東西が約四キロメートルにわたる。ちなみに、京都の都市づくりを風水で解明することを目的に台湾からやってこられた若き学者黄永融さんによると、ほかに案山もあって、これが神奈備山だという。船岡山のほぼ南にあり、これで平安京は四方を四つの山にかこまれていることになる。しかもこの四つの山は十字を形成し、この交点に平安京の大極殿が位置するという！

『これを十字天心の法というのです。都市の中心を決めるための秘中の秘なのです』と、平安京の風水を探求しつづける若い研究者・黄永融さんはいわれる。」


ここで、平安京の風水は「十字天心の法」という秘法を使って設計されたことを述べている。しかも、この十字の交点に大極殿が置かれているという。

平安京は、平城京に比較して、明らかに風水的にはよく整っている。しかも、すべてが宮城《みやじろ》の大極殿《だいごくでん》へと、気の流れが集中している。

この天皇が政治を司る所を大極殿《だいごくでん》と言っており、この大極殿の太極《たいきょく》は太一神《たいいつしん》である北極星を意味している。

さらに、太極というのは、中国の古代天文学で言う天皇大帝であり、天象の形に象ることで宇宙を表現し、宇宙の相似形として平安京を建設したことが理解できる。

聖徳太子が、「此の地は体《たい》を為《な》す。南は弊《ひら》け、北は塞《ふさ》ぎ、河は前に注ぎ、龍は常に守護をなす。」と言っているが、これは南は広く開け北は塞がり、河はその前に注ぎ龍が常に守護して、風水に遵って四神相応していることを言っている。ここで聖徳太子は、京都の地理風水を太秦から相して、この地は四神相応している優れた土地であり、ここに都が遷都されることを予感し、予言している。

ところで、七世紀末から八世紀初頭の古墳に高松塚古墳《たかまつづかこふん》があり、その壁画に四禽図《しきんず》が描かれている。

この四禽図は、古墳の天上に描かれた二十八宿と対応しており、二十八宿は七宿ごとに東西南北の方位に分けられる。

この二十八宿の七宿が七曜と結びつき、一週間となっている。この方向の七曜に曜日が配置されて、一週間の曜日が決められており、次に表にして示す。

四神相応は、実は風水の思想から起こったのではなく、中国の古代天文学から出てきた思想である。これは、現在のところ風水思想の代表のように語られるが、実は天文学から地理学へ応用した理論である。

七曜	東方青龍	北方玄武	西方白虎	南方朱雀
木	角《すぼし》	斗《ひつき》	奎《とかき》	井《ちちり》
金	亢《あみぼし》	牛《いなみ》	婁《たたら》	鬼《たまほめ》
土	氐《とも》	女《うるき》	胃《こきえ》	柳《ぬりこ》
日	房《そい》	虚《とみて》	昴《すばる》	星《ほとほり》
月	心《なかご》	危《うみやめ》	畢《あめふり》	張《ちりこ》
火	尾《あしたれ》	室《はつい》	觜《とろき》	翼《たすき》
水	箕《み》	壁《なまめ》	参《からすき》	軫《みつかけ》

この七宿をつないで、青龍は南を頭とし、北を尾にして龍に見立てており、北は亀・南は鳥、西は虎とそれぞれ星をつないで禽獣の精に見立てている。それに北方は黒で玄武となり、西方は白で白虎となり、東方は青で青龍となり、南方は赤で朱雀となった。また、中央は赤と黒の中間の紫と考えられ、北極五星と四輔《しほ》四星の紫微垣《しびえん》となっている。

この高松塚古墳は、高句麗の古墳と似通っており、高句麗の影響を受けたか、高句麗の情報をどこかで知って描いたものと思われる。

また、聖徳太子は風水でも、陰宅風水に通じていることを思わせる記述がある。吉田兼好の「徒然草」[41]第六段には、次のようにある。

「聖徳太子の、御墓をかねて築《つ》かせ給いける時も、『ここを切れ、かしこを断て。子孫あらせじと思ふなり』と侍りけるとかや。」

このように聖徳太子の墓は、断つものを立ち、切るものを切って造ったようである。しかも、これは自らの子孫を断ち切るために、わざわざ太子が命令して、改造している。聖徳太子は自らの子孫が滅びることを予見しているようである。また、墓には子孫繁栄を祈る意味があったことが分かる。風水は元々陰宅から始まったと言われる。それは、墓によって子孫が守られるという先祖崇拝の思想から、墓を大事に守る風水の考え方が、発展して来たということである。ここで聖徳太子は墓への道を断ち、墓に墓参できないように絶つことで、子孫が絶えることを予見し、実行したのであろう。

ここで聖徳太子は、和の精神と同時に、東洋科学を重んじる気持ちを持っていたことを見逃すわけにはいかない。何故ならば、日本の国の理想を描くとき、そこに易学の思想を無視しては何も分からなくなってしまうからである。太子が理想とした寿国、それは道教の理想であると同時に、易学の理想でもある。

コラム　四神相応の実践

さて、ここで四神相応を風水的に応用して、実践する方法を紹介する。天文博士で陰陽道の達人として知られる安倍晴明が著したと言われ、陰陽道の秘伝書とされている「簠簋内伝金烏《ほきないでんきんう》玉兎集《ぎょくとしゅう》」(42)に次のようにある。

「東に鱗魚《りんぎょ》がいる。青龍をもって鱗魚の筆頭とする。青龍は常に水底《みなそこ》にいる。ゆえに東に流水がある地は、青龍の地というのである。もし流水がない場合は、柳を九本植えるべきである。柳は水辺の木だからである。

南には鳥類がいる。鳳凰（朱雀）をもって筆頭とする。常に田辺《でんぺん》にいる。ゆえに、南に沢畔がある地は、朱雀の地というのである。もし沢畔がない場合は、桐《きり》を七本植えるべきである。桐は鳳凰が巣を営む木だからである。

西には走獣《そうじゅう》がいる。白虎をもって筆頭とする。常に道をならすほど走り回っている。ゆえに、西に大道がある地は、白虎の地というのである。もし大道がないのであれば、梅の木を八本植えるべきである。梅は虎の棲居《せいきょ》する木だからである。

北には甲《よろい》をもった虫がいる。鼈亀《べっき》をもって筆頭とする。常に山岳に住む。ゆえに、北に高山がある地は、玄武の地というのである。もし山がないのなら、槐《えんじゅ》を六本植えるべきである。槐《えんじゅ》は山頭《さんとう》の壮木《そうぼく》だからである。」

ここに、四神相応の地を満たしていない場合、東には柳を九本植え、南には桐を七本植え、西には梅を八本植え、北には槐を六本植えることによって、対処できることが述べてある。この槐というのは、マメ科エンジュ属の落葉高木で、中国では尊貴な木として知られている。ここで、槐は山頂に生えるので、山の象徴とされて北に配置され、柳は水辺の木なので東に配置され、桐は鳳凰が巣を営む木だから南に配置され、梅は虎が棲息する木だから西に配置されている。

さて、この木を植える本数について藤巻一保氏は「安倍晴明占術大全(43)」の中で、次のように述べている。

「木の青龍と金の白虎の数は入れ替わっているが、これはおそらく誤記であろう。」

つまり、北は六・南は七・東は八・西は九という五行の壮数を採用して木の本数を決めているが、西と東の数が入れ替わっているので、東の柳は八本で、西の梅は九本とするのが正しいとしている。この壮数とは、北は一・六、南は二・七、東は三・八、西は四・九、中央は五・十と配当される数のうち、大きいほうを言っている。

これを正すと、東には柳を八本植え、南には桐を七本植え、西には梅を九本植え、北には槐を六本植えることによって、四神相応が実現できることになる。

しかし、実際に事務所や家にこれほど樹を植えるスペースがない場合、一本でも鉢植えに植えておけば効果があると言われる。

さらに、東の「柳」の変わりに「桃の木」や「ねこ柳」、南の「桐」の変わりに「梅の木」や「棗《なつめ》の木」、西の「梅」の変わりに「くちなし」や「桑の木」、北の「槐《えんじゅ》」の変わりに「杏《あんず》の木」を鉢植えに植える方法もある。

これを設置するときは、お神酒を少し撒いて、水晶の玉を中に埋めて、「産土神様《うぶすなかみさま》、清めたまい、祓いたまい、守りたまい、幸《さきは》えたまえ」と手を合わせて唱えると効果が上がると言う。

さらに、インテリアによっても、四神相応を補うことができる。

東に龍に関する品物や青い色のものを置き、南に鳥に関する品物や赤い色のものを置く、西には虎に関する品物や白い色のものを置き、北に亀に関する品物や黒い色のものを置く。

他に春夏秋冬の風景写真や絵を、それぞれ東南西北に配置する方法もある。

また、風水的には東は陽気の象意があり、仕事運を司る、南は情熱の象意があり、人気運を司る、西は剛毅の象意があり、金運を司る、北は沈静の象意があり、恋愛運を司る、中央は円満の象意があり、家庭を司る。

では、具体的にどのように応用するのかは、例えば仕事運を上げたければ、東に龍に関する品物や青い色のものや柳・桃の木・ねこ柳などの鉢植えを置き、青龍の守護を受けて仕事運をアップし、携帯やパソコンを机の東側に置いて、良い情報を待つ。

また、恋愛運を上げたければ、南に鳥に関する品物や赤い色のものや桐・梅・棗の木などの鉢植えを置いて、朱雀の守護を受けて恋愛運をアップし、赤やピンクのものを身に付けてデートや合コンに出かけていい出会いを見つける。

また、金運を上げたければ西のエネルギーを取り、白虎の守護を受け、人間関係を良くしたければ、北のエネルギーを取り、玄武の守護を受けるようにする。

さらに、仕事を司る東に、相生の色である赤を置くことで、色と方位の関係を強化して、商売の運気をアップする方法もある。

注

（1）「聖徳太子全集」第二巻・聖徳太子伝上、聖徳太子奉讃会監修、臨川書店、昭和六三年五月一〇日復刻、七九頁
（2）「神典」大倉精神文化研究所編集、大倉精神文化研究所、昭和六二年一月三一日一二版、六一三頁
（3）中国方術大全「符咒」黄意明著、中華書局香港有限公司、一九九七年一一月初版、七五・七六頁
（4）「道教百話」窪徳忠著、講談社、二〇〇〇年四月二〇日一九刷、一二七頁
（5）「黄金の華の秘密」C・G・ユング・R・ヴィルヘルム著、湯浅泰雄・定方昭夫訳、人文書院、一九八一年七月一〇日二刷、二六一頁
（6）「古神道行法入門」大宮司朗著、原書房、二〇〇三年一一月七日一刷、七一頁
（7）「古神道行法入門」大宮司朗著、原書房、二〇〇三年一一月七日一刷、八四・八五頁
（8）日本思想大系「聖徳太子集」家永三郎・藤枝晃・早島鏡正・築島裕校注、岩波書店、一九七五年四月四日一刷、三六一頁
（9）「聖徳太子全集」第二巻・聖徳太子伝上、聖徳太子奉讃会監修、臨川書店、昭和六三年五月一〇日復刻、七九頁
（10）「神典」大倉精神文化研究所編集、大倉精神文化研究所、昭和六二年一月三一日一二版、六三九・六四〇頁参照
（11）「聖徳太子全集」第二巻・聖徳太子伝上、聖徳太子奉讃会監修、臨川書店、昭和六三年五月一〇日復刻、八二頁
（12）「東洋医学概説」長濱善夫著、創元社、一九九四年一二月二〇日二四刷、一六九頁
（13）「東洋医学概説」長濱善夫著、創元社、一九九四年一二月二〇日二四刷、一八七頁
（14）「顔を見れば病気がわかる」猪越恭也著、草思社、二〇〇二年一二月二九日一三刷、二〇～三一頁参照

(15)「陰陽五行説」根本幸夫・根井養智著、根本光人監修、薬業時報社、平成五年九月五日三刷、一九三頁
(16)「顔を見れば病気がわかる」猪越恭也著、草思社、二〇〇二年一二月二九日一三刷参照
(17)「聖徳太子全集」第二巻・聖徳太子伝上、聖徳太子奉讃会監修、臨川書店、昭和六三年五月一〇日復刻、七四頁
(18)世界の名著一二「中国の科学」藪内清責任編集、中央公論社、一九九五年三月二五日四版、二七五頁
後白河法皇によって平安時代に編纂された「梁塵秘抄」にも、同様の記載がある。
(19)世界の名著一二「中国の科学」藪内清責任編集、中央公論社、一九九五年三月二五日四版、二四頁参照
(20)新釈漢文大系「淮南子」、明治書院、昭和五四年八月一〇日初版、一四〇頁
(21)世界の名著一二「中国の科学」藪内清責任編集、中央公論社、一九九五年三月二五日四版、五二頁
(22)「陰陽五行説」根本幸夫・根井養智著、根本光人監修、薬業時報社、平成五年九月五日三刷、二一九〜二二〇頁
(23)世界の名著一二「中国の科学」藪内清責任編集、中央公論社、一九九五年三月二五日四版、一一頁
(24)「干支の漢字学」水上静夫著、大修館、一九九八年一二月一〇日、一一九頁
(25)東京大学公開講座七〇「こよみ」著者代表・蓮實重彦、財団法人東京大学出版会、一九九九年一一月一五日初版、三二頁で、東京大学教授の川原秀城氏は「その積日は殷以降も一日も間断することなく、三千年を越えて今日まで連綿と続いている。また東アジア中国近隣諸国の積日も中国に連結しており、暦法は異なろうとも同じ日の干支はどの国でも等しい。」と述べている。
(26)恒星月は、二七．三日で、一公転の長さに当たる。
(27)世界の名著一二「中国の科学」藪内清責任編集、中央公論社、一九九五年三月二五日四版、一六頁
(28)「紀年を解読する」高城修三著、ミネルヴァ書房、二〇〇〇年三月三〇日初版、二〇頁
(29)「神典」大倉精神文化研究所編集、大倉精神文化研究所、昭和六二年一月三一日一二版、一七三頁
(30)「聖徳太子全集」第一巻・十七条憲法、聖徳太子奉讃会監修、臨川書店、昭和六十三年五月十日復刻、四七

七頁

(31)「緯書の基礎的研究」安居香山・中村璋八著、国書刊行会、昭和六一年七月二五日三刷、三〇八頁

(32)「緯書の基礎的研究」安居香山・中村璋八著、国書刊行会、昭和六一年七月二五日三刷、三〇八頁

(33)国史大系「政事要略」近藤瓶城編集、近藤出版部、明治四〇年六月一五日再版、一〇七頁(もちろん神武紀元は元嘉暦ではなく儀鳳暦によっているが、これは書紀編纂当時再編したおりに、儀鳳暦に合わせて組み換えたものであろう)

(34)「日本陰陽道史総説」村山修一著、塙書房、一九九四年六月二〇日六刷、三一・三二頁

(35)「紀年を解読する」高城修三著、ミネルヴァ書房、二〇〇〇年三月三〇日初版、七頁

(36)「聖徳太子全集」第二巻・聖徳太子伝上、聖徳太子奉讃会監修、臨川書店、昭和六三年五月一〇日復刻、五七頁

(37)新日本古典文学大系一二「続日本紀」(一)青木和夫・稲岡耕二・笹山晴生・白藤禮幸校注、岩波書店、二〇〇〇年四月一〇日七刷、一三二頁

(38)「聖徳太子全集」第二巻・聖徳太子伝上、聖徳太子奉讃会監修、臨川書店、昭和六三年五月一〇日復刻、九四頁

(39)「明堂要訣」金鐘喆著、オーソン出版社、二〇〇〇年三月五日七版、八六〜二〇五頁

(40)「風水先生」荒俣宏著、集英社、一九九四年四月二五日一刷、一九三・一九四頁

(41)「日本古典文学全集」四四「徒然草」小学館、一九九五年三月一〇日、八六頁

(42)「安倍晴明占術大全」藤巻一保著、学習研究社、二〇〇〇年九月三〇日一刷、二二三・二二四頁

(43)「安倍晴明占術大全」藤巻一保著、学習研究社、二〇〇〇年九月三〇日一刷、二二四・二二五頁参照

第七章　日本文化の深層意識

天皇の精神である「合わせ鏡」の思想は、実は現代の日本人の精神にも、しっかり生きている。ここでは、現代日本人に生きる聖徳太子の「合わせ鏡」の思想が、重層信仰という常識によって、伝統的に息づいていることを論じることで、その意味を探る。

一、日本の常識は、世界の非常識

日本人は、無宗教であるとよく言われる。おそらく、おおかたの日本人は「あなたの宗教は何ですか」と質問されても、答えられない方が多いのではないであろうか。

正月には神社へ参拝し、お盆にはお墓参りもする、クリスマスになれば、イエスの生誕をお祝いする。このため日本人は、多重信仰であると言われる。多重信仰というのは、多様な宗教を混合して信仰していく意味で使用される言葉である。

しかし、日本人は多重信仰というよりは、重層信仰と言った方が正確である。それは多重信仰というのは、タイの国でも見られる現象であり、タイの国の寺院にいくと色々な仏像や神様が所狭しと並んでいる。そして、中にはインドのヒンデュー教の神様であるヴィシュヌ神などの神々もお祭されている。しかし、これはタイに限ったことではなく、アジア各国、ラテン・アメリカを始めアフリカ・ヨーロッパにまで見られる現象である。だから、日本だけに限られた特有の現象ということはできない。

むしろ、日本特有の現象というのは、例えば年末において日本人は、クリスマスにはケーキを買ってパーティーをし、歳の暮れには寺で除夜の鐘を聞き、歳が明けたら神社で初詣をするという僅かな期間に三つの異なる宗教をはしごしてしまう、この日本人の心性、宗教的心情の中にこそ、日本人特有の民族性が見える。

これは、タイの国のような多重信仰とは異なっている。多重信仰の場合は、一つの寺院で様々な仏や神様をお祭りし、崇拝しているのだが、日本の場合一人の日本人がいくつもの宗教を渡り歩いているので、ここには明確な違いがあり、多重信仰というよりは、重層信仰という表現の方が的確である。

すなわち、日本人は多様な宗教、諸宗教の存在を認めながら、それを越えて歴史や宗教・宗派・教義ではなく、その中にある雰囲気を見ようとするのである。このことからも、日本人は無宗教なのではなく、宗教の宗派や教派にとらわれることなく、宗教的情緒や宗教的雰囲気といった宗教の心には理解し、参加しようとする態度が見える。この日本人の心の根底には、日本人が特有に持っている民族性を決定する原理があり、その日本人のビヘイビア（行動原理）こそ、聖徳太子の精神であったと考えられる。

その原理は、一五〇〇年の歴史によって積み重ねられた歴史の中で刻まれた、日本人の心の行動様式と深く関係している。

一五〇〇年前、仏教が日本に入ってまだ間もない頃、仏教と神道に対して聖徳太子は見解を求められた。

聖徳太子は答えに窮したが、これについては「日本書紀」推古天皇二年春二月[1]（五九四年）に「三宝興隆《さんぽうこうりゅう》の詔《みことのり》」を発令し、同書推古天皇十五年春二月[2]（六〇七年）には、「神祇崇拝《じんぎすうはい》の詔《みことのり》」を出している。

すなわち、「三宝興隆の詔」によって仏教の興隆を発令し、「神祇崇拝の詔」によって天《てん》神地祇《じんちぎ》の神様を奉祭するように、発令している。ここで聖徳太子は、仏教と神道の二つを信じなさいと言っている。この聖徳太子の態度が、その後の日本人の宗教に対する態度に大きく影響している。

この「三宝興隆の詔」による仏教の興隆と「神祇崇拝の詔」による神祭りの崇拝への共

同発令は、聖徳太子の精神をよく表しており、西欧諸国が宗教の名のもとに数限りない迫害、戦争を起こした歴史と比較するとき、この発令がいかに特異なものであるか、またこの発令がその後の日本にどれ程影響を与えているかを伺える。

また、今の日本人の態度も、やはり宗教の多様性や存在は認めるけれども、宗教的対立、争いを起こすまいとする民族的心意がそこに読み取れる。

日本は単一民族に見られているが、しかし、古代社会では様々な部族が乱立し、その中で大和朝廷は国家の統合を、行っていった。この統合のやり方が、特徴的であり、普通征服した部族の習慣や信仰は排斥し、部族を滅ぼそうとする。また、自分たちの文化がグローバル・スタンダードであると考えて、それを押し付けようとするが、大和朝廷は、宮中に八百万の神を集めてそこで奉祭している。これは、共存しバランスを保つことで、調和していくやり方を執っている。だから、滅ぼさないし滅ぼされなかったと言える。

しかし、これは曖昧性という日本人の特徴も発生しており、「イエスとノー」の併用など現代のように国際化している社会であっても、この特性は残っている。これは国際化していく社会の中では、時代遅れの民族性と見られがちである。

しかしながら、国際化社会におけるスタンダードとは、実は自国の文化的特徴に気づき、その価値を再評価していく態度にある。すなわち、インターナショナルはナショナリティーを排除することで達成できるのではなく、互いの文化的特徴を認め合う、異文化理解の中にこそ、文化が創造的に活動する方向性があり、日本人の伝統や道徳観、美意識などを高めていく方向にある。

日本人の曖昧性といった国民性は、通常マイナス・イメージとして語られるが、しかし、この特性を裏返してみると、どのようなものにも馴染み、どのようなものでも吸収していくという優れた一面も持っている。この日本人の優れた点は、新しい技術や知識を習得し、より新しいものへと作り変えていく、もの造りの分野でよく認められる。

日本人の曖昧性は、実は様々なものを吸収していく、「順応性」という特性も併せ持っている。この「順応性」という特性は、最近日本が身に着けた特性ではなく、日本の国家が誕生する頃、さらには、日本人が農耕技術を手に入れた頃にも遡れる民族の特性である。この特性は、日本人が民族の習俗や習慣として守ってきた生き方、考え方として今でも息づいている。

この日本人の順応性という行動様式の特性は、聖徳太子の宗教的態度の表れであり、聖徳太子の宗教的態度が、現在の日本人に息づいている。

また、日本人が受身の態度であるといわれるのも、主体的に物事を進めるよりは、成り行きや状況を見ながらそれに順応していこうとするからである。主体性がないのは何も今の若者に始まったことではなく、太古の昔から日本人は主体性を持つことを好んではいなかった。日本人は「間」を取ることで、そこの「空気を読む」ように努めている。

それは主体性をどこで持つべきかを、肌で感じているのである。

日本人は原型に戻してから、新しいものを作り上げていく特性を持っている。この原型に戻す作業に特徴がある。原型に戻すとは、一旦自分の世界に引きずり込む作業である。自分の世界とは模倣するものと自分が一体化していく状態と言える。

さて、拓殖大学日本文化研究所客員教授の呉善花《オソンファ》氏は「日本的精神の可能性[3]」の中で、日本文化は「ものまね文化」ではないことを、主張しておられる。

「簡単に模倣とか外来文化の受け入れとか言うけれども、日本の外来文化の吸収の仕方たるや、尋常なものではないのである。

たとえば仏教寺院を挙げてみてもよい。百済から仏教が伝えられるや、日本はわずか百年ほどの間に五百余の寺院を建設している。それに対して『本家』百済が建設した寺院は、百五十年の間にわずか五十ばかりである。高句麗発掘調査がいまだ不十分ではあるが、日本がわずかな期間で、高句麗、新羅、百済の三国が建設した寺院の合計をしのぐ数の寺院を建設した可能性は高い。

また、奈良の東大寺は当時の世界最大級の建築物だった。さらに、東大寺の大仏ほど巨大な金銅仏は中国・朝鮮はもちろんのこと、世界に類例のないものだった。しかもその鋳造技術は、間違いなく当時の世界の最先端をいくものだった。

この力量は単なる模倣力の延長で説明できるものだろうか。」

このように、日本人の順応性は、単に模倣文化で片付けることのできない、日本独特の文化がそこにはある。模倣は完成されたものをそのまま真似ることだが、真似るうちに自分のものに内在化していくと言えるだろう。この外部を内部化していくことが、日本人の物事を理解する基本にある。その上で必要なことは、一度内部化してから、もう一度捉えなおそうとすることである。この内部化の作業が、新しい文化を原型に戻す作業であり、その原型から新しいものへ創造していくことが日本人の特徴と言える。

それを、聖徳太子の父である用明天皇は「仏法を信じ、神道を尊ぶ[4]」と表現したのであろう。すなわち、優れた文化を吸収し、それをオリジナルに高めることは、模倣ではなく、それはすべてのものに魂を入れる作業である。それは全てのものに魂が宿るという日本人の信仰の発展型といえるだろう。分かりやすく言うと、日本人はその根底に、自然信仰を持ち続けながら、それを隠していると言える。それが根本にあるから、どんな文化を吸収しても、すべて混合しても、その根底にあるものは変えないでいる。日本人は、例えどんな文化を吸収しようとも、自分たちの伝統を大切にする気持ちがあったからこそ、近代国家への移行を円滑に行えたのである。日本人は類まれな咀嚼力を持っているから、外来文化を吸収する能力が高いと言える。また逆に、この日本の近代国家への脱皮は、日本の伝統的価値観があったから成しえたと言える。前野徹氏は「国家の大義」(5)の中で次のように述べている。

「日本のお家芸《いえげい》である外来文化の換骨奪胎《かんこつだったい》の咀嚼力《そしゃくりょく》は、現在も行き続けています。わかりやすい例が料理の世界です。

―中略―

しかも、無国籍料理などというものさえある。日本の料理人は、様々な国の調理法や素材のうち、いいところだけを吸収して、エスニックではあるけれど、どこの国の料理にも属さない味の料理を創り出しました。

かくのごとく、料理の世界では、いまだ日本人の外来文化咀嚼力は健在です。しかし、戦後、ＧＨＱの占領政策によって歴史を分断された日本では、急激に換骨奪胎の超システムが機能しなくなっているのも否定できません。」

日本には様々な国の料理が入り、これらは日本人の口に合うように、繊細で奥深い日本の味覚によってさらに、アレンジして創意工夫されている。これを前野氏は「換骨奪胎の咀嚼力」と表現しておられるが、これは和魂洋才とも言い、日本の魂を守りながら骨を替え、体を取って自分のものとして作り変えることである。

すなわち、伝統的価値観を守りながら新しい文化を吸収していくには、外部を内部化していく作業が必要であり、すべて混合しても、その根底にあるものは変えないでいる。この考え方が、日本人の物事を理解する基本にある。

重層信仰とは、すべてのものを同一化するのではなく、すべてのものを細分化する作業である。その細分化したものの中から必要なものだけを集めて、それを創造していく。このやり方は実は聖徳太子が示した精神であり、古代日本社会が日本を統合するときにとった手段である。このやり方に、実はこれからの人類が生き抜いていくための大きなヒントがあると考えられる。

二、聖徳太子と天皇号

▼天皇という尊称を大王に送ったのは聖徳太子であり、この天皇という尊称こそが、聖徳太子が未来の日本へ送るメッセージの鍵を握っている▲

現代の日本国憲法第一章の第一条において、「天皇は、日本国の象徴」としている。しかし、天皇号が成立するまでは「大王《おおきみ》」と呼ばれており、「天皇」という称号は聖徳太子の思想と深い関係を持って誕生している。「天皇」は本来的には、右翼でもなく、左翼でもなく、東洋科学の天文学的宇宙観がその根底にあることを知る人は意外に少ない。

また、このような理解がないために、天皇観が偏ったものになっていると考えられる。古代日本人における天皇観は、意外にも国際的であり、その言葉の持つ意味は、現代の我々よりもスピリチュアルである。それでは「天皇」号はどのように誕生し、それは本来どのような意味を持っていたのであろうか。

天皇は、天皇号という称号によって天皇になったといっても過言ではない。それほどこの「天皇」という称号は、歴史的に日本において大きな意味を持っている。また、この称号なくして現在の天皇家はありえない。しかし、この「天皇」という称号は、謎の多い称号である。

「天皇」という称号について、法隆寺の薬師如来坐像《やくしにょらいざぞう》の光背銘《こうはいめい》(6)には次のようにある。

「池辺大宮治天下天皇《いけのべのおおみやにあめのしたしろしめししすめらみこと》（用明天皇）大御身《おおみ》労《いたつ》き賜《たま》いし時、歳《とし》は丙午《ひのえうま》に次《やど》りし年《とし》（用明元年）大王天皇《おおきみのすめらみこと》（推古天皇）と太子とを召《め》して誓願《せいがん》し賜《たま》わく、我大御病太平《わがおおみやまいたいら》きなんと欲《ほっ》し坐《ま》す、故《ゆえ》、寺を造り薬師像を作り仕奉《つかえまつ》らんとすと詔《みことのり》たまいき。」

ここに、用明元年（五八六年）に、用明天皇はご病気になられたので、推古天皇と聖徳太子をお呼びになられた。そこで天皇は、病気から回復するように願われて、寺と薬師像を作り、奉仕するように、詔《みことのり》されている。しかし、聖徳太子の父である用明天皇は用明二年（五八七年）四月九日に、寺の建設も叶わず崩御された。

この天皇の遺命を受けて推古十五年（六〇七年）に、推古天皇と聖徳太子は共に「法隆寺」と、「薬師如来坐像」を造営された。そのため、用明天皇の遺命に従い、推古天皇と聖徳太子が共に、奉仕されている。

ここに「池辺大宮治天下天皇《いけのべのおおみやにあめのしたしろしめししすめらみこと》」とあり、また「大王天皇《おおきみのすめらみこと》」とある。推古天皇の時代から「大王《おおきみ》」の変わりに「天皇」の号を使用し始めているようである。

しかし、一九八一年より昭和資材帳の作成が始まり、これによって薬師如来坐像や釈迦三尊像の調査[(7)]が行われた。結果、釈迦三尊像は薬師如来坐像よりも古いということが分かってきた。そのため、この薬師如来坐像の光背銘についても、疑問視する研究者が出てきた。

しかしながら、これは法隆寺を再建した折に、薬師如来坐像も作り直し、この光背銘はその時に法隆寺創建の本来の目的を忘れないために、古伝の資料に基づいて彫られたと考えれば矛盾はなくなる。また、法隆寺創建の推古十五年（六〇七年）当時、聖徳太子は華々しく活躍しており、すでに推古元年（五九三年）には法興寺の刹柱《てらのはしら》を建てて、四天王寺を造営していることを考慮したなら、「法隆寺」と「薬師如来坐像」を造営される年は、推古十五年（六〇七年）が最も相応しいと考察できる。

さらに、中宮寺天寿国繡帳銘《ちゅうぐうじてんじゅこくしゅうちょうめい》[(8)]には「斯帰斯麻《しきしま》の宮に天《あめ》の下治《したしろ》しめしし天皇」とある。これは聖徳太子がなくなって、悲しんでいた太子の后《きさき》である橘大女郎《たちばなのおおいらつめ》が、太子のいる天寿国《てんじゅこく》を見たいということで、天寿国の繡帳を作成し、その由緒を述べた銘文である。ここにも、「天皇」と四箇所に記載されている。

しかし、近年の研究者の間では、この天寿国繡帳が本当に当時のものかどうか、異論を唱える者も多く、疑いをもたれていた。

けれども、帝京大学教授の義江明子氏は「日本史研究」三二五号[9]（一九八九年）「天寿国繍帳銘系譜の一考察」の中で、銘文に見える系譜を分析し、様式や構造から推古朝の成立と見てよいという見解を研究に基づいて発表された。

さらに、華頂短大教授の田中嗣人氏は「聖徳太子の実像と幻像[10]」の中で、次のように言っている。

「持統四年（六九〇）に元嘉暦と儀鳳暦が採用されている段階から見ても繍帳銘が唐暦の知識で記載されていることは明白で、繍帳銘の記事に何ら誤りはないのである。そうすると太子の薨日は推古三十年二月二十二日が正しいこととなり、繍帳銘にみえる天皇号・太子号・和風諡号もみな繍帳銘製作時の知識と考えられ、筆者はそれを推古朝末年から舒明朝の頃のものと判断したのである。」

このように、繍帳銘は飛鳥時代の作品と考えられ、天皇号は聖徳太子によって萌芽を見ており、この当時すでに天皇号は使用されているようである。

この「天皇」について、「日本書紀」推古天皇二十八年[11]（六二〇年）に次のようにある。

「是歳《ことし》、皇太子・嶋大臣共《しまのおほおみとも》に議《はか》りて、天皇記及《および》国記、臣《おみ》・連《むらじ》・伴造《とものみやつこ》・国造《くにのみやつこ》・百八十部并《ならび》に公民等の本記を録《しる》す。」

ここで、聖徳太子が嶋大臣《しまのおおおみ》と「天皇記」、「国記」を記録されたことが記載されている。ここに「臣・連・伴造・国造・百八十部并に公民等の本記」とあるが、これは国記の内容を説明したものである。

「日本書紀」によれば、聖徳太子は推古二十八年（六二〇年）には「天皇記」という書物を記録している。この書物こそ、天皇という称号がなぜ倭国の大王《おおきみ》へと与えられたのか、その鍵を握る書物である。しかし、「天皇記」は名前だけ残っていて、今は現存していない。

「日本書紀」皇極天皇四年春正月十三日(12)に、次のようにある。

「蘇我臣蝦夷《そがのおみえみし》等が、誅《ころ》さるるに臨《のぞ》みて、悉《ことごと》に天皇記・国記・珍宝を焼く。船史恵坂《ふねのふひとえさか》が、即《すなわ》ち疾《と》く焼かるる国記を取りて、中大兄《なかのおおえ》に奉《たてまつ》りぬ。」

ここで蘇我蝦夷が殺されるときに、「天皇記」・「国記」や宝物を焼こうとしたが、「国記」は、船史恵坂《ふねのふひとえさか》の手によって災難を逃れ、中大兄皇子《なかのおおえのみこ》という皇族の手に渡っている。

このことから、「天皇記」・「国記」という書物は、その後「古事記」「日本書紀」を編纂する際、組み込まれた可能性も棄てきれない。

「古事記」の序文[13]にも、諸家に伝わり記録された「帝記《ていき》及《およ》び本辞《ほんじ》は既《すで》に正実《せいじつ》に違《たが》ひ」それで「帝記《ていき》を選録《せんろく》し、旧辞《きゅうじ》を討覈《とうかく》」したことを述べている。つまり、諸家が記録して伝え聞いている帝記と本辞は、すでに真実と違っており、帝記から真実を選び記録して、本辞の虚偽を検討し、取り除いたとある。

さらに、「日本書紀」欽明天皇（五四一年）二年三月[14]に次のようにある。これは簡略に意訳して示す。

「帝王本紀《ていおうほんぎ》には多く、古い字がある。撰集者はしばしば移し、代えるようにしている。後代の者が習い読んでみると、その本意を採って削り、改めて伝え写すことが、すでに多くある。遂に一致しないで、迷うことになり、前後を次いで失い、兄弟が交互に変わっている。今はすなわち古今を推考して調査し、確認して、その真正に帰すことである。ひとたび知り難いことがあったなら、またもう一つの資料によって選び、その異なるところに注目し、詳細に分析するように、他のものもこれに習いなさい。」

このようにすでに、欽明天皇《きんめいてんのう》の御世には歴史編纂《れきしへんさん》は始まっているようであり、聖徳太子がこれに参加し、「天皇記」を記録していたとしても、何ら不思議はないであろう。

さらに、六一八年に聖徳太子が隋に送った国書に「東天皇敬白西皇帝」（「日本書紀」推古天皇十六年九月一一日）[15]と書かれている。

ここに「東《ひがし》の天皇敬《うやま》って、西《にし》の皇帝に白《もう》す」とあり、天皇が隋の皇帝に差し出した国書である。

ここで、聖徳太子は日本を天皇と称し、中国を皇帝と称することで、対等に外交を進めようとする意志があったと分かる。これは聖徳太子が、日本から中国に送った国書にある「日出《ひいず》る処《ところ》の天子《てんし》が、書《しょ》を日没《ひぼっ》する処《ところ》の天子《てんし》に致《いた》す」という文章の用法と同じであり、日本と中国を対句的に用いることで、対等に外交を進めようとする意志がある。

ここで「東《ひがし》の天皇」は「日出《ひいず》る処《ところ》の天子」であり、「西《にし》の皇帝」は「日没《ひぼっ》する処《ところ》の天子」に当たる。このことからも、ここは「天皇」でなければ、意味をなさない文章になることが理解できる。

つまり、聖徳太子の外交の特徴は、媚びへつらうことによって、大国中国に取り入ろうとするのではなく、むしろ対等の立場で中国と渡り合い、日本が東アジア外交で主導権を握れるように進めていることである。この主導権を握るために、皇帝に対する概念として天皇の概念が必要となり、ここで聖徳太子は「東の天皇」と主張していることが分かる。

また、聖徳太子は日本の文化的後進国からの脱却を、どのように進めることができるかによって、国の将来が決まるとも考えていただろう。すなわち、日本は発展した文化を中国から学ぶと同時に、独自に民衆の力を集めて文化を築き上げて、世界に冠たる国へと躍進させたかったと思える。この文化を築き上げることが日本の将来において大きな財産になることを知っており、また文化や宗教が国民の力になることも十分理解していた。

このことから、聖徳太子の時代から天皇ないし天子の語が、大王に代わって使用され始め、聖徳太子は「大王」を「天皇」に変えることで、中国に並ぶ国として対等に外交を推進していきたかったということが分かる。

これは、中国皇帝の絶対権力を背景とする中華思想に対する小さな抵抗ではあるが、従属関係ではなく、自主外交を推進することでこそ、日本の文化や精神も理解されるという聖徳太子の想いがあったからであろう。このように、「天皇」という尊称は成立した当時、日本を国際社会の一員にしたいという、聖徳太子の強い意志が働いて成立したものであり、現在我々がイメージする天皇という言葉の持つ概念とは異なっている。

このように、天皇という尊称を大王に送ったのは聖徳太子であった。そしてこの天皇という尊称こそが、聖徳太子が未来の日本へ送るメッセージの鍵を握っていると考えられる。

では、天皇という称号にはどのようなメッセージが隠されているのであろうか。

三、天皇の暗号

▼中国やヨーロッパの王政である「専制的絶対王政」と異なる日本独自の「平和的共存王政」は、聖徳太子により始まった▲

天皇が近代に入って、国家主義に暴走する原因は、キリスト教を神道に置き換えようとした伊藤博文の責任である。明治時代は西欧諸国に追いつくため、「和魂洋才」のスローガンのもと、あらゆる技術を短期間に習得していった。

これと同じように、伊藤博文は西欧諸国がキリスト教によって、国民をよく統治するのをみて、日本の神道をキリスト教に置き換えた。その結果として、登極《とうきょく》令を始めに、神仏《しんぶつ》分離《ぶんり》、廃仏毀釈《はいぶつきしゃく》や鎮守《ちんじゅ》の杜《もり》の統廃合《とうはいごう》など、明治政府の政策は日本人の歴史観と文化精神を覆《くつがえ》して破壊し、国家神道という聖徳太子の当初の目的とはまるで異なる性質の天皇制を作り上げた。

そもそも、神道とキリスト教では、その成立した風土も歴史もまるで異なっている。その歴史を見ようとしない指導者が、一部の暴走を形成してしまう。このことを考えても、思想を全体的に理解する目が、どのくらい大切であるかが、理解できよう。

すなわち、聖徳太子の精神を正しく理解することは、暴走を抑制し、誤解に基づく判断を正す、正しい目を持つことに他ならない。

日本の社会の歴史の中で、ほとんどは、国家主義よりも共存主義であったし、聖徳太子も、共存主義を意識して天皇という言葉を採用している。その本質を見極める目が必要であり、「天皇」号が使用され始める当初、それがどんな目的のために使用されたのかを知らないということは、恐ろしい結果を招く。

ここで筆者が言いたいことは、近代伊藤博文によって渡来したキリスト教まがいの天皇制ではなく、聖徳太子の本義に戻れということである。

そもそも、欧州と日本では、王政《おうせい》の概念自体《がいねんじたい》が異なっている。

おおよそ、ヨーロッパの王政は絶対王政であり、国家組織は、王の権力を保証し、王は国の支配者として絶対権力を求めた。いわゆる、専制政治とは、武力で覇権を争い、王の意思によって国を支配するのであって、国民の意思はそこに関係していない。この王の権力を武力や財力によって強化し、王に全ての支配権を集約していく王政である。

また、教皇の権力の源泉は懲罰権《ちょうばつけん》であり、神の唯一性と神の絶対性というキリスト教的世界観が背景にある。その証拠に中世ヨーロッパ社会では、自然崇拝は「魔女狩り」されて、教皇の財力の源泉は「免罪符《めんざいふ》」の発行による収益であった。この「免罪符」とは、罪の償いを軽減するためにカトリック教会によって発行された贖宥状《しょくゆうじょう》である。つまり、教皇の権力の源泉は、罪の軽減という懲罰権によって支えられていることを端的に物語っている。

それに対し、日本の天皇は絶対的支配を嫌った。これは、聖徳太子の冠位十二階や十七条憲法に如実《にょじつ》に示されている性格である。

「天皇」という尊称を「大王」に与えた理由は、当時圧倒的な力を誇っていた帝国である隋と、対等外交を推進していきたいという聖徳太子の意思と同時に、国内的には懲罰権を放棄し、栄誉授与の大権を確立することにより、その地位を維持しようとした聖徳太子の意思が働いている。そういった意味で天皇は、成立した当初から象徴的存在であろうとしていたと言える。

そもそも、冠位十二階は、日本で始めて能力主義を採用した制度である。それまでの氏族制度という制度は有力豪族による政治だったが、優秀な人材が埋もれて功績や才能を評価するシステムがなかった。そこで聖徳太子は、功績や才能があれば例え有力豪族でなくても、昇格するシステムを作り、十二の階級に分けた。

この冠位十二階の制度を設立した目的は、優秀な人材を登用すると同時に、天皇の栄誉授与権の確立であった。その後日本の歴史を見るとき、政治権力の中心である幕府に対して、天皇は栄誉を授与する栄誉授与権のみを行使している。武士がなぜ、自ら「天皇」と名乗ろうとしなかったのか。それは、聖徳太子の精神が生きていたからである。これは世界の王権の常識では、考えにくいことである。

すなわち、鎌倉時代から江戸時代に至るまで、実権は武士が握り、天皇は象徴的存在として栄誉を授与する権利のみを行使してきた。日本において武士が実権を握り続けている歴史を見るとき、日本の天皇制は、ヨーロッパの王政とは全く異なるものであることを感じる。

このことから、ヨーロッパの王政は「専制的絶対王政」であり、日本の王政は「平和的共存王政」と言うこともできる。

このヨーロッパの絶対王政をそのまま日本に当てはめることは、日本の王政の本義に反している。

また、神概念とその信仰においても大きな違いがあり、日本人の信仰のあり方から言って、人は神によって造られたものではなく、霊の留《とど》まるところが「霊止《ひと》」である。それに対して欧州のキリスト教では、神の被造物となっており、それをそのまま適用することの危険性がある。

すなわち、今少し「天皇」という言葉の持つ意味を、再考する必要があり、その本義のいいところを、もっと見直しても良いであろう。それには平和的共存を説いた聖徳太子の理想がどこにあるのかを、神秘的な深い意味で理解する必要がある。

この「天皇」という尊称に込めた聖徳太子のメッセージは、中国皇帝の中央集権国家と反対に位置する、象徴的存在としての平和的共存王政という世界に、全く類例を見ない王権の確立であった。

この精神は「表裏一体型の祭礼スタイル」が、一神教（最高神的支配観）と多神教（自然信仰）を並存させるシステムとなって、宗教は共存するという共生の思想にある。この思想を無視して、日本人の未来も、人類の未来もない。

さて、聖徳太子が制定した冠位十二階において、紫が最高位にきているのも、天皇家の祭儀と無関係ではない。それは、北辰を宇宙の中心として、この天象に象って、冠位や祭礼を決定したのである。このように東洋科学の宇宙観は、日本の国家の創建において、強力に作用したと考えられる。聖徳太子の冠位十二階や十七条憲法も、東洋科学の理論を非常によく採用し、徳の冠位に紫を当て、憲法を十七条としたのも、この宇宙観による。

このように聖徳太子は、東洋科学の宇宙観を利用して、日本の精神を語っている。ここには、優れた古代中国の天文学や地理学・医学などその当時最先端をいく、技術制度を採用しながらも、根本は変えないという聖徳太子の特質も見て取れる。

また、日本の祭りにおいて、太陽の神を祭る多神教の太陽信仰と、宇宙の神を祭る最高神の北辰信仰《ほくしんしんこう》は、矛盾なく融合している。太一《たいいつ》の星座は紫微宮《しびきゅう》とも総称されており、紫は尊い色であり、北方は最高の方角であるとする北辰信仰と一つになっていった。また、北斗七星も北辰と同一視され、混同されていった。

この北辰信仰と太陽信仰は、日本でどのように融合されたのであろうか。

これは前方後円墳に、その特徴を見て取れる。天は丸く、地は四角いという宇宙観が古代中国の世界観であり、この天円地方の宇宙観が反映されているのが歴代天皇の陵墓である前方後円墳である。この前方後円墳は、東洋科学の宇宙観でいくと、天と地を融合したスタイルを採用している。

つまり、円墳《えんぷん》は天を象徴したスタイルであり、方墳《ほうふん》は地を象徴したスタイルである。この天と地を融合したスタイルが、前方後円墳である。

同じことが、伊勢神宮にも言える、太一神を祭る北辰信仰と天照大御神を祭る太陽信仰は、伊勢神宮において、一つのスタイルを形成している。それは、太陽の象徴である八咫《やたの》鏡《かがみ》と太一の象徴である心《しん》の御柱《みはしら》を、同じ御殿で、同じように祭儀において祭ることで融合した。これは一つのお宮で、たくさんの神を祭るのとは異なり、神を陰陽の合わせ鏡としているところに特徴がある。

すなわち、天照大御神は、伊勢神宮の御祭神であり、その御神体は八咫鏡である。しかし、それは表の御祭神で、裏には太一神《たいいっしん》を最高神としてお祭りするシステムが整備されている。この表裏一体型の祭神スタイルが、他の神社にも宗教にもない独特のフォームを作り上げている。

分かりやすく言うと、伊勢神宮は昼の神である太陽神と夜の神である北極神を陰陽の合わせ鏡としてお祭りしている。つまり、合わせ鏡のように、一対にすることで、昼の神と夜の神を一致して、調和させている。

この「合わせ鏡」というのは、宇宙の仕組みを語っている。宇宙の仕組みとは、世の中は昼だけでも成り立たないし、夜だけでも成り立たないという宇宙の真理を意味している。また、この「合わせ鏡」という仕組みによって、宇宙の仕組みは、バランスと調和の上に成立していることを語り、宇宙の循環と生命の営みは、この法則性を逃れては存立し得ないことを語っている。

これは天皇という尊称にも言えることで、天皇は「八百万の神《やおよろずのかみ》」を祭り、「八百万の神」を拝礼し、天神地祇《てんじんちぎ》を奉祭《ほうさい》している。これに偽りはないし、これが表の祭礼である。しかし、それは表の祭礼で、裏には天皇大帝という宇宙の最高神を祭るシステムが整備されている。この表裏一体型の祭礼スタイルが、（最高神的）一神教と多神教を並存させるシステムとなって、宗教戦争や論争の起こらないシステムを構築していると言える。

普通の宗教観念から見ると矛盾して見えることでも、それを構造的に理解することで、宗教は共存できるということを物語っている。

これは、天皇家に限っていえる特有の現象で、他の王族には見られない。表裏一体の信仰は、日本が生み出したすぐれた宗教システムであると同時に、このシステムは信仰の曖昧《あいまい》さも生み出す危険性を孕《はら》むシステムだと言える。

さて、「天皇」という言葉に秘められた聖徳太子のメッセージは、この「表裏一体型の祭礼スタイル」が、一神教と多神教を並存させるシステムとなって、宗教は共存できるということを暗号化して教えている。この「天皇」という尊称を「大王」に与えた理由は、宗教的祭祀の司祭者として、その地位を維持しようとした聖徳太子の意思が働いていることを、次節で詳述する。

この聖徳太子のメッセージを解読する鍵は、天皇という尊称にあるが、その意味しているところは、世界中どこにもない日本独自の信仰システムであった。このことを見ても、聖徳太子の先見性が伺えるであろう。

つまり結論から言うと、多神教と一神教⑯は互いに矛盾する性質を持ちながら、しかも表裏一体型のシステムによって共存できることを聖徳太子は「天皇」と言うコードを使って実現している。

このように天皇という言葉が成立した当初は、中央集権などということよりも、みんな平和共存することの方が意識的に強かったと思える。この聖徳太子の思想には、他者を排斥する思想よりも、他者と共存する和の思想のほうが強く働いている。

もともと日本人の思想は、他者を非難する態度は汚いと考えられていたので、現代のように批判主義が横行してくるのは、西欧の近代思想が入ってきてからである。

四、天皇大帝の宇宙観

▼「天皇」という尊称を「大王」に与えた理由は、宗教的祭祀の司祭者として、その地位を維持しようとした聖徳太子の意思が働いている▲

前節までに「大王《おおきみ》」の替わりに「天皇」という尊称が、使用され始めたのは、聖徳太子の時代であり、聖徳太子が「天皇」という尊称を「大王」の替わりに使用していることを論述してきた。

しかし、聖徳太子は「天皇」という尊称を現代人とは異なる理解によって採用したようである。これは、宇宙の仕組みから国の運営を学ぼうとしており、古代中国の天文学的宇宙観がその中には存在している。ここではメッセージの基本となる古代中国の天文学的宇宙観から述べていく。

この天皇という尊称には「大漢和辞典(17)」によると、以下四つの意味がある。

第一に、天帝《てんてい》・天の神。

第二に、太古の天子の号・三皇の首。

第三に、天子の称号。

第四に、歳陰《さいいん》の名前。

この第一には、天帝《てんてい》の意味があり、天の主宰者《しゅさいしゃ》で北極五星《ほっきょくごせい》のうち最も明るい星を言っている。

また、第二には、三皇《さんこう》の首《かしら》であり、天皇《てんこう》・地皇《ちこう》・人皇《じんこう》の首《かしら》で、中国神話の五帝の祖である。

第三には、天子の称号であり天帝の子で皇帝のことを言っている。

第四には、歳陰《さいいん》のことで、太歳《たいさい》・歳星《さいせい》十二支の意味である。

ここで中国では、天皇は宇宙の中心にいて、中国の皇帝の祖神であり、皇帝ともなり、太歳という星にもなっている。
すなわち、天皇は東洋科学でも古代天文学の中で北極神であり、宇宙中枢《うちゅうちゅうすう》の神を天皇大帝《てんわうたいてい》として祀っていた。北極の星座を中宮《ちゅうぐう》と言い、中宮《ちゅうぐう》は天帝《てんてい》の住まいであり、北極星は道教では昊天上帝《こうてんじょうてい》・玄天上帝《げんてんじょうてい》・紫微北極大帝《しびほっきょくたいてい》・北斗神君《ほくとしんくん》とも呼ばれており、天帝の姿を現していると考えられた。

さらに、天皇については「晋書《しんじょ》」天文志[18]に記載があり、「鉤陳《こうちん》の口にあたる一つの星を天皇大帝《てんわうたいてい》といい、その神を耀魄宝《ようはくほう》という。もろもろの霊を支配し、万《よろず》の神の図《ず》を保持するのが仕事である。」とある。ここに鉤陳《こうちん》とあるが、これは「鉤陳《こうちん》は後宮《こうきゅう》である。大帝の正妃《せいひ》であり、大帝の住居《じゅうきょ》である。」としている。

すなわち、鉤陳《こうちん》は天皇大帝《てんわうたいてい》の正妃《せいひ》にあたる。ここでは鉤陳は北斗七星を言っており、北極星は五つあり、天皇大帝として表現されている。また、もろもろの霊《れい》を支配し、万《よろず》の神の図を保持するのが仕事であり、耀魄宝《ようはくほう》とも呼ばれている。

さらに、同書に次のようにある。「北極とよばれる五つの星と鉤陳《こうちん》とよばれる六つの星は、いずれも紫宮《しきゅう》の中に位置している。北極は北辰《ほくしん》の中でもっとも尊い星である。その主星は天の枢軸《すうじく》である。」

ここで中国天文学では、北極星から北斗七星までを、北辰として紫宮の中に位置し、宇宙の枢軸に当たるものと考えられていたことが分かる。

このように、天皇とは、古代中国《こだいちゅうごく》の神様《かみさま》である天皇大帝《てんわうたいてい》のことを言っており、古代天文学《こだいてんもんがく》によると天皇大帝《てんわうたいてい》は北極星《ほっきょくせい》を神格化《しんかくか》したもので、宇宙《うちゅう》の支配神《しはいしん》を意味している。この古代天文学《こだいてんもんがく》の宇宙観《うちゅうかん》に基づいて日本の天皇観《てんのうかん》は形成《けいせい》されて、天皇は現在も祭祀《さいし》を司《つかさど》る象徴《しょうちょう》として宗教的権威《しゅうきょうてきけんい》として存在《そんざい》し、古代天文学の宇宙観は現実に生き続けている。

さて、「晋書《しんじょ》」天文志には天皇大帝《てんわうたいてい》は耀魄宝《ようはくほう》とあるが、これについては「五行大義」の「三《さん》皇《こう》と天一《てんいつ》・太一《たいいつ》」[19]所収の「世紀」には「天皇《てんわう》は大帝耀魄宝《たいていようはくほう》なり、地皇《ちこう》は天一《てんいつ》となし、人皇《じんこう》は太一となすと。」とある。

ここでは天皇《てんわう》・地皇《ちこう》・人皇《じんこう》の三皇《さんこう》が大帝耀魄宝《ようはくほう》・天一《てんいつ》・太一《たいいつ》に当たることを言っているが、さらに同書所収の「星経」には「天皇《てんわう》大帝は、本万神図《もとばんしんず》を秉《と》れり。一星は勾陳《こうちん》の中に在り、耀魄宝《ようはくほう》と名づく。五帝の尊祖なり。天一・太一は神に承《つかえまつる》ことを主《つかさど》る。」とある。

ここで天皇大帝は五帝の尊祖とされ、天一・太一は天皇大帝に使える存在とされている。すなわち、天皇大帝は耀魄宝という神であり、天の中心である北辰紫宮を治め、北斗七星である鉤陳を正妃とし、もろもろの霊を支配し、万神図を保持する仕事をしていることが分かる。

五帝とは、中国伝説上の聖帝で、黄帝・顓頊《せんぎょく》・帝嚳《ていこく》・堯《ぎょう》・舜の五聖君を言う。人徳に優れた理想的な聖君として崇拝されている。黄帝は神農の後裔にあたり、神農は女媧・伏羲と三神を合わせて三皇と言われている。ここで天皇大帝は、この中国祖の五帝の尊祖として崇められている。

さらに「五行大義」の「三皇と天一・太一」[20]所収の「帝系譜」には「天地初《てんちはじ》めて起こり、即《すなわ》ち天皇《てんわう》を生む」とある。つまり、天皇は天地の始まりにおいて誕生した、宇宙創生神である。

これは日本では古事記の「天地開闢《てんちかいびゃく》」神話にあり、「天地初《あめつちはじ》めて発《お》こりし時、高天原《たかまのはら》に成《な》りませる神の名は、天御中主神《あめのみなかぬしのかみ》」とある。すなわち、天皇は、中国古典においては天御中主神と同格であり、宇宙の始まりからいて、現在も宇宙の中心にあって世界を支配する最高神であり、北極星の精をもつ神として考えられていた。

また、天皇が即位されるとき、即位礼《そくいれい》の本儀《ほんぎ》である「紫宸殿《ししんでん》の儀」を行うが、これは高《たか》御座《みくら》に昇り勅語《ちょくご》を宣《の》べて、即位《そくい》する儀式《ぎしき》である。

これは中国の封禅《ほうぜん》である壇上即位に習ったもので、「史記」封禅書[21]に次のようにある。

「皇帝《こうてい》は泰山《たいざん》南から登って頂《いただき》に至《いた》り、石を立て、秦《しん》の始皇帝《しこうてい》の徳をたたえ、始皇《しこう》が封《ふう》ずるところを得たことを明らかにした。そして陰道すなわち北口から下りて梁父山に禅祭を行った。」

これは泰山の頂上で、壇を造り天を祭り、泰山の麓で壇を造り地を祭る祭祀で、秦の始皇帝（紀元前二五九〜二一〇）が即位を行っている。

これについて「日本書紀」清寧天皇元年（四八〇年）六月十五日(22)に次のようにある。

「壇場《たかみくら》を磐余甕栗《いわれみかくり》に設けて、陟天皇位《あまつひつぎしろしめ》す」

ここに壇場を磐余《いわれ》に設置して、天皇の位にのぼるとある。このころから、天皇はその位につくために、壇場を設けていたことが分かる。そして、この壇場に陟《のぼ》ることが天皇の位に登ることであることが理解できよう。このように大王《おおきみ》がこのころから、天皇になろうとして、皇帝にそれを習って、儀式を行っている。このことを見ても、大王がそれ以上の存在になろうとして、すでに皇帝に近づこうとしている跡が見える。

この天と地を祭る封禅は、即位礼の本儀となり、この即位礼の御殿を紫宸殿《ししんでん》と称しているのも、北極星の座する場所である紫微宮《しびきゅう》を指しているからで、太極もまた北辰《ほくしん》である北極星を指している。

これを北辰信仰といい、天皇が元旦寅の刻に行う四方拝も、天地や東西南北を拝するもので古代中国の祭祀から始まっている。これは、元旦寅の刻（午前四時）に、清涼殿《せいりょうでん》の東庭において行われる行事で、北方にその年の属星を七遍唱えて再拝し、天地と四方（東西南北）を拝礼し、先考の山陵を拝礼して、その年の災害を祓い、宝祚《あまつひつぎ》の長久を祈られる儀式である。

この属星とは、子年は貪狼星《とんろうせい》（司命神子）、丑亥年は巨門星《きょもんせい》（貞文子）、寅戌年は禄存星《ろくぞんせい》（禄会子）、卯酉年は文曲星《もんごくせい》（微恵子）、辰申年は廉貞星《れんじょせい》（衛不隣子）、巳未年は武曲星《むこくせい》（賓大恵子）、午年は破軍星《はぐんせい》（特大景子）の七星である。

つまり、天皇家の祭儀は、北斗七星という宇宙神と天照大御神という太陽神を共にお祭りしており、これを合わせ鏡のように融合している。

ところで、四天王寺には聖徳太子が生前愛用《せいぜんあいよう》していたという「七星剣《しちせいけん》」（国宝）という直刀があり、この神剣には北斗七星《ほくとしちせい》が金の象眼《ぞうがん》で描かれている。北斗七星は、天帝を乗せる乗車で、天帝はこれに乗って天の中央を巡り、四方を統一される。また、陰陽を分けて、万象の気を司り、運命を支配する霊的力を持つと考えられ、邪気を祓うとも信じられていた。

この北辰信仰は、奈良時代以前より我が国に伝来し、北斗七星の象眼を施してある神剣《しんけん》は、強力な呪力《じゅりょく》の象徴となって北辰信仰は広がりを見せたのであろう。

この四方を拝すのは、宇宙の循環性における生命の再生を願い、自然界に宿る大生命に対する感謝の想いを表現している。

また、天皇大帝とは、北極星の精であり、生命の根源を意味している。「古事記」の天地開闢において、造化参神を「産霊《むすひ》の神」と言うのも、生命の生まれるところの神秘なる力を「産霊《むすひ》」として表現しているからである。

「五行大義」にある「天地初めて起こり、即ち天皇を生む」とは、生命の神秘なる力こそ宇宙の根源にある力だと考えていた。この生命の連続性の中に、生命の尊厳《そんげん》と生命の神秘《しんぴ》があり、その大生命《だいせいめい》とのつながりの中で現在の自分は、生かされている存在であることを物語っていよう。

すなわち、「天皇」という尊称を「大王」に与えた理由は、当時圧倒的な力を誇っていた帝国である隋と、対等外交を推進していきたいという聖徳太子の意思と同時に、国内的には懲罰権を放棄し、栄誉授与の大権を確立することにより、その地位を維持しようとした聖徳太子の意思が働いている。そういった意味で、天皇は成立した当初から宗教的祭司王《しゅうきょうてきさいしおう》として象徴的存在《しょうちょうてきそんざい》であろうとしていたと言える。

それは、天皇は皇帝と違い、絶対権力を求めないで、むしろ宗教的祭祀に重きを置き、その内容は生命の尊厳《そんげん》と生命の神秘《しんぴ》に置かれ、それは生命の根源である大生命《だいせいめい》とのつながりを意味していることからも理解できる。

つまり、聖徳太子が、「大王」に「天皇」という尊称を与えた理由は、我が国を神霊によって守られた、神様によって祝福された国にしたいという思いを込めている。

ところで、「大漢和辞典」(23)によると、天皇は、歴史的仮名遣いでは「てんくわう・てんわう」という読みであり、天皇大帝は「てんわうだいてい」であり、天皇旗は「てんわうき」となっている。この天皇の読みは本来「てんわう」と読むのが、「N」と「W」が、リエゾンして「てんのう」となったのであろう。

五、陛下の意味

さて、天皇は陛下とも呼ばれる。陛下については「新釈漢和辞典」(24)では、「①天子の御殿に登る階段のした。②天子に対する敬称。臣下が天子に奏上する場合には、御殿の階段の下にいる警護の者に告げたことによる。」としており、階段の下から臣下が取次ぎをして伝えたことから、この尊称がついたとあるが、筆者はそうではないと考える。

陛下の陛とは、「字通」(25)によれば「〔説文〕十四下『高きに升《のぼ》るの階きざはしなり』とあって、きざはしをいう。山王陵墓《さんおうりょうぼ》の螢域図によると、廟所《びょうしょ》はかなり高い階段を設けることがあった。阜《ふ》は神梯の象で聖域を示す。」とある。さらに「阜」については同書に[26]「神の陟降《ちょっこう》する神梯の象。天に陟降《ちょっこう》することをいう」とある。つまり、神様へのはしご、架け橋の意味である。

また、「晋書」天文志上に[27]「文昌《もんしょう》北六星を内階《ないかい》と曰《い》う、天皇の階《きざはし》なり」とある。これは文昌の北にある六つの星を内階と言い、これは天皇の専用の階段であることを言っている。すなわち天皇に至る階《きざはし》が天空上に存在し、その階段《かいだん》を上《のぼ》ることで天皇大帝《てんわうたいてい》へたどり着くことを意味している。

天皇陛下とはこの天皇大帝の居る天に昇ったり、降りたりする階の下を言っており、天皇大帝へと至る階《きざはし》の下にいる者という意味で、聖域《せいいき》へと続くきざはし・架け橋の下で、昇ったり、降りたりして神に奉仕することを意味している。すなわち陛下とは、天皇大帝《てんわうたいてい》の神に奉仕《ほうし》する神官《しんかん》の意味と解する方が本来の意味に近いと考察できる。

また、天皇は成立した当初からすでに、宗教的祭司王《しゅうきょうてきさいしおう》として象徴的存在《しょうちょうてきそんざい》であろうとしたともいえる。その証拠は、天皇陛下という尊称にこそある。

六、伊勢神宮の易学思想

▼伊勢神宮には、太一という神が祭られている。伊勢神宮は昼の神である太陽神と夜の神である北極神を陰陽の合わせ鏡としてお祭りしている。つまり、合わせ鏡のように、一対にすることで、昼の神と夜の神を一致して、調和させている。これは聖徳太子の「合わせ鏡」の思想と一致している▲

前節までに、天皇大帝は宇宙始源の神であることを論じて、それが日本の天皇に影響したことを述べた。

この天皇大帝は、古くは「太一」と呼ばれ、紫宮に住むと考えられていた。この「太一」について「史記」天官書第五(28)に次のようにある。

「天の中宮《ちゅうぐう》は天極星《てんきょくせい》である。その中の最も明るいのは太一といい、太一(の神)がいつも居るところである。その傍《かたわ》らの三星は、三公《さんこう》(太師《たいし》・太傳《たいでん》・太保《たいほ》)といい、太一の子の一属ともいう。太一の後ろで曲がって列《なら》ぶ四つの星のうち最も端の大きな星が正妃で、他の三星は後宮のものたちである。天極星をめぐってうちをただし外を護《まも》る十二星は、藩屏《はんぺい》の臣で総称して紫宮という。」

ここで天の中心には太一が居て、この太一とは北極星であることが理解できる。天皇大帝はもと、太一と呼ばれ、太一は北極星であり、天を主宰しており、天の中心であることが分かる。また、太一は宇宙元始の混沌であり、大道でもあり、太一は漢代には天皇大帝と呼ばれ、六世後半には現在道教最高神の元始天尊になる。

この太一は伊勢神宮伊雑宮御田植神事《いせじんぐういぞうのみやおたうえしんじ》で用いる高さ九メートルの扇形の祭具《さいぐ》である大翳《おおさしわ》にも書かれており、二十年に一度ある御遷宮《ごせんぐう》の御杣始祭《みそまはじめさい》の幟や由貴《ゆき》の御贄《みにえ》にも、太一の旗が立てられていた。

さらに、式年遷宮《しきねんせんぐう》の際、ご神体は「御被《みふすま》」と呼ばれる衣装に包まれるが、天照大御神《あまてらすおおみかみ》のご神体は、「屋形文錦《やかたもんにしき》」という御被《みふすま》に包まれ、豊受大神《とようけのおおかみ》のご神体は、「刺車文錦《さしくるまもんにしき》」という御被《みふすま》に包まれる。

これについて「史記」天官書第五(29)に、次のようにある。

「斗《と》を帝車《ていしゃ》と為《な》し、中央に運《めぐ》り、四郷《しきょう》を臨制《りんせい》す。陰陽を分かち、四時を建《た》て、五行を均《ひと》しくし、節度《せつど》を移《うつ》し、諸紀《しょき》を定《さだ》むる、皆斗《みなと》に繫《かか》る。」

このように、北斗七星は天帝を乗せる乗車で、天帝はこれに乗って天の中央を巡り四方を統一される。また、陰陽を分けて四季を建て、五行の気を等しくして季節を移し、色々な政法を定めることを司るものである。

すなわち、外宮の刺車文錦《さしくるまもんにしき》はこの乗車を象徴し、さらに、内宮の屋形文錦《やかたもんにしき》は天帝の住まいである中宮を象徴している。ここで伊勢神宮は、宇宙の主宰神である太一神と、太陽神である天照大御神の二つの神を習合していることが分かる。これは、伊勢神宮内宮の皇大神宮という別称によっても、太陽神である「天照大御神」は宇宙神である「太一神」と習合していることが理解できる。

さらに「四時を建て」とあるが、これは北斗七星の柄杓《ひしゃく》の柄を時計の針に見立てて暦を読み取る方法で、これを月建《げっけん》と言う。「淮南子《えなんじ》」(30)には、次のようにある。

「北斗の神には雌《し》と雄《ゆう》とがある。〔雌雄とも〕十一月始めに子におり、月に一辰《いっしん》ずつ移動する。雄神《ゆうしん》は左行《さこう》し、雌神《ししん》は右行《うこう》して五月には午に会《かい》して刑《けい》を謀《はか》り、十一月には子に会《かい》して徳《とく》を謀《はか》る。」

とあり、北斗は雌《し》と雄《ゆう》があり、雌が南を向くとき雄は北を向き、雄が北を向くとき雌は南を向く。月に一辰《いっしん》づつ移動し、冬至には北、夏至には南に会している。この移動については「淮南子」㉛には次のようにある。

「日に一度ずつ移り、およそ百八十二度八分の五をすすんで、夏至には〔北極の〕牛首山にある。これを重ねて三百六十五度四分の一運行すると、そこで一年となる。」

これは一日に一度進み、一年で三六五度四分の一進む。一八二度八分の五進むと、夏至を示すことが記載されている。ちなみに一八二度八分の五の倍は、三六五度四分の一である。

これは、北極星を時計の軸にして十二分割し、その方位の十二支に当てはめて、何の月かを読み取る方法である。北斗七星の柄の先にある部分㉜の「斗柄《とへい》」が、方位を指すことを「建す《おざ》」と言い、尾の指す方を見る。この斗柄は一年で十二方位を建《おざ》すので、どの方位を建すかによって、何の月かを読み取るものである。北斗七星は、例えば、冬至の日には斗柄が、北方である子の方位を建《おざ》すと言い、「建子《けんし》の月《つき》」と呼ばれる。

さらに、南北軸と東西軸の線を二縄と言い、この軸に当たることを「縄に当たる」という。「淮南子《えなんじ》」(33)に、次のようにある。

「冬至《とうじ》の日、斗は北向《ほっこう》して縄《じょう》に当たり、陰気《いんき》が極《きわ》まって陽気《ようき》がきざす。そこで冬至のことを徳という。夏至の日、斗は南向して縄《じょう》に当たり、陽気《ようき》が極《きわ》まって陰気《いんき》がきざす。そこで夏至《げし》のことを刑という。」

このように北斗は、冬至の日は北の軸に当たり、夏至の日は南の軸に当たるので、「縄に当たる」としている。また、ここで冬至は陰が極まって陽に変わるので徳と言い、夏至は陽が極まって陰に変わるので刑と言うとある。この徳は陽で生成を意味し、刑は陰で死滅を意味している。

伊勢神宮の祭礼においても、東西軸と南北軸は陰陽が入れ替わる特別な時期であり、東西軸と南北軸を重んじている。

この月建《げっけん》は、伊勢神宮《いせじんぐう》の神嘗祭《かんなめさい》や月次祭《つきなみさい》などの執行《しっこう》の日時《にちじ》などの決定にも、適用されている。

これについて文学博士の吉野裕子氏は「隠された神々」(34)の中で、次のように言っている。

「旧六月十七日夜半、由貴大神饌供進《ゆきのおおみけきょうしん》の中心時間、子の刻に北斗の剣先は真西《まにし》(酉《とり》の方)を指し、同じく十七日の午《うま》の刻《こく》の奉幣《ほうべい》時には、それは真東《まひがし》(卯《う》の方)を指している。旧十二月十七日子の刻においては、北斗の剣先は真東《まひがし》(卯《う》の方)を指し、十七日午の刻には真西《まにし》(酉《とり》の方)を指している。
神嘗祭《かんなめさい》における天上と地下の子《ね》・午《うま》の一致、つまり二重の子午軸形成《しごじくけいせい》は、月次祭《つきなみさい》にはみられない。代わってここにはっきりうかび上るものは東西軸である。」

ここで、月次祭《つきなみさい》は月建が東西軸を建《おざ》している方位を取っている。それに対して神嘗祭《かんなめさい》は旧九月一六日と一七日に行われるが、この由貴大神饌供進《ゆきのおおみけきょうしん》は子《ね》の刻に、太玉串行事《ふとたまぐしぎょうじ》・奉幣《ほうべい》は午《うま》の刻に行われている。これについて吉野裕子氏は同書[35]の中で、次のように言っている。

「由貴大神饌《ゆきのおおみけ》の儀の執《と》り行《おこな》われる中心の時間、旧九月十七日の子の刻には、北斗の剣先は、子の方(真北)を指す。当然その十二時間後、午の刻における太玉串奉立《ふとたまぐしほうりゅう》・奉幣《ほうべい》の祭りにおいては、北斗の剣先は、午の方(真南)を指す(もちろん白昼のことで見ることはできないが、計算によってその位置はたしかめられていたのである)。

やはり、神嘗祭《かんなめさい》の行われる日時《にちじ》は星の位置《いち》、星座《せいざ》と重大《じゅうだい》な関係があったわけである。

北極星《ほっきょくせい》（「太一」）は子の星といわれる。子《ね》の刻を中心とする由貴大神饌《ゆきのおおみけ》の儀においては、北斗の剣先もまた子の方を指す。地上における子の刻を中心とする由貴大神饌の儀は、天上の星座に相呼応《あいこおう》するものである。天象《てんしょう》と地上《ちじょう》の祭りは相即不離《そうそくふり》の関係にあり、それは元は一つの太極から分れ出た天と地は、互いに交感しあうという中国哲理実践の様相を如実に示しているものといえる。」

このように、由貴大神饌供進《ゆきのおおみけきょうしん》は子の刻に、太玉串行事《ふとたまぐしぎょうじ》・奉幣《ほうべい》は午の刻に行われている。これは北斗が南北軸の形成をする時を選んで、北斗により、方位を取って、陰陽を合わせており、この東西軸と南北軸を祭礼の中で十字にクロスさせている。

この東西軸を月並祭において形成しているのは、太陽信仰の影響であり、東洋科学の天文学的な知識が入る以前の古儀が現在に残ったものであろう。

さらに、神嘗祭《かんなめさい》が南北軸を形成しているのは、中国天文学の太一神がここに祭られていることを暗示している。また、伊勢神宮において、月次祭よりも神嘗祭が第一義の祭りとして重儀とされるのには、太一神を太陽神よりも優先させた結果と考えられる。

そもそも伊勢神宮は、皇室の直接の祖先神である天照大御神を奉祭する、全国神社の本宗であり、国家の創建に関わる神社である。この神宮の年中行事の中で最大の厳儀である神嘗祭《かんなめさい》は、式年遷宮の雛形《ひながた》であり、国家の重儀《じゅうぎ》である。式年遷宮とは、二十年毎に神宮の社殿を造り替える無双の大営であるが、これは、神嘗祭の規模を大きくした「大神嘗祭《だいかんなめさい》」であるとも言われる。

この式年遷宮の雛形《ひながた》である神嘗祭《かんなめさい》は、実は皇室《こうしつ》の祖先神《そせんしん》とされる天照大御神の祭りではなく、太一神を祭る祭礼である。

これは、伊勢神宮の秘儀に関わる問題であるが、神嘗祭の古儀では、お供え物を天照大御神のご神体である「神鏡」にお供えするのではなく、「心の御柱」に奉献される。

これについて真弓常忠氏は、「日本の祭りと大嘗祭」[36]の中で「神嘗祭の古儀」について次のように言っている。

「古儀では、まず由貴大神饌《ゆきのおおみけ》において大御饌《おおみけ》を供進《きょうしん》するのは『心《しん》の御柱《みはしら》』であった。『心《しん》の御柱《みはしら》』とは、御正殿《ごしょうでん》の中心の御床下《みゆかした》にまつる神鏡《しんきょう》と同様もっとも神聖なものである。由貴大神饌《ゆきのおおみけ》はこの『心の御柱』に奉献した。」

このように神嘗祭は、天照大御神のご神体である御神鏡でなく、「心の御柱」に大御饌《おおみけ》を供進している。しかも、それは神嘗祭の子の刻の祭りにおいて奉献されている。その上、この祭りを奉仕して奉献するのは、伊勢神宮の大宮司ではなく、童女である。

なぜ、神嘗祭《かんなめさい》の由貴大神饌《ゆきのおおみけ》において大御饌を供進するのは、「心の御柱」なのだろうか。

それは子の刻の祭礼が、太一神を祭る北辰の祭礼だからである。「心の御柱」とは、北極星と地上をつなぐ、宇宙軸であり、天上世界と地上世界を貫く世界軸と考えられたからである。また、これを子の刻に執行するのは、北辰である子の方位の太一神を祭るからである。

「心の御柱」について「神宮雑例集《じんぐうぞうれいしゅう》」の「心御柱記《しんのみはしらき》(37)」に、次のようにある。

「謂《い》う、天の四徳は、地の五行に応じ、径四寸《けいよんすん》、長さ五尺《ごしゃく》の御柱坐《みはしらま》す。五色の線を以《もっ》て、之《これ》を纏《まとい》まつり、八重榊《やえがき》を以《もっ》て、之《これ》を餝《かざり》まつる。是《これ》伊弉諾《いざなぎ》、伊弉再尊《いざなみのみこと》の鎮《しず》まる府《ふ》であり、陰陽変通《いんようへんつう》の本基《ほんき》、諸神化生《しょしんかせい》の心臺《しんだい》なり、天心《てんしん》に合わせて、木徳《もくとく》を興《おこ》し、皇化《こうか》に帰して、国家を助ける。故に皇帝の歴数、天下の固めであり、常盤《ときわ》に堅盤《かきわ》に動かず、三十六禽《さんじゅうろっきん》が常住守護坐《じょうじゅうしゅごま》す。」

このように、「心の御柱」は径が一二・一二センチで、長さが一五一・五センチの柱に五色の線をもって、五行を表現し、八重榊《やえがき》で飾り奉ったものである。これはイザナギ・イザナミの神の鎮まるところで、陰陽変通の本基として太極である太一を象徴している。

これは諸神《しょしん》が化生《かせい》する心台《しんだい》であり、天心に合わせて国家を助けるので、皇帝の歴数、天下の固めであるという。つまり、宇宙中枢の相似形である「心御柱」は、宇宙の始源であり、宇宙意志によって国家を助け、皇帝の暦数を支配している国家の固めに当たるものとされる。

さらに、神嘗祭《かんなめさい》では、「心の御柱」の位置に、里から持ち寄る榊《さかき》によって神垣《かみがき》を形成している。この神垣とした神域は、瑞垣《みずがき》、内玉垣《うちたまがき》、外玉垣《そとたまがき》、板玉垣《いたたまがき》と幾重にも、垣を囲んでいる。この内玉垣南御門前《うちたまがきみなみごもんまえ》では祝詞を奉上されるが、ここには、東西六十四本の榊を天八重榊《あめのやえがき》として立て並べている。このように「心の御柱」をもって紫室木《しむろぎ》とした神域は、太一を象徴し、天八重榊《あめのやえがき》は易経の六十四卦と陰陽を象徴している。また、瑞垣《みずがき》、内玉垣《うちたまがき》、外玉垣《そとたまがき》と幾重にも垣を囲むのは、太微垣《たいびえん》、紫微垣《しびえん》、天市垣《てんいちえん》の三垣《さんえん》を象徴しているからである。

ではなぜ、この最大の重儀を童女が奉献するのであろうか。

これは、太一神が男神であると考えられたからであろう。この太一神は、宇宙の中央にいて正妃を持つ男神であり、この神に奉献する童女は、神に仕える純粋性が求められ、その豊饒は女性によって与えられるとする信仰が残ったものと考えられる。すなわち、豊饒を約束するものは、女性であり、太一神に奉仕するのに、純粋な女性が最も相応しいとする信仰の遺産が、童女に残っている。

これはどういう意味を持っているかというと、太陽神と太一神が習合したというよりも、太一神を中心に、伊勢神宮は構成されているといった方が的確である。

なぜならば、伊勢神宮の御神体は大きく二つあり、一つは天照大御神の「八咫鏡《やたのかがみ》」であり、もう一つは太一神の「心の御柱」である。

そもそも、神嘗祭《かんなめさい》において「心の御柱」に大御饌《おおみけ》を供進《きょうしん》しているということは、「心の御柱」を優先しているということである。

この北辰信仰と太陽信仰は、ここで融合し合わせ鏡となっている。これは、四天王寺に伝わる聖徳太子が生前愛用《せいぜんあいよう》していたという「七星剣《しちせいけん》」（国宝）という神剣に、金の象眼《ぞうがん》で描かれている北斗七星と無関係ではない。この聖徳太子の七星剣は、北辰信仰の核心部分を形成し、この北辰信仰は、奈良朝以前より、中国から伝わって、道教の秘儀として広まった結果、太陽信仰と合わせ鏡のように融合したと考察できるからである。

七、日本国号の成立

「日本」という国号の意味について知らないで、「日本」について語ることはできない。この国号には、古代社会の信念が反映されており、その根本は、聖徳太子の国書である。古代日本において外国からの情報は、百済や新羅から受け取る間接的情報が多かったが、聖徳太子は遣隋使を派遣して、国交を開き、隋帝国と対等外交を推進しようとしていた。「隋書」大業三年(38)（六〇七年）条に日本の使者である小野妹子が、いかに外交努力をしていたかを伺わせる記載がある。

「海西の菩薩《ぼさつ》、天子が重ねて仏法を興《おこ》す、と聞いている。故《ゆえ》に遣《つか》わせて朝拝《ちょうはい》させ、かねて沙門《しゃもん》数十人が、中国に来て仏法を学ぶのである。」

このように、隋は、菩薩である天子が仏法を興隆している。だから、日本も隋の国を見習い仏法を学ばせ、文明を発展させて仏教を興隆し、礼を尽くす国であることを述べている。

それに対し、聖徳太子が書いた国書(39)には、次のようにある。

「日出《ひいず》る処《ところ》の天子が、書《しょ》を日没《ひぼっ》する処《ところ》の天子に致《いた》す、恙《つつが》はないか云々」

このように、「天子」という言葉を使用して、それまでの「冊封」を無視するやり方であった。天子とは、中国皇帝にのみ与えられた称号であり、周辺諸国は、天子に朝賀して服属することで、「王」としての地位が与えられるのがそれまでのルールだった。しかし、聖徳太子は、「天子」が、「天子」に致すとして、この「冊封」というルールを無視している。

これは、隋の第二代皇帝である煬帝に宛てた国書である。そのため、煬帝《ようてい》は「蛮夷《ばんい》の書は、無礼なところがある、ふたたび以聞《じもん》するな」と言って怒ったようである。しかし、隋はすでに、高句麗との戦いで国力を消耗しており、日本と戦うほどの余裕は残されていなかった。

ここに、日本が独立国家としての芽生えがあったと見てよいであろう。それまで「倭国」として、日本は東アジアの東端に位置する従属的な国であった。

しかし、「日出る処の天子」と主張することで、従属関係ではなく、独立国家としての自主外交を貫き通そうとする聖徳太子の意志が感じられる。ここに、「日本」という国号に隠された太子の思いを、太子はメッセージとして残している。

つまり、日本の心である「和の精神」とは、現在の日本の外交政治のように、アメリカに言いなりの従属国家となり、中国の敵視政策に脅えるような外交姿勢ではない。「和の精神」とは、従属関係ではなく、独立国家としての自主外交を貫き通そうとする姿勢である。

ところで、倭という国号を日本という国号に替えた由来であるが、「宋史」巻四九一外国伝の日本国[40]には、「日本」国号の由来が記載されており、次のようにある。

「日本国は本《もと》の倭奴《わぬ》国なり。自《みずか》ら其《そ》の国日出《ひいず》る所に近きを以《も》って、故に日本を以《も》って名と為《な》す。」

ここに、「日出《ひい》ずる所《ところ》に近《ちか》きを以《も》って」とあるように、「日出《ひいず》る処《ところ》」が国号を「日本」とする根拠となっている。「日本」という国号の根拠は、「日出ずる所」に近いからだと分かる。

さて、最初の遣隋使は「隋書[41]」によれば、開皇二十年（六〇〇年）のことであったとしている。

「倭王がおり、姓は阿毎《あめ》、字は多利思比孤《たりしひこ》、阿輩雞弥《おおきみ》と号した。使いを遣わして闕《けつ》（長安）に詣《まい》った。上（文帝）は役人（係官）に、その風俗を訪ねさせた。使者が言うには、『倭王は天を兄とし、日を弟としている。天がまだ明けないとき、出かけて政《まつりごと》を聴き、あぐらをかいて坐り、日が出ればすなわち理務をとどめ、わが弟に委《まか》せよう、という』と。高祖は『これは大いに義理のないことだ』といって、訓《おし》えてこれを改めさせた。」

ここで、中国皇帝は、「義理がない」と感じているが、これは中国人にとっては、天は至高の存在であり、天は人間界を支配する絶対的な存在であるから、天を兄となすのは、「義理がない」と感じたのであろう。つまり、天を兄とすることは、有り得ないのである。しかし、その当時の日本人にとって、天は身近な存在であり、天は人といつでも通じ合えるような存在であった。それは、中国人と日本人の自然観の違いであり、その当時の日本人の宗教観はプライマリー（原初的）なものである。

ここで、「天を兄とし、日を弟としている。」とあるが、これは天孫降臨神話を意識して言っている言葉であろう。

なぜなら、「姓《せい》は阿毎《あめ》、字《あざな》は多利思比孤《たりしひこ》、阿輩雞弥《おおきみ》と号《ごう》した」とあるからである。

この「阿毎」は、「あめ」つまり、天であり、「多利思比孤」は「たりしひこ」で、「垂りし日子」と分かる。これは「天垂《あめた》りし日子《ひこ》」と続けて読むのであろう。

ここで「たりしひこ」は、「足りし彦」とも読み取れるが、この場合「大王」の権威を、「日」の継承によって強調していることを考えると、「天垂りし日子」と読むほうが、適切であろう。この「天垂りし日子」とは、日の権威を正統に継承する日の御子という意味で、「大王」を「天降りし日子」と表現することによって、その権威を強調したものであろう。この「天垂りし日子」は、「天降《あめくだ》りし日子《ひこ》」の転訛《てんか》したものと考察される。

また、「阿輩雞弥」は「おおきみ」で、「大王」を言っている。これは、「天降《あめくだ》りし日子《ひこ》の大王《おおきみ》」と読み取れる。すなわち、これは個人名ではなく、日本の国の大王の称号であり、それを端的に説明している。ここで話しをまとめると、これは「天孫降臨した太陽神の権威を正統に継承する大王」という意味である。

また、聖徳太子は「風土記」逸文(42)や「日本書記」用明天皇元年(43)にも、「法王大王」または「法大王《のりのおほきみ》」と呼ばれている。ここに「大王」とあり、これは「天降りし日子の大王」は、本来聖徳太子を意味していると推察できよう。

また、「倭王《わおう》は天を兄とし、日を弟としている。」とあるように、大王は天を兄とし、日を弟として、天より降臨された日の御子である。これは太陽崇拝に基づく、太陽神話が背景にあり、日の御子が天から降るのは、天孫降臨神話《てんそんこうりんしんわ》の内容を説明している。また、大王は、天孫降臨神話を正式に受け継ぐ、正統な継承者であることが条件であった。これは、降臨神話の継承者であり、日の御子として相応しい人格者が、古代日本の大王に相応しいと考えられたことを物語っている。

また、この「降臨神話の継承」という認識は高句麗・新羅・百済など、東アジア諸国の王族が持っていた共通認識であり、この当時の日本の王族も同じ認識を持っていたことを裏付ける。

邪馬台国の女王卑弥呼《ひみこ》も「日の御子」であり、同じ内容を言っており、これは王の正統性を表す尊称として用いていた可能性を示唆する。

聖徳太子が「日出る処の天子」といったのも、日本は日の御子の国であり、天孫降臨神話を継承する太陽崇拝の民族であることを意識したからであろう。これが「日本」という国号を形成する基本にあると分かる。

このように「日本」とは、「日出ずる所に近き」とあるように、聖徳太子の「日出る処」が国号を「日本」とする根拠となっている。その内容は、天孫降臨神話を正統に継承する太陽崇拝の民族を意味している。

八、日本の心の深層

▼聖徳太子は、東洋科学の宇宙観を利用して、日本の精神を語っている。ここには、優れた古代中国の技術・科学・制度を採用しながらも、根本は変えないという聖徳太子の思想が見て取れる▲

西洋的な宗教の概念では、宗教とは「教祖・教義・戒律・崇拝対象」を所有しているが、神道はこのどれにも当てはまっていない。そのため、神道は古い習俗、習慣に過ぎないとも見られている。

神道はそもそも、道教やヒンデュー教といった民族宗教に入るため、創唱宗教ではない。そのため、無教祖であり、仏教やキリスト教・イスラム教とは異なる。

また、教祖がいないので、神の啓示を体系化した教義やそれに伴って発生する戒律もない。

通常、高等宗教の救済は、教義に則した戒律を厳守することで、救済が約束されるのだが、その教義も戒律も所有していない。

そういった意味で、神道はアニミズムであり自然崇拝であるため、社会的拘束力はなく、社会的役割を果たしているとは言い難い。

それでは、神道は未開宗教の未発達な宗教なのかと言えば、絶対的な権力で裁いたり、排除はしないが、信仰の有り方のようなものを教えている。

しかし、キリスト教社会では宗教は、社会的拘束力を持っており、教会に対する社会的信用はアメリカ社会でも、九割を超えて非常に高い。教会は神を礼拝する役割だけでなく、社会を浄化する、社会に一定の拘束力を与える役割を果たしている結果だと考えられる。また、神学科で学習していた時に、アメリカから来た牧師の説教を聴いたが、アメリカ最大の産業は教会組織であるという話をされていた。このことを考えても、教会は単なる信仰の集団ではなく、そこには無限の価値を所有しているとアメリカ人は考えていることが分かる。

このような社会的規範を所有していない神道が、どれ程の役割を果たし得るかは、難しい問題である。また、社会的に機能しなくなった信仰ほど空しいものはない。宗教は普遍的で、恒久的なものではあるが、その内容は変則的で、自浄能力の高い組織を社会的に要求されている。

神道では、人々の幸せを祈る気持ちが、そのまま祭礼によって表現されていると考えるため、教えや善悪を説かない。また、罪というものがなく、そこからの救いもないので、現世利益的信心に見られる。だから、神道では祭祀と地域と利益がそろって神社となると考えている。これは宗教なき、宗教であり、一木一草にも神が宿ると信じる、日本的な信仰である。

この影響は仏教にもあり、山川草木悉皆成仏と言い、全てのものには仏性があり、仏性は万物宇宙に遍く備わっていると考えられている。さらに、先祖崇拝とアニミズムが一体化したものが、仏教とも混合し、仏教は日本に渡来して独自の発展を遂げている。

日本人の信仰は、ある意味自然信仰であり、教義や戒律よりも自然の中で生き続ける祖先崇拝や、自然の中に神宿《かみやど》る信仰が生き続けている。

しかし、それ故に為政者に利用され易く、神道は国家神道へと変貌し、民族主義は戦争へと利用されて、民衆の信仰は骨抜きになってしまった。

ところで、一神教の宗教世界では、復讐の美学が称えられる。目には目を、歯には歯をで、復讐することが戦う美学となって、リベンジが正当化される。しかし、日本人は古来より和譲の美学が称えられてきた。西欧型社会では、主張は当然すべきであり、理解するまで何度も言い続けることが、正当な権利として認められている。しかし、このやり方が訴訟社会を作り、莫大な金額の弁護士費用をかけて、裁判官を欺くことに終始する社会を作り出している現実を見るとき、主張が当然とされる社会がいかに多くの無駄を生んでいるかが分かる。

古来日本には「難儀を背負う」という言葉があり、これは神様が人に対して、共に生きていこうとする姿勢を表現した言葉である。難儀を背負うとは、難儀がなくなることではないが、共に背負うことで、神様が一緒に詫びてくれる、そのような心を言っている。日本の神様とキリスト教の神様の根本的違いは、罪からの救済ではなく、罪を一緒に背負って、一緒に詫びて、一緒に信頼しあいながら生きていこうとする姿勢の違いがある。

この国民の深層心理に根付く、神の難儀を背負う姿勢は、他の宗教とは次元を異にする世界である。聖書は、契約に基づく神の救済の約束であり、契約はいつでも解消できるし、原罪を持つ人間は、神の救済のみによって救われると教えられる。

しかし、日本人の信仰は、「難儀を背負う」神様に、大難は小難に小難は無難にして頂くことであり、祭りは神様と人をつなぐ絆であり、それは信じるというよりも、信頼する神様との関係がある。

神様は、私たちが生きるために罪を祓い清めるために、一緒に詫びてくれる。この精神が、祭りの精神として受け継がれている。神様の助けは、全てを受け入れながらも、その本質を失うことなく、浄化していく。しかし、神様に助けていただこうという気持ちのないものに対しては、相手にされなくなる。神様は見抜き見通しで、和譲の心を持って、信頼しあう関係が成立するとき、お陰を頂くことができる。

このような信仰が日本人にはあり、日本人の精神の中には、神様との信頼関係を重んじる精神がある。

これは「復讐の美学」とは、まるで異なる「和譲の美学」である。

日本人の宗教的態度の特徴として重層信仰があり、その根底には、神様と人との信頼関係を重んじる精神がある。聖徳太子が、「三宝興隆の詔」によって仏教の興隆を発令し、「神祇崇拝の詔」によって、天神地祇の神様を奉祭するように発令したのも、この日本の心の深層である「和譲の美学」を理解していたからである。

聖徳太子以来、易学思想は日本の文化の根底に流れ続けて、華道・茶道・剣道・柔道・神道・修験道などに大きな影響を与えている。その理由として、易学思想の自然観・宇宙観が日本人の特性によくあっていたことが挙げられる。

日本人の精神の根底には、すべての宗教の「いいとこどり」をした聖徳太子の「合わせ鏡」の精神があり、その精神は易学思想によって支えられた論理的根拠がある。それは陰陽五行の自然観であり、宇宙観である。

聖徳太子は、東洋科学の宇宙観を利用して、日本の精神を語っている。ここには、優れた古代中国の天文学や地理学・医学など、その当時最先端をいく技術制度を採用しながらも、根本は変えないという聖徳太子の特質も見て取れる。

また「合わせ鏡」というのは、宇宙の仕組みを語っている。宇宙の仕組みとは、世の中は昼だけでも成り立たないし、夜だけでも成り立たないという宇宙の真理を意味している。また、この「合わせ鏡」という仕組みによって、宇宙の仕組みは、バランスと調和の上に成立していることを語り、宇宙の循環と生命の営みは、この法則性を逃れては存立し得ないことを語っている。

この「合わせ鏡」の思想が、一神教と多神教を並存させるシステムとなって、宗教戦争や論争の起こらないシステムを構築し、日本は宗教戦争の起こらない国になったと言える。

それが、また日本人の重層信仰へと深く影響し、年末の一週間という短期間の間に三つの宗教をはしごしても、違和感を感じないという常識を形成している。

その根底には、日本独自の美学である「和譲の美学」が存在している。

九、聖徳太子の理想に見る神様からのメール

▼寿国という理想郷を実現する政治▲

聖徳太子の思想は、非常に深く、非常に広大である。その意味を捉えたかと思うと、また異なり、その謎が解けたかと思うとまた、謎が出てくる。その暗号にも、歴史的なもの、思想哲学的なものなどメッセージが折り重なって出てくる。

つまるところ、聖徳太子はどのような国を目指し、日本をどのような国にしようと考えていたのだろうか。すなわち、聖徳太子の理想とは何だったのか。この謎は、聖徳太子の思想哲学のメッセージにあって、とても重要なテーマとなる。この暗号に挑んでみたいと思う。

「風土記《ふどき》」逸文《いつぶん》(44)には、聖徳太子が温泉に逍遥《しょうよう》された時に歌われた、次のような碑文《ひぶん》が残されている。

「法興六年の十月、歳《ほし》は丙辰に在《やど》るとし。我が法王大王と恵慈法師《えじほうし》また葛城臣《かつらぎのおみ》と、夷《い》

與《よ》の村に逍遙《しょうよう》したまい、正《まさ》に神《くす》しき井を観《み》たまひ、世に妙なる験《しるし》あることを歎《あわれ》みたまいて、その意《こころ》を敍《の》べまく欲《ほ》りしたまふ、さて聊《いささか》に碑文一首を作りたまふ。

惟《おも》ふに、夫れ、日月《ひつき》は上に照りて私《わたくし》せず、神《くす》しき井は下に出《い》でて給《たま》わずといふことなし。万機は所以《そゑ》に妙《うるは》しく応《かな》ひ、百 姓《おおみたから》も所以《そゑ》に潜《ふかく》く扉《あふ》けり。乃《すなわち》、照《てれる》と給《たまえる》とに偏《かたぶき》も私なきが若《ごと》く、何ぞ、寿国《じゅこく》に異《ことな》らむ。華《はな》の台《うてな》の随《まにまに》に開《ひら》きては合《と》ぢ、神《くす》しき井に沐《あゆみ》して疹《やまひ》を瘳《いや》す。詎《なに》ぞ、落《ち》る花の池に舛《そむ》きて化羽《あめへゆ》かむ。窺《うかが》ひて山岳《やま》の巖崿《いはきし》を望み、反《さら》に平子《へいし》が能く往《ゆきしこと》 を冀《ねが》ふ。椿樹《つばき》は相蔭《あいかげ》り而《すなわ》ち穹窿《おほぞら》となり、實《まこと》に五百《いほ》の張れる蓋《きぬがさ》を想ふ。朝《あした》に臨《のぞ》みては啼く鳥て戯《たわむ》れ哢《さえづ》り、何ぞ曉《あかとき》の乱《さひづ》る音《こえ》も耳に聒《かま》しき。丹《あか》き花巻《ま》ける葉は、而《すなわち》映《かかや》き照り、玉の菓《このみ》 弥《かさな》る葩《はなひら》は以ちて井に垂れたり。その下に經過《よぎ》れば、以ちて優《ゆたか》なる遊びにある可く、豈《もし》洪灌霄庭の意《こころ》を悟らむ歟《か》。

才拙《をぢたな》く實《まこと》に七歩に慚《は》づ。後の君子、幸《ねがは》くはな蚩咲《わら》ひそ。」

これは、聖徳太子が恵慈《えじ》法師《ほうし》と葛城臣《かつらぎのおみ》と共に、夷與《いよ》の村に逍遙《しょうよう》されたもので、この歌は聖徳太子が自ら書いたか、聖徳太子が歌った歌を恵慈法師が清書したものと思われる。この原碑は残っていないが、「風土記」に逸文として残っている。

また、法興《ほうこう》六年は、推古四年（五九六年）のことである。これは法隆寺「釈迦像光銘《しゃかぞうこうはいめい》」

に「法興《ほうこう》元卅　一《さんじゅういち》年」推古二九年（六二一年）とあり、そうすると法興元年《ほうこうがんねん》が崇峻《すしゅん》四年（五九一年）となることが、両方の資料から確認される。

霊妙な温泉に着いて聖徳太子は、「日月は天上から万物を照らし、霊妙な温泉は地下から湧き出す」と言っている。これは憲法三条の「天覆地載《てんぷくちさい》」と同意であり、陰陽《いんよう》の秩序《ちつじょ》が調和し、万物の生気《せいき》が通《かよ》い順行《じゅんこう》していることを言っている。

また「万機《ばんき》はこのように互いに妙応《みょうおう》し、民衆もこのようであれば深く仰ぐであろう」ということを述べている。

政治もこのように偏《かたよ》りなく、全ての人を照らし、その恩恵《おんけい》が遍《あまね》く平等に行き渡《わた》ったなら、何と理想的であろうということであろう。

さらに「照《てれる》と給《たまえる》とに偏《かたぶき》も私《わたくし》なきが若《ごと》く、何《なん》ぞ、寿国《じゅこく》に異《こと》らむ。」とあり、「天の恵《めぐ》みである光は偏《かたよ》りなく照《て》らし、地からの恵みである霊泉《れいせん》は誰でもその恩恵を受けられる。これこそ寿国と何も異なることはない。」と述べている。

ここに「寿国《じゅこく》」と出てくる。この「寿国」こそ、聖徳太子が理想とする理想郷《りそうきょう》であり、天の恵みと地の恵みが遍《あまね》く、人々に行渡り、人々の苦しみと病を癒す理想の国である。

また「華《はな》の台《うてな》の随《まにまに》に開《ひら》きては合《と》じ、神《くす》しき井《い》に沐《あゆみ》して、疹《やまい》を瘳《いや》す。崿《なに》ぞ、落る花の池に舛《そむ》きて化羽《あめゆ》かむ。」とある。これは「花台《かだい》に随《したが》って開合《かいごう》し、霊妙《れいみょう》な温泉に浴《よく》して病気を癒《いや》す。

落ちる花に逆《さか》らって、天上羽化《てんじょううか》することはない」と言っている。つまり、寿国のように花が咲き誇り、温泉も湧き出て病人が癒されるのだから、天上羽化し仙人になる必要などない、ここが仙人の住む不老長寿の仙郷のようである。このように聖徳太子は温泉での感慨を述べている。

それは陰と陽である日と月、また天と地が渾然一体となって人々に恵みを与え、自然と人々が調和し、遍く恩恵に預かれるそのような国づくりを目指し、仙郷のような美しさが太子の心を打ったのであろう。また、病人を癒す霊妙な温泉の力に、神の深遠な働きを感じ取ったとも思える。

このモチーフになっているのは、「荘子《そうし》」内篇《ないへん》第一の逍遥遊篇《しょうようゆうへん》(45)に出る「大椿《だいちん》」という人物で、「上古《じょうこ》、大椿《だいちん》なる者《もの》有り。八千歳《はっせんさい》を以《も》って春と為《な》し、八千歳《はっせんさい》を以《も》って秋と為《な》す。」という長寿伝説《ちょうじゅでんせつ》と重ねている。

それで「椿樹《つばき》は大空を覆《おお》い、五百も張った天蓋《てんがい》のようである」と言い、「椿の赤い花や巻いた葉は、美しく照り輝いている」と聖徳太子は言っている。このように椿樹は不老長寿の象徴であり、椿が天蓋のように咲き誇り、美しく輝く様は、寿国と変わらないことを述べている。それは不老長寿を誇った大椿の伝説が背後にある。

すなわち、聖徳太子は国家にあって平等を理想とした。

政治は、偏《かたよ》りなく、全ての人を照《て》らし、その恩恵が遍《あまね》く平等に行き渡るように、国家の運営もこのようでなければならないと考えている。

平等とは同じ原則に従って、同じ条件で能力を発揮し合うことであり、一方だけ条件が良いのに競ってもそれは平等ではない。聖徳太子にとって平等とは、国民全員の能力がよく発揮できる状態にあることを言っている。

それは条件が異なれば、自ずと結果も異なる傾向があるからである。

それで国民は平等に機会が与えられ、しかも平等の条件で互いに競い合って新しい国づくりのために、全員が能力を発揮する、そのようでなければならないと太子は考えている。

宮中には八神殿というものがある。これはすべての部族の神を一箇所に集めて祭るものである。「八」という数字は、四方八方というように、易学的には全ての方位を意味している。

なぜ、他の部族の神まで祭るのかと言えば、色々な価値観を持つ部族がいて、その部族ごとに価値観も違っている。しかし、その価値観の違いを、征服した王朝だからといって否定してはいけない。

それぞれの神様にそれぞれの信仰が息づいているのだから、それを尊重し、その精神を理解することから、本当に理解し合えるようになる。

これは聖徳太子の精神であった。憲法第十条の「人みな心あり、心おのおの執《と》るところあり。」という精神であり、人との違いを認め合い、人との違いを尊重することを言っている。人にはそれぞれ欠点があり、完全な人格者はいない。それぞれの意見を尊重し、それぞれの特性を生かして、サポートする。そうすることで人は必ず成長する。

日本の精神の根本を語ると、この統一して受容する寛容の精神がある。天皇の八神殿の精神がそうであり、天皇は統一して勝利しても、それで敵を完全に追い込むのではなく、その部族ごとに認め、それをさらに発展するように祈り導く、この精神がなかったなら、すでに滅んでいるだろう。

聖徳太子にとって日本という国は宝であり、民衆は国の礎であった。その民衆の力を総動員して、みんなの力をそれぞれに発揮する方法として仏教をひろめたのであろう。

聖徳太子は民主的合議制を構想し、それの実現のためにむしろ天皇の語を使った。それは東洋科学の精神であると同時に、十七条憲法の精神である。その精神は役人の不正を正し、役人の怠慢を戒め、貧しいものの訴えも誠実に裁決することを述べている。また、天皇は秩序の中心であり、役人の規矩である。

憲法第十七条にも、「それ事《こと》は独《ひと》り断《さだ》むべからず。必ず衆《もろもろ》とともによろしく論《あげつら》うべし。」とあり、「衆とともに相弁《あいわきま》うるときは、辞《こと》すなわち理《ことわり》を得ん。」とある。

これは「物事は独断で判断してはならない。必ずみんなで論議をすべきである。」ということで、「みんな一緒に論議をして検討し、これを基本に物事を裁決した上で、道理のある結論を出す」ように言っている。

聖徳太子は独断を嫌い、衆議を重んじ、合議的に民主政治を実現しようとした。そもそも、独裁的に独断で運営をすることは危険だと感じていた。そのため、十七条憲法の基本を民主的合議制に置き、これを基本に物事を裁決した上で知恵を結集し、道理のある結論を出すように言っている。

天皇は秩序の中心であり、国家運営の独裁者ではない、その意志はあくまでも民意の総意との一致が基本となる。

天皇の精神は統一の受容という寛容の精神であり、貧富に関係なく全ての人に平等に照り輝く存在であるべきだと聖徳太子は考えている。その意味では天皇は成立した当時から、民主主義的象徴であったと言える。

また、君主とは、独裁者ではなく、民衆の訴えを正しく裁き、国民の力をそれぞれに発揮して、生活が豊かになるために導くリーダーである。

そのリーダーは、国民の総意なくしてはその根拠を失う。そのため、国民生活が少しでも良くなるために、政治に仁徳を重んじ、国民に礼徳を推進し、国の安全のため義徳に働く。君主とはそのように、秩序の中心的役割を果たし、リーダーとして率先して動く者を言っている。

「老子」[46]の第二章に「音声《おんせい》相和《あいわ》し、前後《ぜんご》相随《あいしたが》う」とあり、シンフォニーを奏でる音楽が、多くの楽章から構成される大規模な楽曲を、交響曲としてひとつに調和していくように、国家も相対的なものであり、前と後ろが調和して秩序をひとつに形成しなければならない。また、同書の第八十章に「小国寡民」[47]ともあり、大国主義よりも、共存主義を理想とし、村落社会の絶対平和を理想としている。

君主政治とは理想の政治であり、国民生活の全てを保障するために働く、聖君政治である。しかし、現在のように政治は荒廃し、国民は政治に不信になり、政治家は自己の保全にばかり邁進するようであっては、国が滅びる。

君主は国の在り方を、国民の福祉と生活の向上に邁進するリーダーを中心とする国であると捉える。

例えば五帝《ごてい》の一人、夏《か》という国の始祖である禹《う》という聖君は、洪水によって苦しむ国民の為、治水工事に走り回り、足にはあかぎれが出来て、片足で足を引きずりながら歩いたという伝説が今に伝わる。

それで道教では、禹歩《うほ》を踏み、君主の道の根本を儀礼の中で語っている。その精神は君主たるもの、国民福祉のために働くことが本分であり、そのためには自分の苦しみよりもまず、民衆の苦しみを優先する。それを禹歩の精神は教えている。

ところで窪徳忠《くぼのりただ》氏は「道教百話(48)」の中で、禹歩《うほ》の話を紹介しておられる。

「娘は村の人々に野のなかに壇をつくらせ、夜中にそこへ行って、禹歩という奇妙な歩き方をして祈ると、たちまち雨が降ってきた。村人は娘をまるで神さまのように尊んだ。禹歩というのは、まず両足をそろえて立ち、息をしずめてから左足を半歩前にだし、つぎに右足を前にだしてから左足を右足にそろえる。これが禹歩の第一歩である。第二歩は、右足からさきにだし、左をだして右をそろえる。第三歩は第一歩と同じことだ、と『抱朴子』に書かれている。禹歩というのは、その昔、禹という聖天子が洪水をおさめようと努力したときに、あかぎれができたので、片足で歩いたかっこうをたどったものだということである。」

ちなみに日本で禹歩は、北斗七星など星座の形に踏むことが多く、踏罡歩斗《とうこうほと》とも、反閇《へんばい》とも言う。

ここで禹歩は、非常に効果の高い、祈祷法であることが、強調されている。実際、方術ではこの禹歩を踏まないと、どんな高度な祭儀を行おうと効果がないと考えられている。

祭儀の始めにまず、禹歩を踏むことを強調されるのには理由がある。

それはこの聖君の歩みから、人生の歩み、人としての道を教えていると考えられるからである。この道の歩みを学ぶことが、君子として秩序の中心的役割を果たし、リーダーとして率先して動く君主の道を教えている。

聖徳太子の理想も、すべての人に平等に、しかも合議的に国が運営され、争いの無い、不老長寿の神仙の理想郷のように恩恵が降り注ぐ寿国《ことほぐくに》のような国にしたいと願っている。

注

（1）「神典」大倉精神文化研究所編集、大倉精神文化研究所、昭和六二年一月三一日二版、六二二頁
（2）「神典」大倉精神文化研究所編集、大倉精神文化研究所、昭和六二年一月三一日二版、六三二頁
（3）「日本的精神の可能性」呉善花著、ＰＨＰ研究所、二〇〇二年一二月一六日一刷、六九〜七〇頁
（4）「神典」大倉精神文化研究所編集、大倉精神文化研究所、昭和六二年一月三一日二版、六〇六頁
（5）「国家の大義」前野徹著、講談社、二〇〇六年七月三一日四刷、一一〇〜一一一頁
（6）「聖徳太子の生涯と信仰」高田良信著、法隆寺、一九九五年二版、一六頁
（7）吉村武彦氏は「古代天皇の誕生」角川選書、平成一〇年七月三〇日、一二二頁で、「後世の作」とする。
（8）「聖徳太子の生涯と信仰」高田良信著、法隆寺、一九九五年二版、一六一頁
（9）「日本史研究」誌「天寿国繍帳銘系譜の一考察」義江明子著、日本史研究会、三二五号（一九八九年）
（10）「聖徳太子の実像と幻像」大和書房、二〇〇二年一月五日一刷所収、田中嗣人論文「聖徳太子の実在否定

論について」四八頁
また「聖徳太子と東アジア世界」川勝守著、吉川弘文館、二〇〇二年一二月一〇日一刷、一三六頁に「聖徳太子の時代に『天王』と『天皇』の混在が始まる。『天皇』の使用は聖徳太子の時代に萌芽があるとする理解に破綻はない。」とある。

(11)「神典」大倉精神文化研究所編集、大倉精神文化研究所、昭和六二年一月三一日一二版、六四二頁
(12)「神典」大倉精神文化研究所編集、大倉精神文化研究所、昭和六二年一月三一日一二版、六八六頁
(13)「神典」大倉精神文化研究所編集、大倉精神文化研究所、昭和六二年一月三一日一二版、一一頁
(14)「神典」大倉精神文化研究所編集、大倉精神文化研究所、昭和六二年一月三一日一二版、五四三頁
(15)「神典」大倉精神文化研究所編集、大倉精神文化研究所、昭和六二年一月三一日一二版、六三五頁
(16)ここで言う一神教は絶対神ではなく、道教的宇宙観における最高神という意味であり、多神教は自然信仰の意味で使用している。
(17)「大漢和辞典」諸橋轍次著、大修館、昭和三〇年一月三日、四七七頁
(18)世界の名著一二「中国の科学」藪内清責任編集、中央公論社、一九九五年三月二五日四版、一四二頁
(19)中国古典新書「五行大義」中村璋八著、平成元年四月三〇日八版、一六〇頁
(20)中国古典新書「五行大義」中村璋八著、平成元年四月三〇日八版、一六〇頁
(21)本紀新釈漢文大系「史記」明治書院、昭和四八年二月二五日初版、二三三〜二三四頁
(22)「神典」大倉精神文化研究所編集、大倉精神文化研究所、昭和六二年一月三一日一二版、四八二頁
(23)「大漢和辞典」諸橋轍次著、大修館、昭和三〇年一月三日、四七七頁
(24)「新釈漢和辞典」明治書院、昭和六十年一月一〇日三版、九八三頁
(25)「字通」白川静著、一九九六年一〇月一四日、一四〇五頁
(26)「字通」白川静著、一九九六年一〇月一四日、一六八〇頁
(27)世界の名著一二「中国の科学」藪内清責任編集、中央公論社、一九九五年三月二五日四版、一二四五頁

(28)本紀新釈漢文大系「史記」吉田賢抗著、明治書院、昭和四八年二月二五日初版、一四六頁
(29)本紀新釈漢文大系「史記」吉田賢抗著、明治書院、昭和四八年二月二五日初版、一四六頁
(30)新釈漢文大系「淮南子」明治書院、昭和五四年八月一〇日初版、一九〇・一九一頁
(31)新釈漢文大系「淮南子」明治書院、昭和五四年八月一〇日初版、一四四～一四六頁
(32)柄の先から揺光・開陽・玉衡の三星
(33)新釈漢文大系「淮南子」明治書院、昭和五四年八月一〇日初版、一四四～一四六頁
(34)「隠された神々」吉野裕子氏著、講談社、昭和五五年二月二〇日四刷、一四一～一四二頁
(35)「隠された神々」吉野裕子氏著、講談社、昭和五五年二月二〇日四刷、一三九～一四〇頁
(36)「日本の祭りと大嘗祭」真弓常忠著、朱鷺書房、一九九〇年三月一〇日初版、一二〇頁
(37)「神道大系」首編一神道集成・神道大系編纂会編集、昭和五六年三月二七日、五〇八頁
(38)岩波文庫「中国正史日本伝」「隋書倭国伝」石原道博編訳、岩波書店、一九八五年五月一六日、九九～一〇一頁
(39)岩波文庫「中国正史日本伝」「隋書倭国伝」石原道博編訳、岩波書店、一九八五年五月一六日、一〇〇頁
(40)「旧唐書倭国日本伝・宋史日本伝・元史日本伝」和田清・石原道博編訳、岩波書店、昭和四六年六月二〇日、一四刷、四三頁
(41)岩波文庫「中国正史日本伝」「隋書倭国伝」石原道博編訳、岩波書店、一九八五年五月一六日、九六頁
(42)日本古典文学全集「風土記」植垣節也著、小学館、五〇六頁
(43)「神典」大倉精神文化研究所編集、大倉精神文化研究所、昭和六二年一月三一日一二版、六〇七頁
(44)日本古典文学全集「風土記」植垣節也著、小学館、五〇六頁
(45)新釈漢文大系「老子荘子」下、明治書院、昭和四一年一一月五日、一三九頁
(46)新釈漢文大系第七巻「老子・荘子（上）」平成五年六月一〇日四三版、一四頁
(47)同書、一二八頁
(48)「道教百話」窪徳忠著、講談社、二〇〇〇年四月二〇日一九刷、一三六頁

参考文献（本文の注に掲載したものを除く）

歴史関係

「聖徳太子信仰の成立」 田中嗣人 吉川弘文館
「斑鳩の白い道のうえに」 上原和 朝日新聞社
「聖徳太子」 上田正昭 平凡社
「聖徳太子（上）」 黒岩重吾 文芸春秋
「聖徳太子（下）」 黒岩重吾 文芸春秋
「聖徳太子」 田村圓澄 中央公論新社
「聖徳太子のこころ」 金治勇 大蔵出版
「聖徳太子」 吉村武彦 岩波書店
「聖徳太子と法隆寺の謎」 倉西裕子 平凡社
「日本の誕生」 吉田孝 岩波書店
「天皇と日本の起源」 遠山美都男 講談社
「隠された十字架」 梅原猛 集英社
「古代史を解く鍵」 有坂隆道 講談社
「中国古代の文化」 白川静 講談社
日本歴史シリーズ「飛鳥と奈良」 世界文化社
日本歴史シリーズ「南北朝」 世界文化社

日本歴史シリーズ「鎌倉武士」世界文化社
世界歴史シリーズ「古代中国」世界文化社
岩波講座「日本歴史4古代4（全二三巻）」岩波書店
「人物日本の歴史1飛鳥の悲歌」小学館
日本の歴史「飛鳥の朝廷」井上光貞　小学館
日本の歴史「律令国家」早川庄八　小学館
日本の歴史「古代国家の成立」直木孝次郎　中央公論社
「伊勢神宮」桜井勝之進　学生社
別冊歴史読本「皇位継承『儀式』宝典」新人物往来社
「聖徳太子の本」エソテリカシリーズ　学研
「陰陽道の本」エソテリカシリーズ　学研
「道教の本」エソテリカシリーズ　学研
「風水の本」エソテリカシリーズ　学研
皇學館大學岡田重精教授講義ノート
「厩戸皇子読本」藤巻一保　原書房
「道教と古代の天皇制」福永光司・上田正昭・上山春平　徳間書店

易学関係

「原典算命学大系（全十一巻）」高尾義政　菜根出版

「東洋の予知学」高尾義政　菜根出版
「算命占法（上）」上住節子　東洋書院
「算命占法（下）」上住節子　東洋書院
「中国占星術朱学院算命学」佐藤宗颯　朱学院出版部
「日本古代呪術」吉野裕子　大和書房
「陰陽五行学説入門」朱宗元・趙青樹著／中村璋八・中村敞子共訳　たにぐち書店
「暦と占いの科学」永田久　新潮社
「旧暦で読み解く日本の習わし」大谷光男　青春出版社
「こよみの基本学」江口鳳祥編著　神宮館
「現代に息づく陰陽五行」稲田義行　日本実業出版
「地理風水」御堂龍児　光人社
「陰陽五行入門」内田勝郎　祥伝社
「顔の診断事典」藤木相元　吟遊社
「運の善し悪しは『顔』で決まる」林秀靜　日本実業出版社
「大開運風水インテリア」来夢・東京風水倶楽部　成美堂出版
自然法算命学ホームページ

哲学関係

「日本とは何か」堺屋太一　講談社

「〈神道〉のこころ」葉室頼昭　春秋社
「魅力ある人間関係」田中信生　いのちのことば社
「魅力あるリーダーの条件」近藤新生　福音社
「運命の法則」天外伺朗　飛鳥新社
「鏡の法則」野口嘉則　総合法令
「スピリチュアル子育て」江原啓之　三笠書房
「幸せな奇跡を起こす本」佳川奈未　ゴマブックス
「会社の中で自分を伸ばす50の鉄則」国司義彦　三笠書房
「経営秘伝」江口克彦　ＰＨＰ研究所

医学関係

「バイ・ディジタルOリングテストの実習」大村恵昭　医道の日本社
「タッチフォーヘルス健康法」ジョン・Ｆ・シー著／石丸広高訳　市民出版社
「整体マッサージ」マリア・マーカティ著／赤星里栄訳　産調出版
「漢方ＤＥ元気百科」菊谷豊彦　保健同人社
「女性のための東洋医学入門」矢野忠　日中出版
「食べて治す・防ぐ医学事典」日野原重明・中村丁次　講談社
「病気を心で治す」清島啓治郎　清文社

あとがき

歴史は真実から目を背けると真実が見えなくなる。真実に目を向けてこそ、真実のメッセージが見えるようになる。

聖徳太子は、政治家でもあり、外交手腕に優れた外交官でもあり、また人徳に優れた仏教者でもあった。その上、天文学、地理学を初めとした古代中国の科学である東洋科学にも精通していた。

しかし、太子は政治・宗教・経済といった枠を超え、また仏教・キリスト教・道教といった枠も超えた、人類教的な普遍の真理を求道しているように思える。

聖徳太子はある意味、歴史的枠に収まりきらない、それを大きく超えるようなベクトルが働いている。それは、時代精神を超えた真実であったろうし、聖徳太子を考える場合、最も太子の真実に迫れるのは、太子が歩んできた足跡と同時に、太子が示した精神に多く真実がある。

このことは、太子のメッセージが示しているベクトルが、神と仏の間ではなく、その向こうにあり、人類がこれから辿って行くと思われる足跡の根底を見据えることに他ならない。これは、聖徳太子の持つ特性であると同時に、この根底にある思想は時代と共にどんどん進化していく可能性を示唆しているものに他ならない。

太子の精神は不滅であるが、その精神を生かすか、殺すかは現代の日本人が、この精神をどこまで理解しているかに依っている。

ここで大切なことは、現代の日本人にはそのメッセージを伝える義務があり、そのメッセージを理解したなら、それをさらに実際の社会の中で生かしていく必要があるということである。

これを生かしていくことは、難しいことではない。それは聖徳太子が語るメッセージを一つ、一つ地道に実践していくことによって可能である。

人生は困難なときほど、チャンスがあり、人の嫌がる仕事の中に生きる道が見つかるものだ。

心は感じるものではなく、心は自分で作るもの、自分が思い描いたことを形にしていく、その形が見えてくるには長い時間をかける必要がある。

「易学思想」という古臭い教えには、科学、哲学を超えた、あるいはそれよりももっと深遠で価値のある「叡智」が眠っている。

それは「占い」として利用されることが多いが、「占い」には成功を引き寄せるパワーがあり、人の心をサポートする、生産的な力を持つ。

しかし、「占い」は、運命を変えようとするものではない。むしろ少しの可能性でも信じて、その兆候を読み解き、そこから基本の道理を定めて、さらに成功を引き出すために手助けし、サポートすることが未来を知る意味である。

「占い」は、思い込みに支配されていては何の効果もないし、むしろ危険でもある。未来を開くには執念がいる。しかし、その執念を実らせるには、人類共通の成功原理である、自然の法則を理解し、それを活用して、やるべき時期を定めて、他人のやらないことを進んでやっていくことにより、それは社会的に大きな意味のある成功となる。

もちろん、成功することが人生の全てではない。しかし、成功しなくても、自分の人生を実り多く生きる「智慧」が、東洋科学の中には何千年もの間蓄積されており、それを日本人は学ぶ機会に恵まれていることは、感謝すべきことである。これは財産であり、これから日本が文化を産業として位置づけたとき、大きなエネルギーになる可能性を持っている。

聖徳太子は人類に福音をもたらしたが、この教えの中心にあるものは、「和」の精神である。しかし、「和」とは、人間の社会においてだけ考えるべき問題ではない。それは、この地球と環境、さらに社会から異国文化も含めて大きな意味で捉えるべき精神である。その中に今の自分を位置づけることで、生き方が楽になることもある。それは生きるべき方向性を持っていない人間は、結果的に大きな損失を生む可能性が大きいからである。

聖徳太子のメッセージの中で、重要なことは「一人として意味なく生まれている人間はいない」ということである。ここにこうしてある命、この命そのものが無限なる彼方から送られた、無限の彼方へと繋がるメッセージに他ならない。

このメッセージが届くことで、大自然の恵みに感謝し、生きることが「有難い」ことであると思って頂けたなら、聖徳太子はこのように言うでしょう。

「あなたも寿国の一員だ」。

最後になりましたが、溪水社社長の木村氏には、初稿から校正を何度も重ねていただき、大変尽力して頂き御世話になったことを、感謝致します。

著　者

北　條　路　山（ほうじょう　ろざん）

昭和45年生まれ
平成４年　皇學館大學文学部神道学科卒業
平成10年　三育学院神学科卒業
平成10年　韓国三育外語学院日本語教師（～ 12 年）
平成12年　三輪明神広島分祠（～ 18 年）
社団法人日本易学連合会鑑定士の永井見岳氏に師事し、算命学を伝授される。
現在・運命カウンセラーとして開運指導を行っている。

晴心館
広島市中区江波東一丁目１－９
TEL（080-1910-8473）

聖徳太子の運命学
――日本国家創建の理念と魂のメッセージ――

平成 21 年５月１日発行

著　者　北　條　路　山
発行所　株式会社 溪水社・汎書部
広島市中区小町 1-4（〒 730-0041）
TEL（082）246-7909
FAX（082）246-7876
E-mail:info@keisui.co.jp

ISBN978-4-86327-060-2 C0010